Jürgen Mies

Luftrecht

Jürgen Mies

Luftrecht

Motorbuch Verlag Stuttgart

Einbandgestaltung: Johann Walentek

ISBN 3-613-01684-2

1. Auflage 1995

Copyright 1995 by Motorbuch Verlag, Olgastraße 86, 70180 Stuttgart
Ein Unternehmen der Paul Pietsch-Verlage GmbH & Co.
Sämtliche Rechte der Speicherung, Vervielfältigung und Verbreitung sind vorbehalten.

Produktion: Air Report Verlag, 64739 Höchst
Druck und Bindung: Konrad Triltsch, 97070 Würzburg

Printed in Germany

Die Informationen und Daten in diesem Handbuch sind von Autor und Verlag sorgfältig erwogen und
geprüft. Dennoch kann eine Garantie für Richtigkeit und Vollständigkeit nicht übernommen werden.
Eine Haftung des Autors bzw. Verlags und seiner Beauftragten für Personen-, Sach- und Vermö-
gensschäden ist ausgeschlossen.
Die Quellen der Abbildungen sind in den Bildunterschriften angegeben, die Zeichnungen fertigte
Willi Schulmeyer.

4

Inhalt

4. Luftfahrtveröffentlichungen

5. Flugplätze

6. Luftfahrzeuge

7. Luftfahrzeugführer

8. Flugsicherung

9. Luftraumordnung

10. Sichtflugregeln

11. Flugregeln im Überblick

12. Allgemeine Luftverkehrsregeln

13. Haftung

14. Ordnungswidrigkeiten und Strafen

15. Anhang

Vorwort

Luftrecht wird von vielen Piloten als besonders schwierig angesehen. Sie verbinden damit fälschlicherweise das Pauken von vielen Paragraphen. Dabei behandelt das Luftrecht so interessante Themen wie Pilotenausbildung, Flugplätze, Luftverkehrsregeln, Luftraumgliederung und Flugsicherung und gibt darüber hinaus einen Einblick in die Zusammenhänge der Luftfahrt.

Die Auswahl der Themen in diesem Buch orientiert sich an den Richtlinien des Bundesministeriums für Verkehr für die Ausbildung und Prüfung von Privatpiloten. Unter Privatpiloten werden hier Piloten von Flugzeugen, Motorseglern, Segelflugzeugen, Hubschraubern und Freiballonen verstanden. Auf die besonderen Vorschriften für Führer von Luftsportgeräten wie z.B. Ultraleichtflugzeuge, Hängegleiter und Sprungfallschirme wird nicht eingegangen.

Der Stoff wird so umfassend dargeboten, daß der Leser keine weiteren Gesetzes- oder Vorschriftentexte hinzuziehen muß. Auf die Aufzählung der einzelnen Paragraphen von Gesetzen und Verordnungen wurde zugunsten einer besseren Lesbarkeit verzichtet. Hinweise zu den einzelnen verwendeten Rechtsgrundlagen befinden sich am Ende eines jeden Abschnitts.

Die den Kapiteln beigefügten 175 Kontroll- und Übungsaufgaben einschließlich der Lösungen im Anhang dienen nicht nur dazu, das Gelernte zu überprüfen, sondern auch bestimmte Sachverhalte zu vertiefen.

Das Wissen um die vielen luftrechtlichen Vorschriften sollte nicht als unnötiger Ballast verstanden werden, sondern als wichtige Voraussetzung für die Teilnahme am Luftverkehr. Die Anwendung der Regeln im Luftverkehr dient der eigenen Sicherheit und der Sicherheit der anderen Luftverkehrsteilnehmer.

Höchst, im Oktober 1995

Jürgen Mies

Kapitel 1
Einführung

Luftverkehr und Luftrecht

Deutschland, in der Mitte Europas, ist eines der luftverkehrsreichsten Gebiete der Welt. Der Luftverkehr nimmt von Jahr zu Jahr zu, und ein Ende dieser Entwicklung ist nicht abzusehen. 1994 wurden an den deutschen Flugplätzen über 4,4 Millionen Starts gezählt, und die Flugsicherung kontrollierte annähernd 2 Millionen Flüge. Auf den 17 internationalen Verkehrsflughäfen und den rund 800 Landeplätzen, Segelfluggeländen und Militärflugplätzen sind weit mehr als 19.000 Luftfahrzeuge stationiert, Luftsportgeräte wie Ultraleichtflugzeuge, Hängegleiter und Gleitsegel nicht mitgerechnet. Den größten Anteil stellt die Gruppe der sogenannten Privatflugzeuge, ein- und zweimotorige Flugzeuge bis 5.700 kg Höchstmasse mit beinahe 8.000 Flugzeugen sowie die Segelflugzeuge mit über 7.700 Einheiten.

1994 waren rund 80.000 Piloten registriert, der überwiegende Teil davon Privatpiloten, und an beinahe 100 Flugschulen werden jedes Jahr mehrere tausend neue Piloten ausgebildet.

Die Interessen derer, die den Luftraum über Deutschland nutzen, sind z.T. sehr unterschiedlich. Der gewerbliche Linien- und Charterverkehr operiert mit großen und schnellen Flugzeugen und möchte wetterunabhängig, von anderem Luftverkehr ungestört und von der Flugsicherung kontrolliert auf kurzen Wegen die Flugziele erreichen. Die Militärluftfahrt dagegen benötigt große Übungslufträume und verlangt nach der ungehinderten Durchführung von Tiefflügen mit militärischen Jets. Die nichtgewerbliche Luftfahrt, im allgemeinen als Privatluftfahrt bezeichnet, fliegt überwiegend mit kleineren Luftfahrzeugen in geringer Höhe und wünscht sich größtmögliche Freizügigkeit im Luftraum.

Ein so vielfältiger und hochentwickelter Luftverkehr wie in Deutschland erfordert ein entsprechend fortschrittliches, auf die verschiedenen Interessen abgestimmtes Luftrecht, angefangen bei der Festlegung von Vorflugregeln über die Pilotenausbildung und Luftfahrzeugzulassung bis hin zu Vorschriften zum Flugzeugeigenbau. Oberstes Ziel der vielen Vorschriften, Regeln und Bekanntmachungen zum Luftverkehr ist letztlich, das Miteinander der verschiedenen Luftverkehrsteilnehmer zu ermöglichen und die Sicherheit im Luftverkehr zu gewährleisten und dabei die Bevölkerung vor den Gefahren der Luftfahrt und insbesondere vor Fluglärm zu schützen. Gerade der Schutz vor Fluglärm bzw. die Verminderung des von Luftfahrzeugen ausgehenden Lärms hat in den verschiedenen Gesetzen und Vorschriften einen großen Stellenwert eingenommen, und die Vorschriften hierzu werden immer umfassender. Jeder Luftfahrer ist aufgerufen, sich an die hierzu erlassenen Regelungen zu halten und alles zu tun, um Fluglärm zu vermeiden.

Flugverkehr verbindet nicht nur Flugplätze, sondern Länder und Kontinente miteinander. Luftfahrt ist international, und die Regeln im Luftverkehr sind daher schon frühzeitig weltweit angeglichen worden. Mit dem weiter fortschreitenden Zusammenschluß Europas werden auch die luftrechtlichen Vorschriften in den nächsten Jahren immer mehr europaweit vereinheitlicht und nationales Luftrecht wird schließlich durch europäisches Luftrecht abgelöst werden. Es gibt bereits Pläne für die Einführung einer europäischen Privatpilotenlizenz und die Festlegung eines einheitlichen europäischen Standards für die Pilotenausbildung. Diese Entwicklung wird für jeden Luftfahrer Vorteile bringen und die Luftfahrt insgesamt fördern.

Privatluftfahrt

Unter Privatluftfahrt versteht man allgemein die Luftfahrt zu privaten, d.h. nichtgewerblichen Zwecken. Sie unterscheidet sich von den anderen Luftfahrtbereichen nicht nur durch den nichtkommerziellen Charakter, sondern vor allem durch die damit einhergehende Art der Betätigung im Luftverkehr. So fliegen Privatpiloten meist mit kleineren Luftfahrzeugen, die nur für das Fliegen nach Sicht ausgerüstet sind.

Grundsätzlich unterscheidet man im Luftverkehr zwischen dem Fliegen nach den Sichtflugregeln (engl. Visual Flight Rules, VFR) und dem Fliegen nach den Instrumentenflugregeln (engl. Instrument Flight Rules, IFR). Man spricht je nach Anwendung der Flugregeln von VFR-Flügen und IFR-Flügen. Die Sichtflugregeln legen fest, daß nur bei bestimmten Mindestwetterbedingungen geflogen werden darf. So sind abhängig vom jeweiligen Luftraum mindestens 1,5 km bis 8 km Flugsicht erforderlich. Der Einflug in Wolken ist verboten. Sind die Mindestwetterbedingungen nicht gegeben, dann kann nur nach den Instrumentenflugregeln geflogen werden. Die Durchführung von IFR-Flügen erfordert eine zusätzliche Pilotenausbildung und eine erweiterte Ausrüstung der Luftfahrzeuge.

Die Privatpilotenausbildung erlaubt erst einmal nur das Fliegen nach den Sichtflugregeln, und entsprechend sind die Privatluftfahrzeuge meist auch nur für diese Art Flüge ausgerüstet. Bei schlechten Wetterverhältnissen, bei denen die geforderte Mindestsicht und der Abstand von Wolken nicht mehr eingehalten werden können, sind also keine VFR-Flüge möglich. Das ist der Grund, warum die Privatpiloten oft als „Schönwetterpiloten" bezeichnet werden.

IFR-Flüge sind dort erforderlich, wo beinahe unabhängig von jedem Wetter, auch ohne Sicht nach außen, Luftverkehr durchgeführt werden muß, wie vorwiegend in der gewerblichen Luftfahrt. IFR-Flüge werden aus Sicherheitsgründen von der Flugsicherung auf bestimmten Flugstrecken (Luftstraßen) geführt und untereinander gestaffelt und kontrolliert. VFR-Flüge unterliegen dagegen nur in wenigen Lufträumen der Kontrolle, ansonsten können sie sich frei im Luftraum bewegen und müssen dabei selbst für den notwendigen Abstand zu anderen Luftfahrzeugen und Hindernissen sorgen. Sie fliegen nach dem sogenannten Prinzip ‚Sehen und gesehen werden".

Dieses Buch behandelt ausschließlich die für Privatpiloten zu beachtenden luftrechtlichen Vorschriften und geht auf die mit der Durchführung von VFR-Flügen zusammenhängenden Regeln ein.

Die Privatluftfahrt wird heute oft zur Unterscheidung zu anderen Luftfahrtbereichen als Allgemeine Luftfahrt (engl. General Aviation, GA) bezeichnet. Die leider immer wieder in der Öffentlichkeit verwendete Bezeichnung „Sportluftfahrt" ist falsch und trägt der Bedeutung der Privatluftfahrt in keiner Weise Rechnung.

Höhenbegriffe

In der Luftfahrt werden, insbesondere zur Beschreibung von Flughöhen und zur Festlegung von Lufträumen, verschiedene Höhenbegriffe verwendet. Diese kommen auch in den verschiedenen luftrechtlichen Vorschriften und Regeln vor. Zum besseren Verständnis werden daher hier die gebräuchlichsten Höhen einschließlich der meist verwendeten englischen Begriffe kurz genannt.

Grund (engl. Ground, GND)
Bezeichnung für die Erdoberfläche. Sie wird als Bezug für die Festlegung von Höhen verwendet, z.B. 1.000 Fuß über Grund (engl. 1.000 ft GND).

Mittlerer Meeresspiegel (engl. Mean Sea Level, MSL)
Bezeichnung für Normal Null (NN). Sie wird ebenfalls als Bezug für die Festlegung von Höhen verwendet, z.B. 1.500 Fuß über mittlerem Meeresspiegel (engl. 1.500 ft MSL).

Flughöhe über Meeresspiegel (NN, engl. Altitude, ALT)
Der senkrechte Abstand eines Punktes oder eines Gegenstandes (Luftfahrzeug) vom mittleren Meeresspiegel. Ein auf den aktuellen QNH-Wert eingestellter Höhenmesser zeigt (annähernd) die Flughöhe über MSL an. Der Luftdruckwert QNH ist der auf mittlere Meereshöhe umgerechnete Luftdruckwert eines Flugplatzes unter der Annahme, daß am Flugplatz und unterhalb die Temperaturverhältnisse der Normalatmospäre herrschen. Die Flughöhe über Meeresspiegel wird z.B. im Sprechfunk so angegeben: „Flughöhe 4.000 Fuß" (engl. „Altitude 4.000 Feet").

Flugfläche (engl. Flight Level, FL)
Eine Fläche gleichen Luftdrucks, die auf den Luftdruckwert 1.013 Hektopascal (hPa) bezogen ist. Ein auf 1.013 hPa eingestellter Höhenmesser zeigt Flugflächen an. Bei der Bezeichnung von Flugflächen werden die beiden letzten Nullen des angezeigten Höhenwertes weggelassen, d.h., eine Höhe von z.B. 6.000 ft (bei Einstellung 1.013 hPa) wird als Flugfläche 60 (engl. Flight Level 60, FL 60), eine Höhe von 9.500 ft über der Druckfläche 1.013 hPa als Flugfläche 95 (engl. Flight Level 95, FL 95) bezeichnet.

Fuß (engl. Feet, ft)
1 ft = 0,30 m, 1 m = 3,28 ft

Luftverkehr in Zahlen (1993)

Luftfahrzeuge	Anzahl	Flugstd. in 1.000	Flüge in 1.000
Flugzeuge < 2.000 kg	7.115	845	1.916
Flugzeuge 2.000- 5.700 kg	814	116	162
Flugzeuge > 5.700 kg	600	987	485
Motorsegler	1.931	243	445
Segelflugzeuge	7.724	578	966
Hubschrauber	664	150	407
Ballone	932	27	20
Gesamt	19.780	2.946	4.401

Pilotenlizenzen	
Privatflugzeugführer (PPL A)	41.338
Motorseglerführer (PPL B)	21.660
Segelflugzeugführer (PPL C)	32.420
Freiballonführer (PPL D)	1.277
Privathubschrauberführer (PPL E)	1.427
Verkehrsflugzeugführer (ATPL)	7.306
Berufsflugzeugführer (CPL)	180
Verkehrshubschrauberführer (ATHPL)	157
Berufshubschrauberführer (CHPL)	1.103

(Angaben von LBA, DAeC, AOPA)

18

Kapitel 2
Rechtsvorschriften

Rechtsgrundlagen

Nach Artikel 73 Nr. 6 des Grundgesetzes der Bundesrepublik Deutschland hat der Bund die ausschließliche Kompetenz zur Gesetzgebung über den Luftverkehr. Die Länder besitzen auf dem Gebiet des Luftverkehrs keine Gesetzgebungsbefugnis. Es sind also alles Bundesgesetze, die den Luftverkehr regeln.

Die Grundlage für das Luftverkehrsrecht bildet das Luftverkehrsgesetz (LuftVG). Es enthält grundlegende Vorschriften für die Durchführung des Luftverkehrs und der Luftverkehrsverwaltung sowie die Ermächtigung für den Bundesminister für Verkehr (BMV), die für die Regelung des Luftverkehrs notwendigen Rechtsverordnungen zu erlassen.

Von den vom Bundesminister für Verkehr - meist mit Zustimmung des Bundesrates - auf der Grundlage des LuftVG erlassenen Rechtsverordnungen sind im wesentlichen zu nennen:

- Luftverkehrs-Ordnung (LuftVO)
- Luftverkehrs-Zulassungs-Ordnung (LuftVZO)
- Verordnung über Luftfahrtpersonal (LuftPersV)
- Betriebsordnung für Luftfahrtgerät (LuftBO)
- Prüfordnung für Luftfahrtgerät (LuftGerPO)
- Bauordnung für Luftfahrtgerät (LuftBauO)
- Verordnung über die Flugsicherungsausrüstung der Luftfahrzeuge (FSAV)
- Verordnung über Flugfunkzeugnisse (FlugfunkV)
- Verordnung über die Betriebsdienste der Flugsicherung (FSBetrV)

- Flugsicherungs-An- und -Abflug-Gebühren-Verordnung
- Kostenverordnung der Luftfahrtverwaltung (LuftKostV)

Die oben genannten Rechtsverordnungen enthalten weitere Ermächtigungen zum Erlaß von Durchführungsverordnungen (DVO) und zur Herausgabe von Bekanntmachungen. In diesen Durchführungsverordnungen und Bekanntmachungen werden Einzelheiten zu bestimmten Sachgebieten der Luftfahrt festgelegt.

Neben dem Luftverkehrsgesetz und den dazu erlassenen Rechtsverordnungen gibt es weitere Gesetze, die sich mit dem Luftverkehr befassen wie z.B. Gesetz über das Luftfahrt-Bundesamt und Gesetz zum Schutz gegen Fluglärm.

Die ausschließliche Gesetzgebungsbefugnis des Bundes über den Luftverkehr besagt noch nicht, daß allein der Bund die Luftverkehrsverwaltung ausübt. In der Tat hat der Bund den Ländern eine Vielzahl von Luftverkehrsverwaltungsaufgaben übertragen.

Die Aufgaben des Bundes auf dem Gebiet des Luftverkehrs werden vom Bundesministerium für Verkehr (BMV) als oberste Luftfahrtbehörde, vom Luftfahrt-Bundesamt (LBA) und durch vom BMV bestimmte Stellen wie die DFS Deutsche Flugsicherung GmbH wahrgenommen.

Die von den Länderverwaltungen im Auftrage des Bundes durchzuführenden Luftverkehrsverwaltungsaufgaben sind im Detail im § 31 LuftVG festgelegt. Es handelt sich u.a. um folgende Sachgebiete:

- Erlaubnis für Privatpiloten
- Genehmigung von Flugplätzen
- Genehmigung kleinerer Luftfahrtunternehmen

- Genehmigung von Luftfahrtveranstaltungen
- Erteilung der Erlaubnis zum Starten und Landen außerhalb der genehmigten Flugplätze
- Erteilung der Erlaubnis zu besonderer Benutzung des Luftraums.

Die oben genannten Aufgaben führen die Länder als Bundesauftragsverwaltung aus. Die Länder unterstehen dabei dem Weisungsrecht und der Aufsicht des Bundes. Die Bundesaufsicht erstreckt sich auf Gesetzmäßigkeit und Zweckmäßigkeit der Ausführung.

Zusammenfassung

Rechtsgrundlagen für den Luftverkehr in Deutschland sind im wesentlichen
- Grundgesetz
- Luftverkehrsgesetz
- Verordnungen zum Luftverkehrsgesetz

Der Bund hat die ausschließliche Gesetzgebungsbefugnis über den Luftverkehr.

Der Luftverkehr wird verwaltet durch
- das Bundesministerium für Verkehr (BMV)
- das Luftfahrt-Bundesamt (LBA)
- die DFS Deutsche Flugsicherung GmbH (DFS)
- die Luftfahrtbehörden der Länder (Bundesauftragsverwaltung)

Luftverkehrsgesetz (LuftVG)

Das Luftverkehrsgesetz (LuftVG) in seiner ursprünglichen Fassung stammt aus dem Jahr 1922. Danach machte die starke Zunahme des Luftverkehrs laufend Änderungen notwendig. Zur Zeit gilt das Luftverkehrsgesetz in der Fassung vom 14.01.81, zuletzt geändert durch das Gesetz zur Neuregelung der Vorschriften über den Bundesgrenzschutz vom 19.10.94.

Das LuftVG enthält grundlegende Vorschriften für das Gebiet des Luftverkehrs und die Durchführung der Luftverkehrsverwaltung. Es gliedert sich in drei Abschnitte:

1. Luftverkehr
- Luftfahrzeuge und Luftfahrtpersonal
- Flugplätze
- Luftfahrtunternehmen und -veranstaltungen
- Verkehrsvorschriften
- Flugplankoordinierung und Flugsicherung
- Enteignung
- Gemeinsame Vorschriften

2. Haftpflicht
- Haftung für Personen und Sachen, die nicht im Luftfahrzeug befördert werden
- Haftung aus dem Beförderungsvertrag
- Haftung für militärische Luftfahrzeuge
- Gemeinsame Vorschriften für die Haftpflicht

3. Straf- und Bußgeldvorschriften

Zusammenfassung

Das Luftverkehrsgesetz (LuftVG) legt die Grundzüge für die Durchführung des Luftverkehrs und der Luftverkehrsverwaltung in Deutschland fest. Es ist Grundlage für eine Reihe von Verordnungen zum Luftverkehr.

Verordnungen zum Luftverkehrsgesetz

Luftverkehrs-Ordnung (LuftVO)

Die Luftverkehrs-Ordnung (LuftVO) enthält die bei der Teilnahme am Luftverkehr zu beachtenden Vorschriften, wie z.B. Pflichten des Luftfahrzeugführers, Vorschriften zur Einhaltung der Flughöhe, Ausweichregeln, Verhaltensregeln beim Flugbetrieb an einem Flugplatz, Funkverkehr und Flugsichten. Die LuftVO entspricht im Wesen der Straßenverkehrsordnung, die ja entsprechend die zu beachtenden Vorschriften bei der Teilnahme am Straßenverkehr regelt.

Die Verkehrsvorschriften der Luftverkehrs-Ordnung sind für jeden Luftfahrzeugführer von grundlegender Bedeutung. Sie werden im Detail in den Kapiteln 9 bis 12 behandelt.

Die LuftVO ist in die folgenden Abschnitte gegliedert:

1. Pflichten der Teilnehmer am Luftverkehr
2. Allgemeine Regeln
3. Sichtflugregeln
4. Instrumentenflugregeln
5. Bußgeld- und Schlußvorschriften

Anlagen
- Vorschriften über die von Luftfahrzeugen zu führenden Lichter
- Signale und Zeichen
- Halbkreis-Flughöhen
- Luftraumklassifizierung und Flugverkehrsdienste
- Bedingungen für Flüge nach Instrumenten- und Sichtflugregeln
- Ausnahmeberechtigte Flugzeuge (zu § 11c LuftVO)

Aufgrund der in der LuftVO enthaltenen Ermächtigungen sind eine Vielzahl von Durchführungsverordnungen und Bekanntmachungen herausgegeben worden. Diese regeln u.a. die in der Luftfahrt zu benutzenden Maßeinheiten, die Einteilung des Luftraums, Flugplanabgabe, Sprechfunkverfahren, Funkfrequenzen, Funkausfallverfahren, Abgabe von Standortmeldungen und Höhenmessereinstellung.

Luftverkehrs-Zulassungs-Ordnung (LuftVZO)

Die LuftVZO legt im wesentlichen die Bedingungen fest, unter welchen Luftfahrzeuge, Luftfahrtgerät, Luftfahrtpersonal und Flugplätze für die Teilnahmen am Luftverkehr zugelassen werden. So enthält die LuftVZO u.a. Vorschriften zur Verkehrszulassung und zur Kennzeichnung von Luftfahrzeugen, die Festlegung des Mindestalters für den Erwerb der Erlaubnis als Privatluftfahrzeugführer und die Definitionen, unter welchen Gegebenheiten ein Flugplatz als Flughafen, Landeplatz oder Segelfluggelände zugelassen wird.

Die LuftVZO enthält folgende Abschnitte:

1. Zulassung des Luftfahrtgeräts und Eintragung der Luftfahrzeuge
2. Luftfahrtpersonal
3. Flugplätze
4. Verwendung und Betrieb von Luftfahrtgerät
5. Haftpflicht- und Unfallversicherung, Hinterlegung
6. Kosten, Ordnungswidrigkeiten und Schlußvorschriften

Anlagen
- Vorschriften über den Eintragungsschein und das Lufttüchtigkeitszeugnis sowie die Kennzeichnung von Luftfahrzeugen
- Vorschriften für Luftfahrerschulen
- Vorschriften für die Anerkennung fliegerärztlicher Untersuchungsstellen
- Besondere Anerkennungsverfahren

Verordnung über Luftfahrtpersonal (LuftPersV)

In der LuftPersV werden vor allem die fachlichen Voraussetzungen für den Erwerb der einzelnen Erlaubnisse (Lizenzen) und

Berechtigungen für Luftfahrer (z.B. Erlaubnis für Privatluftfahrzeugführer, Berechtigung zur praktischen Ausbildung von Luftfahrern), die durchzuführenden Prüfungen, der Umfang, die Gültigkeitsdauer, die Verlängerung und Erneuerung der einzelnen Erlaubnisse geregelt.

Die LuftPersV ist in die folgenden Abschnitte unterteilt:

1. Erlaubnisse und Berechtigungen für Luftfahrer
2. Erlaubnisse und Berechtigungen für sonstiges Luftfahrtpersonal
3. Gemeinsame Vorschriften
4. Ordnungswidrigkeiten und Schlußvorschriften

In unmittelbarem Zusammenhang mit der LuftPersV sind die „Richtlinien des Bundesministeriums für Verkehr für die Ausbildung und Prüfung des Luftfahrtpersonals" zu nennen. Diese enthalten in über 10 Heften die Ausbildungs- und Prüfungsinhalte für die verschiedenen Erlaubnisse und Berechtigungen. In Heft 2 sind u.a. die Ausbildungs- und Prüfungsinhalte für den Erwerb der Privatflugzeugführerlizenz nachzulesen. Durch diese Richtlinien wird garantiert, daß Ausbildung und Prüfung von Luftfahrern im gesamten Bundesgebiet nach einheitlichen Kriterien durchgeführt werden.

Betriebsordnung für Luftfahrtgerät (LuftBO)

Diese Vorschrift richtet sich an die Halter von Luftfahrzeugen und an die Luftfahrzeugführer und beschreibt, welche Bestimmungen beim Betrieb von Luftfahrzeugen einzuhalten sind. So werden u.a. die Wartung, die Ergänzungsausrüstung für Flüge bei Nacht, die Kontrolle nach Klarliste (engl. Checklist) und die mitzuführende Betriebsstoffmenge geregelt.

Die LuftBO enthält folgende Abschnitte:

1. Allgemeine Vorschriften
2. Allgemeine technische Betriebsvorschriften
3. Besondere technische Betriebsvorschriften
4. Ausrüstung der Luftfahrzeuge
5. Allgemeine Flugbetriebsvorschriften
6. Besondere Flugbetriebsvorschriften
7. Bußgeld- und Schlußvorschriften

Der LuftBO sind drei Durchführungsverordnungen (DVO zur LuftBO) angeschlossen:

1. DVO LuftBO:
   Ausrüstung der Luftfahrzeuge und Flugbetrieb in Luftfahrtunternehmen
2. DVO LuftBO:
   Flug-, Flugdienst- und Ruhezeiten von Besatzungsmitgliedern in Luftfahrtunternehmen und außerhalb von Luftfahrtunternehmen bei berufsmäßiger Betätigung sowie Dienst- und Ruhezeiten von Flugdienstberatern
3. DVO LuftBO:
   Ausrüstung und Betrieb des Luftfahrtgerätes außerhalb von Luftfahrtunternehmen

Prüfordnung für Luftfahrtgerät (LuftGerPO)

Diese Verordnung legt fest, daß die Verkehrssicherheit (Lufttüchtigkeit) des Luftfahrtgeräts durch Prüfung (Musterprüfung, Stückprüfung, Nachprüfung) festzustellen ist. Prüfungspflichtiges Luftfahrtgerät ist das in der LuftVZO aufgeführte Luftfahrtgerät sowie sonstiges Luftfahrtgerät, für das eigene Bauvorschriften erlassen sind, oder das als Ausrüstungs- oder Zubehörteil eines Luftfahrzeuges besonderen Anforderungen genügen muß. Die LuftGerPO gliedert sich in die folgenden Abschnitte:

1. Allgemeine Vorschriften
2. Musterprüfung
3. Stückprüfung
4. Nachprüfung
5. Besondere Vorschriften
6. Schlußvorschriften

Die angeschlossene 1. Durchführungsverordnung (1. DVO LuftGerPO) behandelt die Anerkennung von Entwicklungsbetrieben zur Durchführung von Musterprüfungen.

Bauordnung für Luftfahrtgerät (LuftBauO)

In der LuftBauO wird gefordert, daß Luftfahrtgerät nach bestimmten Bauvorschriften hergestellt werden muß, um die Anforderungen an die Sicherheit im Betrieb zu erfüllen. Die Bauordnung gibt nur einen Rahmen vor. Einzelheiten werden in Durchführungsverordnungen und Bekanntmachungen über Lufttüchtigkeitsforderungen festgelegt.

Aufgrund der Internationalisierung der Luftfahrtindustrie besteht die Möglichkeit, ausländische Bauvorschriften und Lufttüchtigkeitsforderungen als gültige Vorschriften in der Bundesrepublik Deutschland anzuerkennen. So wurden für die Musterzulassung von Luftfahrtgerät weitgehend die „Federal Airworthiness Requirements" (FAR) der US-Luftfahrtbehörde FAA übernommen.

Im Rahmen des europäischen Zusammenschlusses haben die europäischen Luftfahrtbehörden (Joint Aviation Authorities, JAA) beschlossen, europäische Bauvorschriften (Joint Aviation Requirements, JAR) anzuwenden. Diese sind im wesentlichen auf der Basis der US-FARs entwickelt worden.

Verordnung über die Flugsicherungsausrüstung der Luftfahrzeuge (FSAV)

Für die Durchführung von Flugsicherungsverfahren müssen Luftfahrzeuge mit bestimmten Geräten und Anlagen (z.B. Sprechfunkgerät) ausgerüstet sein. Die FSAV legt diese Ausrüstung fest und beschreibt in gewissem Umfang die technischen Einzelheiten (z.B. Frequenzbereich).

Verordnung über Flugfunkzeugnisse (FlugfunkV)

Zur Ausübung des Flugfunkdienstes bei Boden- und Luftfunkstellen der Bundesrepublik Deutschland bedarf es eines gültigen, vom Bundesamt für Post und Telekommunikation (früher Deutsche Bundespost) ausgestellten oder anerkannten Flugfunkzeugnisses. Die FlugfunkV legt die Einzelheiten für die Prüfungen zum Erwerb der folgenden Flugfunkzeugnisse fest:

- Allgemeines Sprechfunkzeugnis für den Flugfunkdienst (AZF)
- Beschränkt Gültiges Sprechfunkzeugnis I für den Flugfunkdienst (BZF I)
- Beschränkt Gültiges Sprechfunkzeugnis II für den Flugfunkdienst (BZF II).

Verordnung über die Betriebsdienste der Flugsicherung (FSBetrV)

Während im Luftverkehrsgesetz (LuftVG) die einzelnen Aufgaben der Flugsicherung allgemein benannt werden, beschreibt die Verordnung über die Betriebsdienste der Flugsicherung (FSBetrV) im Detail, wie die Flugsicherung die einzelnen Betriebsdienste durchzuführen hat. So legt die FSBetrV u.a. fest, in welcher Form und für wen Flugverkehrskontrolle durchzuführen ist, welchen Umfang der Fluginformationsdienst hat, welche Alarmstufen im

Rahmen des Flugalarmdienstes einzuhalten sind und welche Unterlagen der Flugberatungsdienst vorzuhalten hat.

Flugsicherungs-An- und -Abflug-Gebühren-Verordnung

Für die Inanspruchnahme von Diensten und Einrichtungen der Flugsicherung beim An- und Abflug an den internationalen Verkehrsflughäfen erhebt die Flugsicherung aufgrund der Flugsicherungs-An- und -Abflug-Gebühren-Verordnung Gebühren. Die Höhe der Gebühren richtet sich nach der zulässigen Starthöchstmasse des Luftfahrzeuges.

Kostenverordnung der Luftfahrtverwaltung (LuftKostV)

Die LuftKostV regelt die von den Luftfahrtbehörden für Amtshandlungen im Bereich der Luftfahrtverwaltung zu erhebenden Kosten (Gebühren und Auslagen). In der Anlage zur LuftKostV sind die Kosten für über 150 einzelne Amtshandlungen aufgelistet. So werden u.a. die Kosten für die Prüfung und für den Erwerb der Privatpilotenlizenz, die Zulassung eines Flugzeuges, die Genehmigung eines Flugplatzes und für die Erlaubnis zum Unterschreiten der Sicherheitsmindesthöhe aufgeführt.

Zusammenfassung

Für den Privatluftfahrzeugführer sind vor allem die folgenden Verordnungen von Interesse:

- Luftverkehrs-Ordnung / LuftVO, (grundlegende Luftverkehrsregeln)
- Luftverkehrs-Zulassungs-Ordnung / LuftVZO, (u.a. Voraussetzungen für die Ausbildung zum Privatluftfahrzeugführer und die Zulassungsbedingungen für Luftfahrzeuge)
- Verordnung über Luftfahrtpersonal / LuftPersV, (detaillierte Bestimmungen zur Ausbildung, Prüfung von Privatluftfahrzeugführern, Gültigkeitsdauer der Lizenz)
- Betriebsordnung für Luftfahrtgerät / LuftBO, (Ausrüstung und Flugbetriebsvorschriften)
- Verordnung über die Flugfunkzeugnisse / FlugfunkV, (Festlegung der einzelnen Sprechfunkzeugnisse)

Kontroll- und Übungsaufgaben

1. Wie kann sich der Luftfahrer über die für ihn wichtigen Luftfahrt-Gesetze und -Verordnungen informieren?

2. Enthält das Grundgesetz der Bundesrepublik Deutschland auch Bestimmungen zum Luftverkehr?

3. Da die Bundesländer einen großen Teil der Luftfahrtverwaltung durchführen, haben sie auch zu bestimmten Luftfahrtbereichen die Gesetzgebungsbefugnis erhalten. Ist diese Aussage richtig?

4. Welche Verordnung in der Luftfahrt entspricht der Straßenverkehrsordnung?

5. Sie möchten wissen, was Ihre Prüfung zum Privatluftfahrzeugführer bei der Luftfahrtbehörde Ihres Bundeslandes kosten wird. Wo können Sie nachschauen?

Kapitel 3
Luftfahrtverwaltung

Bundesministerium für Verkehr (BMV)

Das Bundesministerium für Verkehr (BMV) mit Sitz in Bonn ist die oberste Bundesbehörde der Verkehrsverwaltung und somit oberste Luftfahrtbehörde. Die Abteilung Luft- und Raumfahrt (LR) besteht z.Z. aus 8 Referaten und befaßt sich hauptsächlich mit folgenden Aufgaben:

- Ausarbeitung von die Luftfahrt betreffenden Gesetzen und Verordnungen
- Überwachung der Durchführung der Gesetze durch lenkende allgemeine Verwaltungsvorschriften und Beaufsichtigung der nachgeordneten Organe
- Genehmigung von Luftfahrtunternehmen
- Genehmigung des Fluglinienverkehrs
- Festlegung von Fluginformationsgebieten, kontrollierten Lufträumen und Gebieten mit Flugbeschränkung
- Mitwirkung bei der Genehmigung von Flughäfen
- Verhandlung, Abschluß und Vollzug von Luftfahrtabkommen
- Vertretung der Bundesrepublik Deutschland in internationalen Organisationen der Luftverkehrs
- Aufsicht über das Luftfahrt-Bundesamt, den Deutschen Wetterdienst und die DFS Deutsche Flugsicherung GmbH

Zusammenfassung

Das Bundesministerium für Verkehr (BMV) ist die oberste Luftfahrtbehörde der Bundesrepublik Deutschland.

Luftfahrt-Bundesamt (LBA)

Das Luftfahrt-Bundesamt (LBA) mit Sitz in Braunschweig ist eine Bundesbehörde und untersteht unmittelbar der Abteilung Luft- und Raumfahrt des Bundesministeriums für Verkehr. Grundlage für die Arbeit des Luftfahrt-Bundesamtes ist das „Gesetz über das Luftfahrt-Bundesamt". Hauptaufgaben des Luftfahrt-Bundesamtes sind:

- Prüfung und Zulassung von Luftfahrtgeräten
- Verkehrszulassung von Luftfahrzeugen und Führung der Luftfahrzeugrolle
- Prüfung von Luftfahrzeugführern für die Verkehrsluftfahrt und für den Erwerb der Instrumentenflugberechtigung
- Prüfung und Überwachung von Luftfahrtunternehmen
- Prüfung und Überwachung von Flugschulen
- Untersuchung von Störungen und Unfällen beim Betrieb von Luftfahrzeugen und Mitwirkung bei der Verhütung von Luftfahrzeugunfällen
- Mitwirkung bei der Durchführung des Such- und Rettungsdienstes (SAR) für Luftfahrzeuge
- Sammlung von Nachrichten für Luftfahrer

Neben der Hauptstelle in Braunschweig unterhält das LBA z. Z. Außenstellen an den Flughäfen Berlin, Hamburg, Düsseldorf, Frankfurt, Stuttgart und München.

Die Flugunfalluntersuchungsstelle beim LBA (Abk. FUS) ist verwaltungsmäßig dem LBA angegliedert, untersteht aber fachlich direkt dem Bundesministerium für Verkehr.

Zusammenfassung

Luftfahrt-Bundesamt (LBA)
- Bundesbehörde
- Hauptsitz Braunschweig
- Prüfung/Zulassung/Überwachung von Luftfahrtgeräten, Luftfahrzeugen, Luftfahrtunternehmen, Flugschulen, Verkehrsluftfahrzeugführern; Flugunfalluntersuchung

---

DFS Deutsche Flugsicherung GmbH (DFS)

Die DFS Deutsche Flugsicherung GmbH mit Hauptsitz in Offenbach/Main ist in erster Linie für die Sicherung des Luftverkehrs, vor allem durch Flugverkehrskontrolle, zuständig. Bis Ende 1992 wurden die Aufgaben der Flugsicherung durch die Bundesanstalt für Flugsicherung (BFS) wahrgenommen. Im Rahmen der Privatisierung von Behörden erfolgte zum 1.1.93 die Umwandlung der BFS in die DFS Deutsche Flugsicherung GmbH. Die Aufgaben der Flugsicherung haben sich damit nicht verändert, lediglich die Organisationsstruktur. Alleingesellschafter der DFS ist die Bundesrepublik Deutschland, vertreten durch das Bundesministerium für Verkehr (BMV). Das BMV führt die Aufsicht über die DFS.

Flugsicherung dient der sicheren, geordneten und flüssigen Abwicklung des Luftverkehrs. Sie umfaßt insbesondere folgende Aufgaben:

- Durchführung der Flugsicherungsbetriebsdienste durch
  Flugverkehrskontrolle zur Überwachung und Lenkung im Luftraum und auf den Rollflächen von kontrollierten Flugplätzen,
  Verkehrsflußregelung und Steuerung der Luftraumnutzung,
  Flugberatung (ausgenommen Flugwetterberatung),
  Mitwirkung beim Such- und Rettungsdienst für Luftfahrzeuge,
  Übermittlung von Flugsicherungsinformationen
- Durchführung der flugsicherungstechnischen Dienste durch
  Beschaffung, Betrieb und Instandhaltung der flugsicherungstechnischen Einrichtungen;

- Planung und Erprobung von Verfahren und Einrichtungen für die Flugsicherung
- Sammlung und Bekanntgabe von Nachrichten für die Luftfahrt sowie Herstellung und Herausgabe von Luftfahrtkarten sowie der Veröffentlichung von Verfahrensvorschriften für die Luftfahrt

Zur Durchführung der Flugsicherungsbetriebsdienste unterhält die DFS an allen deutschen internationalen Verkehrsflughäfen sowie in Karlsruhe Flugsicherungskontrollstellen.

Die Aufgaben, Dienste und Verfahren der Flugsicherung werden, soweit sie den Privatpiloten betreffen, im Kapitel 8 beschrieben.

Zusammenfassung

DFS Deutsche Flugsicherung GmbH
- GmbH im Besitz des Bundes
- Hauptsitz Offenbach/Main
- Sicherung des Luftverkehrs durch Flugverkehrskontrolle, Betrieb der flugsicherungs- und navigationstechnischen Anlagen, Herausgabe von Luftfahrtveröffentlichungen

---

Deutscher Wetterdienst (DWD)

Die Anstalt Deutscher Wetterdienst (DWD) mit Sitz in Offenbach/Main wurde durch Gesetz errichtet und untersteht - wie das Luftfahrt-Bundesamt - direkt dem Bundesministerium für Verkehr. Neben der Durchführung der allgemeinen meteorologischen Dienste für den Bereich der Bundesrepublik Deutschland gehört zu den Aufgaben des DWD die Gewährleistung der meteorologischen Sicherung der Luftfahrt, insbesondere

- die schriftliche und mündliche Wetterberatung des Luftfahrtpersonals einschließlich seiner Versorgung mit allen für die Planung und Durchführung des Flugverkehrs erforderlichen meteorologischen Informationen;
- die Versorgung der Flugverkehrsdienststellen mit Wettermeldungen, Vorhersagen und Warnungen, die diese für die Sicherung des Luftverkehrs sowie für die Übermittlung an Luftfahrzeuge im Fluge benötigen;
- die Durchführung eines den Erfordernissen der Luftfahrt angepaßten Wetterbeobachtungs- und Meldedienstes;
- die kontinuierliche Flugwetterüberwachung und Ausgabe von Warnungen;
- die wisssenschaftliche Bearbeitung flugmeteorologischer Probleme und Bereitstellung flugklimatischer Daten.

Für die Bereitstellung der meteorologischen Dienste unterhält der Deutsche Wetterdienst an den großen internationalen Verkehrsflughäfen Flugwetterwarten.

Zusammenfassung

Deutscher Wetterdienst (DWD)
- Anstalt des Bundes
- Hauptsitz Offenbach/Main
- Meteorologische Sicherung der Luftfahrt

Luftfahrtbehörden der Länder

Der Artikel 87d des Grundgesetzes gibt die Möglichkeit, Aufgaben der Luftverkehrsverwaltung auf die Bundesländer zu übertragen. Von dieser Möglichkeit ist reichlich Gebrauch gemacht worden. So führen die Bundesländer gemäß § 31 Abs. 2 LuftVG folgende Aufgaben im Auftrag des Bundes durch:

- Erteilung der Erlaubnis für Privatflugzeugführer, Berufsflugzeugführer, nicht berufsmäßige Führer von Drehflüglern, Führer von Motorseglern, Segelflugzeugführer, Freiballonführer, Fallschirmabspringer, Steuerer von verkehrszulassungspflichtigen Flugmodellen und sonstigem verkehrszulassungspflichtigen Luftfahrtgerät (ausgenommen Luftsportgerät) sowie die Erteilung der Berechtigung nach der Verordnung über Luftfahrtpersonal an diese Personen
- Erteilung der Erlaubnis für die Ausbildung des oben genannten Luftfahrtpersonals
- Anerkennung fliegerärztlicher Untersuchungsstellen
- Genehmigung von Flugplätzen sowie die Genehmigung der Flugplatzentgelte und der Flugplatzbenutzungsordnung
- Bestimmung von beschränkten Bauschutzbereichen bei Landeplätzen und Segelfluggeländen
- Zustimmung zur Baugenehmigung und Genehmigung zur Errichtung von Hindernissen, soweit diese Bauten bzw. Hindernisse die Luftfahrt beeinträchtigen
- Genehmigung von kleineren Luftfahrtunternehmen
- Genehmigung der gewerbsmäßigen Verwendung von Luftfahrzeugen für sonstige Zwecke und Selbstkostenflüge
- Genehmigung von Luftfahrtveranstaltungen, die nicht über das Land, in dem die Veranstaltung stattfindet, hinausgehen
- Erteilung der Erlaubnis zum Starten und Landen außerhalb der genehmigten Flugplätze
- Erteilung der Erlaubnis zur Mitführung von Funkgerät in Luftfahrzeugen
- Erteilung der Erlaubnis zu besonderer Benutzung des Luftraums für
  Kunstflüge,
  Schleppflüge,
  Reklameflüge,

Abwerfen von Gegenständen aus Luftfahrzeugen,
Aufstieg von Frei- und Fesselballonen, Steigenlassen von Drachen, Flugmodellen und Flugkörpern mit Eigenantrieb, Abweichen von Sicherheitsmindestflughöhen und Sicherheitsmindestabständen (ausgenommen der Erlaubnisse, die von der Flugsicherung erteilt werden)

- Ausübung der Luftaufsicht, soweit diese nicht der Flugsicherung oder dem Luftfahrt-Bundesamt übertragen ist
- Schutz vor Angriffen auf die Sicherheit des Luftverkehrs

Der umfangreiche Aufgabenkatalog der Bundesländer auf dem Gebiet der Luftfahrt erfordert die Einrichtung einer eigenen Landes-Luftfahrtverwaltung. Die Länder sind in der Organisation der Luftfahrtverwaltung frei. Zum Teil werden die Aufgaben von den für den Verkehr zuständigen Länderministerien als oberste Luftverkehrsbehörden, zum Teil von nachgeordneten Landesbehörden wie den Regierungspräsidenten wahrgenommen.

Zusammenfassung

Luftfahrtbehörden der Länder
- Luftfahrtverwaltungsaufgaben gemäß § 31 Abs.2 LuftVG (Bundesauftragsverwaltung)
- Zuständig u.a. für Lizensierung von Luftfahrzeugführern, Luftfahrtausbildern, Luftfahrtunternehmen, Flugplatzangelegenheiten, besondere Nutzung des Luftraums, Luftaufsicht

Such- und Rettungsdienst (SAR)

Aufgabe des Such- und Rettungsdienstes (engl. Search And Rescue, SAR) ist es, nach überfälligen, vermißten oder abgestürzten Luftfahrzeugen zu suchen, die Besatzungen und Passagiere zu retten und Erste Hilfe für Verletzte zu leisten.

Der SAR-Dienst wird vom Bundesministerium der Verteidigung (BMVg) und Bundesministerium für Verkehr (BMV) organisiert. Eine Verwaltungsvereinbarung regelt die Verantwortlichkeiten und Zusammenarbeit zwischen beiden Ministerien. Das BMV ist für den Alarmdienst zuständig, das BMVg stellt die SAR-Mittel (d.h. vor allem Luftfahrzeuge) und besetzt die SAR-Leitstellen. Ein SAR-Koordinierungsausschuß hat die Aufgabe, die Zusammenarbeit zwischen BMV und BMVg auf dem Gebiet des SAR-Dienstes zu koordinieren. Der Ausschuß setzt sich aus je einem Vertreter des Luftfahrt-Bundesamtes, der DFS Deutsche Flugsicherung GmbH und des Luftwaffenamtes zusammen. Die Geschäftsführung liegt beim Luftwaffenamt.

Für die Durchführung der SAR-Dienste ist das Bundesgebiet in die SAR-Bereiche Goch (für das Festland) und Glücksburg (für die Seegebiete) unterteilt. Die zu überwachenden Seegebiete erstrecken sich über die 12-Meilen-Zone hinaus und umfassen die durch ICAO-Regionalplan für die Flugsicherung zugewiesenen Seegebiete der Nord- und Ostsee (Abb. 1). In jedem Bereich ist eine SAR-Leitstelle (engl. Rescue Coordination Centre, RCC) zuständig: Im SAR-Bereich Goch die SAR-Leitstelle Goch in Nordrhein-Westfalen nahe der niederländischen Grenze, im SAR-Bereich Glücksburg die SAR-Leitstelle Glücksburg in Schleswig-Holstein nahe der dänischen Grenze.

Abb. 1 (nächste Seite): Zuständigkeitsbereiche des Such- und Rettungsdienstes/SAR (Quelle Luftfahrthandbuch AIP, DFS).

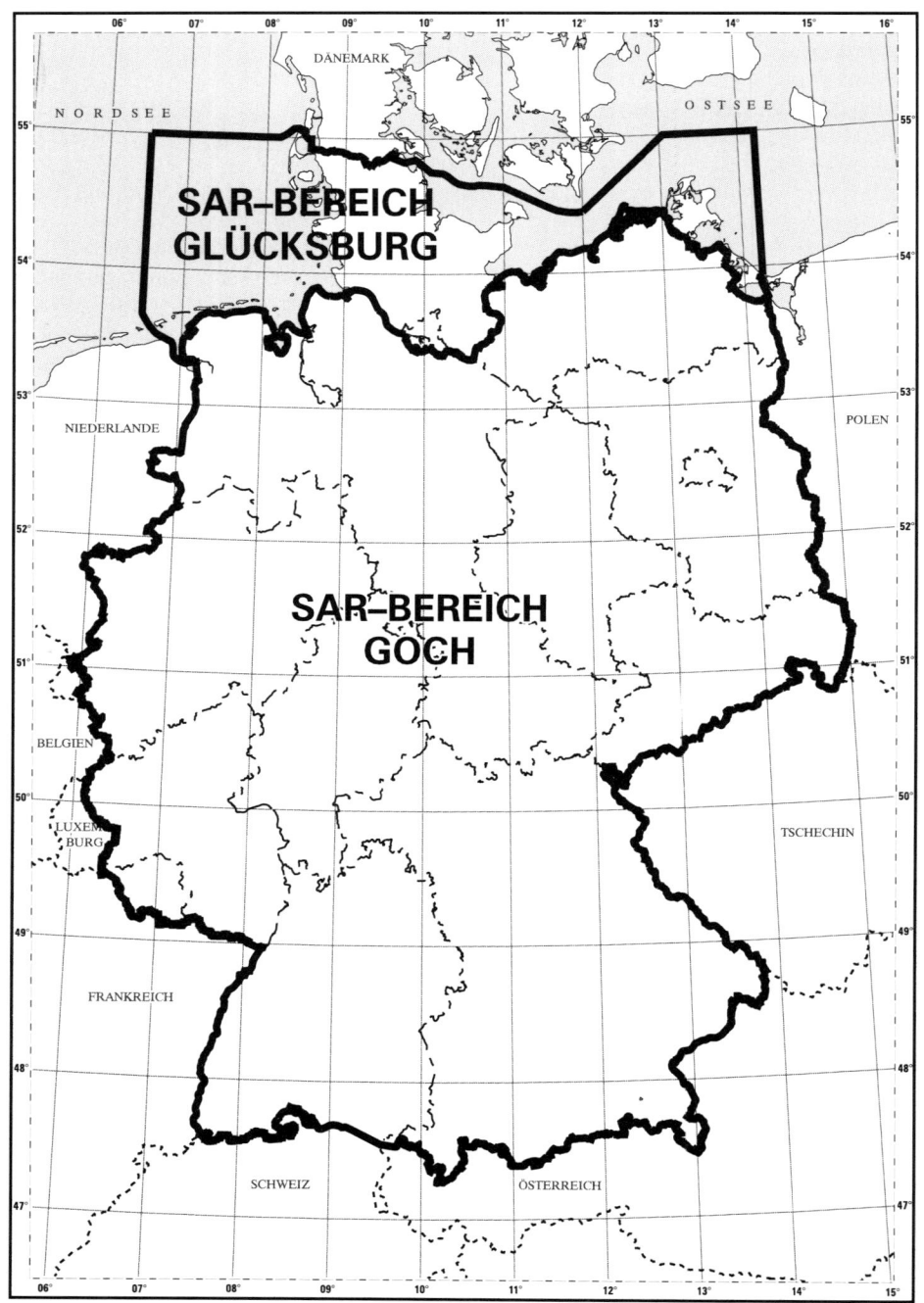

SAR–BEREICH
GLÜCKSBURG

SAR–BEREICH
GOCH

DÄNEMARK

NORDSEE

OSTSEE

NIEDERLANDE

POLEN

BELGIEN

LUXEM-
BURG

TSCHECHIN

FRANKREICH

SCHWEIZ

ÖSTERREICH

32

Zur Durchführung von SAR-Maßnahmen unterstehen den SAR-Leitstellen Bundeswehreinheiten, die für SAR-Aufgaben ausgebildet und ausgerüstet sind. Sie sind ständig in Bereitschaft. Zusätzlich können andere zivile Stellen an SAR-Maßnahmen beteiligt werden, z.B. Polizei, Feuerwehr, Deutsches Rotes Kreuz. Der Such- und Rettungsdienst auf See wird von der Deutschen Gesellschaft zur Rettung Schiffbrüchiger durchgeführt.

Zusammenfassung

Such- und Rettungsdienst (SAR)
- SAR-Leitstellen Goch (Festland) und Glücksburg (Seegebiete)
- Suchen und Retten von vermißten bzw. abgestürzten Luftfahrzeugen

Internationale Luftfahrtinstitutionen

Internationale Zivilluftfahrtorganisation (ICAO)

Die Internationale Zivilluftfahrtorganisation ICAO (International Civil Aviation Organisation) wurde durch das Abkommen von Chicago 1947 ins Leben gerufen. Die Aufgaben der ICAO erstrecken sich auf alle Maßnahmen, die der Förderung der internationalen Zivilluftfahrt dienlich sind, ohne dabei in die Souveränitätsrechte der einzelnen Mitgliedsstaaten einzugreifen. Die Ziele der ICAO sind vor allem

- ein sicheres und geordnetes Wachsen der internationalen Zivilluftfahrt in der ganzen Welt zu gewährleisten,
- den Bau und den Betrieb von Luftfahrzeugen zu friedlichen Zwecken zu fördern,
- die Entwicklung von Flugstrecken, Flughäfen und Luftfahrteinrichtungen für die internationale Zivilluftfahrt zu fördern,

- den Bedürfnissen der Völker nach einem sicheren, regelmäßigen, leistungsfähigen und wirtschaftlichen Luftverkehr zu entsprechen,
- die Flugsicherheit in der internationalen Zivilluftfahrt durch Einführung weltweit einheitlicher Richtlinien zu fördern.

In sogenannten Anhängen (engl. Annexes) zum ICAO-Abkommen hat die ICAO Richtlinien (engl. Standards) und Empfehlungen (engl. Recommended Practices) zu verschiedenen Bereichen der Luftfahrt formuliert. Sie werden unter Mitwirkung der Mitgliedsstaaten fortlaufend überarbeitet und der Entwicklung im Luftverkehr angepaßt. Zur Zeit liegen 18 Anhänge vor:

1. Personnel Licensing (Zulassung von Luftfahrtpersonal)
2. Rules of the Air (Luftverkehrsregeln)
3. Meteorological Service for International Air Navigation (Wetterdienst für die internationale Luftfahrt)
4. Aeronautical Charts (Luftfahrtkarten)
5. Units of Measurement to be Used in Air and Ground Operations (Maßeinheiten im Flugbetrieb)
6. Operation of Aircraft (Betrieb von Luftfahrzeugen)
7. Aircraft Nationality and Registration Marks (Staatszugehörigkeits- und Eintragungszeichen von Luftfahrzeugen)
8. Airworthiness of Aircraft (Lufttüchtigkeit von Luftfahrzeugen)
9. Facilitation (Erleichterung im internationalen Luftverkehr)
10. Aeronautical Telecommunications (Flugfernmeldedienst)
11. Air Traffic Services (Flugverkehrsdienste)
12. Search and Rescue (Such- und Rettungsdienst)
13 Aircraft Accident Investigation (Flugunfalluntersuchung)
14. Aerodromes (Flugplätze)

15. Aeronautical Information Services (Flug-beratungsdienst)
16. Environmental Protection (Umwelt-schutz)
17. Security - Safeguarding International Civil Aviation against Acts of Unlawful Interference (Sicherheit - Schutz der internationale Zivilluftfahrt vor unge-setzlichen Handlungen)
18. The Safe Transport of Dangerous Goods by Air (Der sichere Transport gefährlicher Luftfracht)

Zusätzlich zu den Anhängen gibt die ICAO „Documents" und „Manuals" heraus, in de-nen weitere Details geregelt werden.

Die ICAO-Mitgliedsstaaten haben sich ver-pflichtet, ihren Luftverkehr nach den Richt-linien und Empfehlungen der ICAO zu re-geln und durchzuführen; Abweichungen sind der ICAO mitzuteilen. Die Bundesrepublik Deutschland hält sich - bis auf sehr weni-ge Ausnahmen - strikt an die Richtlinien und Empfehlungen der ICAO und hat die-se in vielen Fällen in nationale Luftfahrtge-setze und -vorschriften übernommen. So bildet z.B. Anhang 2 die Grundlage für die Luftverkehrs-Ordnung (LuftVO) und Anhang 6 die Grundlage für die Betriebsordnung für Luftfahrtgerät (LuftBO). Luftfahrtkarten werden nach den Vorgaben des Anhang 4 erstellt, Flugplätze nach den Grundsätzen des Anhang 14 ausgerüstet, und die Flug-sicherung führt die Flugverkehrsdienste nach den Richtlinien des Anhang 11 durch.

Die ICAO ist eine Sonderorganisation der UNO (Vereinte Nationen) mit Sitz in Mon-treal/Kanada. Um auf die besonderen re-gionalen Probleme im Luftverkehr besser eingehen zu können, hat die ICAO die Welt in Regionen eingeteilt und jeder Re-gion ein Regionalbüro zugeordnet. Für die europäische Region befindet sich das Regionalbüro in Paris. Die meisten Staa-ten der Welt sind Mitglied der ICAO (1994 waren 183 Staaten Mitglied) und arbeiten aktiv an den Zielen der ICAO mit.

Das besondere Verdienst der ICAO ist oh-ne Frage die weltweite Vereinheitlichung der Regeln im Luftverkehr. Sie hat die Grundlagen für einen reibungslosen inter-nationalen Luftverkehr geschaffen. So kann man davon ausgehen, daß z.B. in China die gleichen Sprechfunkverfahren wie in Deutschland angewandt werden, die Pilo-ten in Peru nach den gleichen Grundsät-zen wie in Frankreich ausgebildet werden, die Funknavigationsanlagen in Kenia nach dem gleichen technischen Prinzip und im gleichen Frequenzbereich arbeiten wie in Australien und weltweit die gleiche Uhrzeit in der Luftfahrt angewandt wird.

Joint Aviation Authorities (JAA)

Die Joint Aviation Authorities sind ein Zu-sammenschluß verschiedener europäi-scher Luftfahrtbehörden. Ziel ist die Har-monisierung nationaler Vorschriften und die Erarbeitung und Einführung europäi-scher Standards und Luftfahrtvorschriften. Die Standards werden als sogenannte Joint Aviation Requirements (JARs) for-muliert und - solange europäische Vor-schriften nicht unmittelbar national gültig sein können - im Wege der Anerkennung in nationales Recht überführt.

Da die JAA erst Anfang der 70er Jahre die Arbeit aufgenommen haben, konnte bisher nur ein Teil der geplanten JARs entwickelt werden, so vor allem für die einheitliche Anwendung von Bau- und Zulassungsvor-schriften. Standards für den Flugbetrieb, die Pilotenlizensierung sowie für andere Bereiche der Luftfahrt werden folgen.

EUROCONTROL

Auf europäischer Ebene wurde 1960 die
europäische Flugsicherungsorganisation
EUROCONTROL mit Sitz in Brüssel (Belgien) geschaffen. Aufgabe von EUROCON-
TROL ist es, die Zusammenarbeit zwischen
den Vertragsstaaten auf dem Gebiet der
Luftfahrt enger zu gestalten, insbesondere
durch Harmonisierung der europäischen
Flugsicherung, Entwicklung und Steigerung
der europäischen Flugsicherungskapazität
und Aufbau einer einheitlichen europäischen Verkehrsflußsteuerung. In Maastricht
(Niederlande) unterhält EUROCONTROL
eine Flugsicherungskontrollzentrale, von der
aus der obere Luftraum von Norddeutsch-
land, Belgien, Luxemburg und den Nieder-
landen überwacht wird. Darüber hinaus
verwaltet EUROCONTROL die von den
Luftraumnutzern zu zahlenden Flugsicherungsgebühren für die Vertragsstaaten.

Zusammenfassung

ICAO - International Civil Aviation Organisation
- Hauptsitz Montreal/Kanada
- Schaffung weltweit einheitlicher Standards
  für die Durchführung der Zivilluftfahrt, nie-
  dergelegt in Anhängen zum ICAO-
  Abkommen

JAA - Joint Aviation Authorities
- Zentrale Hoofdorpp bei Amster-
  dam/Niederlande
- Schaffung europäisch einheitlicher Vorschriften für die Durchführung der Zivilluftfahrt

EUROCONTROL
- Zentrale Brüssel/Belgien
- Entwicklung der europäischen Zusammen-
  arbeit auf dem Gebiet der Flugsicherung,
  Betrieb einer Kontrollzentrale, Verwaltung
  der Flugsicherungsgebühren

Kontroll- und Übungsaufgaben

1. Wer übt in Deutschland die Lufthoheit aus?

2. Was versteht man unter Luftaufsicht?

3. Welche Aufgaben werden vom Luftfahrt-Bundesamt (LBA) und welche von der DFS Deutsche Flugsicherung GmbH wahrgenommen?

4. Hat jedes Bundesland eine eigene Luftfahrtverwaltung?

5. Welche Behörde ist für die Erteilung der Erlaubnis für Privatluftfahrzeugführer (PPL) zuständig?

6. Ist der Such- und Rettungsdienst (SAR) auch für die Suche von einem vermißten Segelflugzeug zuständig?

7. Was ist das besondere Verdienst der ICAO?

8. Wer sind die Mitglieder der ICAO?

9. Hat die ICAO auch etwas zur Privatpilotenausbildung formuliert?

10. Durch wen werden die Interessen der Privatpiloten vertreten?

Kapitel 4
Luftfahrt-
veröffentlichungen

Einführung

Der Luftverkehr ist durch eine Vielzahl von Gesetzen, Vorschriften und Verfahren sowie durch technische Einrichtungen (z.B. Flugplätze, Sendeanlagen) und Dienste (z.B. Flugsicherung, Flugwetterdienst) geregelt. Vom Piloten wird erwartet, daß er sich nicht nur mit allen für ihn relevanten Luftverkehrsregeln und Einrichtungen auskennt, sondern daß er sich auch fortlaufend über Änderungen hierzu informiert und sich vor jedem Flug mit allen für die Flugdurchführung notwendigen aktuellen Informationen vertraut macht und entsprechende Unterlagen (z.B. Luftfahrtkarten) während des Fluges mitführt. Dies ist nur möglich, wenn ihm durch geeignete Veröffentlichungen alle notwendigen Informationen zur Verfügung gestellt werden.

Zuständig für diese Informationsaufbereitung ist die Flugsicherung mit dem Büro der Nachrichten für Luftfahrer (Büro NfL), der NOTAM-Zentrale und den Flugberatungsstellen (AIS) an den internationalen Verkehrsflughäfen. Diese Stellen sammeln alle für eine sichere, geordnete und flüssige Durchführung von Flügen notwendigen Nachrichten, werten diese aus und geben sie schließlich in geeigneter Form bekannt. Bei den Flugberatungsstellen stehen alle diese Nachrichten nicht nur für den Bereich Deutschlands, sondern auch für das Ausland zur Verfügung.

Anhand der Luftfahrtveröffentlichungen und mit Hilfe der Beratung bei den Flugberatungsstellen kann sich der Pilot umfassend auf seinen Flug vorbereiten.

Die von der Flugsicherung herausgegebenen Luftfahrtveröffentlichungen sind vor allem

- Luftfahrthandbuch (AIP),
- Nachrichten für Luftfahrer (NfL),
- Luftfahrtinformationsrundschreiben (AIC),
- NOTAM,
- VFR-Bulletin,
- Luftfahrtkarten.

Daneben veröffentlicht die DFS Deutsche Flugsicherung GmbH eine Fülle von weiteren Luftfahrtinformationen wie u.a. PPL-Fragenkataloge, Richtlinien zur Ausbildung und Prüfung von Luftfahrtpersonal, Gesetzes- und Vorschriftentexte, ICAO-Anhänge und verschiedene Formblätter (z.B. Flugplan).

Zusammenfassung

Sammlung, Auswertung und Veröffentlichung von Luftfahrtinformationen ist Aufgabe der Flugsicherung. Die DFS Deutsche Flugsicherung GmbH unterhält hierfür

- das Büro der Nachrichten für Luftfahrer,
- die NOTAM-Zentrale,
- die Flugberatungsstellen.

Rechtsgrundlage § 27c LuftVG, §§ 17 bis 20 FSBetrV

Luftfahrthandbuch (AIP)

Das Luftfahrthandbuch (engl. Aeronautical Information Publication, AIP) ist ein Sammelwerk und enthält alle für die Luftfahrt wichtigen Bestimmungen und Informationen. Es ist in deutscher und englischer Sprache abgefaßt und gegliedert in

- AIP (3 Ordner)
- AIP VFR (2 Ordner)

AIP

Das AIP enthält z.Z. folgende Abschnitte:

- GEN - Allgemeines (engl. General)
- AGA - Flugplätze (engl. Aerodromes)

- COM - Flugfernmeldewesen (engl. Aeronautical Telecommunication Services)
- MET - Flugwetterdienst (engl. Aeronautical Meteorological Services)
- RAC - Luftverkehrsvorschriften und Flugsicherungsverfahren (engl. Rules of the Air and Air Traffic Services)
- FAL - Erleichterungen für den internationalen Luftverkehr (engl. Facilitation)
- SAR - Such- und Rettungsdienst (engl. Search And Rescue)
- MAP - Luftfahrtkarten (engl. Aeronautical Charts)

Gemäß den Vorgaben der ICAO wird der Inhalt der Luftfahrthandbücher in den kommenden Jahren neu geordnet und in die folgenden drei Kapitel unterteilt:

- GEN (General, Allgemeines)
- ENR (En-Route, Streckeninformationen)
- AD (Aerodrome, Flugplatzinformationen)

AIP VFR

Das AIP VFR ist ein Ergänzungsband zum Luftfahrthandbuch AIP, herausgegeben speziell für die Durchführung von Flügen nach den Sichtflugregeln (engl. Visual Flight Rules, VFR). Es enthält in alphabetischer Reihenfolge die Sichtan- und -abflugkarten, Flugplatzkarten, Flugplatzdaten und Flugplatzregelungen für Flughäfen, Landeplätze, Militärflugplätze mit ziviler Mitbenutzung und zusätzlich Hubschrauberlandeplätze. In einem Textteil werden Auszüge aus dem AIP, soweit sie für die Durchführung von VFR-Flügen von Wichtigkeit sind, sowie zusätzliche Informationen dargestellt. Dem AIP VFR liegen die Streckenkarte für den unteren Luftraum und das VFR-Bulletin bei.

AIP-Nachträge (AIP AMD)

Die Luftfahrt erfährt eine Fülle von Änderungen (z.B. Änderung von An- und Abflugverfahren, Änderung von Frequenzen, Verlängerung oder Verkürzung einer Start- und Landebahn usw.). Diese machen es erforderlich, Texte und Karten im Luftfahrthandbuch immer wieder zu berichten. Die Berichtigungen zum Luftfahrthandbuch werden als Nachträge (engl. Amendment, AMD) im Abstand von vier Wochen herausgegeben. Dem Deckblatt der jeweiligen Berichtigung ist zu entnehmen, welche AIP-Seiten auszutauschen bzw. neu einzufügen sind. Änderungen werden auf den Austauschblättern durch einen senkrechten schwarzen Strich, auf den Karten durch einen Hinweis am Kartenrand gekennzeichnet.

AIP-Ergänzungen (AIP SUP)

Die AIP-Nachträge enthalten nur Änderungen, die von langer Dauer sind. Ist eine Änderung nur vorübergehend (z.B. vorübergehende Änderung der An- und Abflugverfahren aufgrund einer Luftfahrtschau, vorübergehende Einrichtung eines Flugbeschränkungsgebietes für die Durchführung einer militärischen Übung), so werden zusätzlich Ergänzungen (engl. Supplement, SUP) zur AIP herausgegeben. Bei diesen AIP-Ergänzungen (AIP-SUP) handelt es sich in der Regel um

- Veröffentlichungen mit einer Gültigkeit von 3 Monaten oder mehr,
- Veröffentlichungen, die Karten beinhalten, auch bei einer Gültigkeit von weniger als 3 Monaten,
- Veröffentlichungen mit überlangem Text.

AIP-Ergänzungen werden auf farbigen, vorzugsweise gelbem Papier gedruckt, mit Laufnummer und Jahr versehen und für den Zeitraum ihrer Gültigkeit dem angegebenen AIP-Teil zugeordnet. AIP-Ergänzungen, die nur den VFR-Flugverkehr betreffen, werden mit der Abkürzung „AIP SUP VFR" bezeichnet.

Zusammenfassung

- **AIP** (Aeronautical Information Publication, Luftfahrthandbuch) enthält alle für die Luftfahrt wichtigen Bestimmungen und Informationen.
- **AIP VFR** enthält alle für die Durchführung von VFR-Flügen an Flugplätzen erforderlichen Sichtanflug- und Flugplatzkarten sowie zusätzlich Bestimmungen und Informationen für VFR-Piloten.
- **AIP AMD** (Amendment, Nachträge) erscheint alle 4 Wochen und enthält Berichtigungen zur AIP, AIP VFR. Berichtigt wird durch Austausch der einzelnen Blätter bzw. Karten.
- **AIP SUP** (Supplement, Ergänzung) sind zusätzliche Blätter zur AIP, AIP VFR mit vorübergehenden Änderungen.

Nachrichten für Luftfahrer (NfL)

Die „Nachrichten für Luftfahrer" (NfL) ist ein amtliches Mitteilungsblatt und macht Anordnungen sowie wichtige Informationen und Hinweise für die Luftfahrt bekannt. Es ist in deutscher Sprache abgefaßt und in zwei Einzelausgaben wie folgt unterteilt:

Nachrichten für Luftfahrer Teil I (NfL I)

Sie enthalten Anordnungen, wichtige Informationen und Hinweise für die Luftfahrt, soweit sie für die Durchführung des Flugbetriebes von Bedeutung sind und folgende Themenbereiche umfassen:

- Flugplätze
- Flugsicherungsbetriebsdienste
- Flugwetterdienst
- Luftverkehrsvorschriften
- Flugsicherungsverfahren
- Luftraumstruktur
- Flugbeschränkungen und Gefahren für die Luftfahrt

- Einflugbestimmungen
- Such- und Rettungsdienst
- Luftfahrtkarten

Nachrichten für Luftfahrer Teil II (NfL II)

Sie enthalten Anordnungen, wichtige Informationen und Hinweise für die Luftfahrt, soweit sie Luftfahrtgerät und Luftfahrtpersonal betreffen und nicht in die Nachrichten für Luftfahrer Teil I (NfL I) einzuordnen sind, insbesondere die Themenbereiche

- Registrierung von Luftfahrzeugen,
- Musterzulassung,
- Lufttüchtigkeit,
- Ausbildung und Lizensierung von Luftfahrtpersonal,
- Betrieb von Luftfahrzeugen,
- Flugunfalluntersuchung,
- Fliegertauglichkeit,
- Luftfahrttechnische Betriebe.

Die Nachrichten für Luftfahrer erscheinen 14-tägig und werden für jedes Jahr fortlaufend nummeriert, z.B. NfL I - 22/95, NfL II - 15/95.

Zusammenfassung

Die „Nachrichten für Luftfahrer" (NfL) sind von der DFS Deutsche Flugsicherung GmbH herausgegebene Mitteilungsblätter mit amtlichen Bekanntmachungen, Anordnungen und Informationen.
- NfL I (Durchführung des Flugbetriebes)
- NfL II (Luftfahrtgerät, Luftfahrtpersonal)

Luftfahrtinformations-rundschreiben (AIC)

Als Luftfahrtinformationsrundschreiben (engl. Aeronautical Information Circular, AIC) werden Informationen für die Luftfahrt bekanntgemacht, die weder im Luftfahrthandbuch noch als NOTAM zu veröffentlichen sind, deren internationale Verbreitung jedoch aufgrund der internationalen Verflechtung auf dem Gebiet der Luftfahrt im rechtlichen und technischen Bereich oder im Interesse der Flugsicherheit zweckdienlich erscheint. So werden durch AIC zukünftige Entwicklungen (z.B. Frequenzbanderweiterung) beschrieben, Sicherheitshinweise gegeben (z.B. Beachtung von Lufträumen) und neue Verfahrenskonzepte (z.B. Einführung von Satellitennavigationssystemen) vorgestellt. Darüber hinaus veröffentlicht die DFS in regelmäßigen Abständen ein mehrseitiges AIC über die VFR-Regeln in Deutschland.

AICs sind in deutscher und englischer Sprache abgefaßt und erscheinen je nach Bedarf.

Zusammenfassung

Ein AIC (Aeronatical Information Circular/Luftfahrtinformationsrundschreiben) enthält allgemeine Luftfahrtinformationen, die einer internationalen Verbreitung bedürfen, aber weder im AIP noch als NOTAM veröffentlicht werden. Bezieher des AIP, AIP VFR erhalten zusätzlich die AICs.

NOTAM

Nicht immer kann man vier Wochen warten, bis Änderungen in Form von Nachträgen zum Luftfahrthandbuch oder als Nachrichten für Luftfahrer veröffentlicht werden. Zum Beispiel der Ausfall einer Funknavigationsanlage, die vorübergehende Schließung einer Start- und Landebahn oder die außerplanmäßige Aktivierung einer Kontrollzone machen es erforderlich, die Luftfahrt hierüber sofort zu informieren. Dies geschieht weltweit in Form von NOTAM (Abkürzung aus dem Englischen „Notice to Airmen"), die über das Feste Flugfernmeldenetz (engl. Aeronautical Fixed Telecommunication Network, AFTN) verbreitet werden.

NOTAM werden im allgemeinen nur dann herausgegeben, wenn deren sofortige Verbreitung zur Gewährleistung eines sicheren, geordneten und flüssigen Flugbetriebes notwendig ist und eine rechtzeitige Bekanntgabe auf dem Postweg nicht sichergestellt werden kann.

Jedes NOTAM hat nur einen Gegenstand zum Inhalt, die Sprache ist Englisch. Dabei werden die in der internationalen Luftfahrt allgemein üblichen und im Luftfahrthandbuch veröffentlichten Abkürzungen verwendet. Ein NOTAM soll eine Gültigkeitsdauer von drei Monaten nicht überschreiten. Zeitlich befristet werden NOTAM mit Bezug auf AIP-Nachträge/Ergänzungen veröffentlicht, um auf für den Flugverkehr besonders wichtige Änderungen hinzuweisen.

NOTAM sind in die sechs Serien A, B, C, D, E, F unterteilt und werden beginnend am 1. Januar jeden Jahres von 0001 fortlaufend numeriert.

Über die NOTAM-Serien A, B und C werden Informationen verbreitet, die ausschließlich den IFR-Flugverkehr im Bereich der Verkehrsflughäfen und anderer für den IFR-Flugbetrieb zugelassenen Flugplätze betreffen.

Die NOTAM der Serien D und E behandeln Informationen, die sich auf den VFR-Flugbetrieb von und zu allen Flughäfen und Landeplätzen (einschließlich der Hubschrauberlandebereiche) beziehen sowie Streckeninformationen und Navigationswarnungen mit ausschließlicher Bedeutung für den VFR-Flugbetrieb.

Als Serie F werden NOTAM über Streckeninformationen und Navigationswarnungen verbreitet, die nur auf Anforderung in eine Flugberatung aufgenommen werden sollen.

Die für die VFR-Luftfahrt wichtigen NOTAM werden im VFR-Bulletin veröffentlicht.

Zusammenfassung

NOTAM (Notice to Airmen)
- betreffen kurzfristig auftretende Änderungen
- Verbreitung über AFTN und VFR-Bulletin

NOTAM Serien D und E ausschließlich für VFR-Flugbetrieb

VFR-Bulletin

Das VFR-Bulletin erscheint 14-tägig. Es enthält ausgewählte NOTAM und Informationen über Einrichtung, Zustand oder Veränderungen von Anlagen, Diensten, Verfahren oder Gefahren für die VFR-Luftfahrt innerhalb Deutschlands und über grenznahe Auslandsflugplätze, soweit sie für die Durchführung von Flügen nach Sichtflugregeln (VFR-Flüge) von Bedeutung sind.

Die NOTAM sind in die deutsche Sprache übersetzt und damit sehr einfach zu lesen. Das VFR-Bulletin ist in folgende Sachgebiete unterteilt:

- Flugwarnungen
- Nachträge zur Luftfahrtkarte ICAO 1:500.000
- Navigationsanlagen
- Streckeninformationen
- Vogelzug-Informationen
- Flugplätze
- Hubschrauberlandeplätze
- Grenznahe Auslandsflugplätze

Regionale sowie überregionale Informationen, insbesondere Flugwarnungen, werden auf einer Deutschlandkarte dargestellt und sind über Referenznummern mit dem Textteil verknüpft.

Mit dem VFR-Bulletin wird die Vorbereitung innerdeutscher VFR-Flüge wesentlich vereinfacht. Nachträglich veröffentlichte NOTAM (die jeweils zuletzt berücksichtigten NOTAM-Nummern sind im VFR-Bulletin angegeben) sind als Nachtrag zum VFR-Bulletin über die Flugberatungsstellen zu erhalten (telefonisch, persönlich, TELEFAX).

Zusammenfassung

VFR-Bulletin
- enthält alle für die VFR-Luftfahrt relevanten NOTAM
- erscheint 14-tägig
- kann über AIS aktualisiert werden
- erhalten Abonnenten des AIP VFR

Luftfahrtkarten

Luftfahrtkarten zeigen, je nach Erfordernis, Landschaftsmerkmale, Flugplätze, Lufträume, Flugsicherungsinformationen, festgelegte Flugverfahren und vieles mehr. Sie sind ein wichtiges Mittel für die Durchführung der Navigation. Die für die VFR-Navigation interessanten Karten sind vor allem die Luftfahrtkarte ICAO 1:500.000, die Sichtan/-abflugkarten, die Flugplatzkarten und die Streckenkarte (ausführliche Erläuterungen hierzu s. Band 2 „Flugnavigation" der Privatpiloten Bibliothek).

Luftfahrtkarte ICAO 1:500.000

Die Luftfahrtkarte (engl. Aeronautical Chart) ist **die** Standardkarte für die VFR-Strekkennavigation. Sie besteht aus 8 Blättern und stellt das gesamte Gebiet der Bundesrepublik Deutschland einschließlich angrenzender Gebiete der Nachbarstaaten dar. Neben der für die terrestrische Navigation notwendigen Topographie befinden sich auf der Karte alle für einen VFR-Flug bis Flugfläche 100 wichtigen Flugsicherungsangaben wie Flugplätze, Luftraumstruktur, Navigationsanlagen u.a. Die Luftfahrtkarte erscheint einmal im Jahr (meist im Frühjahr).

Sichtan-/-abflugkarten und Flugplatzkarten

Das bereits weiter oben genannte Luftfahrthandbuch AIP VFR enthält Sichtan- und -abflugkarten und Flugplatzkarten für alle deutschen Flughäfen, Landeplätze und Militärflugplätze mit ziviler Mitbenutzung. Durch einen vierwöchigen Berichtigungsdienst zum AIP VFR wird gewährleitet, daß die Karten immer dem aktuellen Stand entsprechen.

Sichtan- und -abflugkarten (engl. Visual Approach and Departure Charts) zeigen im Detail die geographische Lage eines Flugplatzes mit den terrestrischen Merkmalen der Umgebung und ermöglichen so das Navigieren in der Umgebung und das Auffinden eines Flugplatzes nach Sicht.

Weiterhin werden die gemäß Flugbetriebsregelung festgelegten Platzrunden bzw. bei kontrollierten Flugplätzen die von der Flugsicherung festgelegten Sichtan- und -abflugverfahren dargestellt. Das Flugplatzgelände mit Start- und Landebahnen, Rollwegen, Gebäuden usw. zeigt die für jeden Flugplatz veröffentlichte Flugplatzkarte (engl. Aerodrome Chart).

Streckenkarte

Die Streckenkarte (engl. Enroute Chart) im Maßstab 1:1.000.000 zeigt das Flugverkehrsstreckensystem einschließlich der Lage der Funknavigationsanlagen und der Luftraumstruktur; Topographie, wie auf der Luftfahrtkarte 1:500.000, wird nicht dargestellt. Sie dient vor allem der Streckennavigation für IFR-Flüge. Für die VFR-Navigation ist sie als Übersichtskarte sowie für die Durchführung von VFR-Flügen bei Nacht und im Luftraum oberhalb Flugfläche 100 von Interesse.

Zusammenfassung

Die für die VFR-Navigation wichtigen Karten sind
- Luftfahrtkarte ICAO 1:500.000
- Sichtan-/-abflugkarten (AIP VFR)
- Flugplatzkarten (AIP VFR)
- Streckenkarte 1:1.000.000

Kontroll- und Übungsaufgaben

1. Wer ist in Deutschland zuständig für die Sammlung, Aufbereitung und Veröffentlichung von Luftfahrtinformationen?

2. Was ist der wesentliche Inhalt des AIP VFR?

3. Ist das Luftfahrthandbuch AIP VFR nur in deutsch abgefaßt?

4. Woran kann man das Luftfahrthandbuch der Bundesrepublik Deutschland unmittelbar von Luftfahrthandbüchern anderer Staaten unterscheiden?

5. Das Luftfahrthandbuch enthält keine Informationen über den Flugwetterdienst. Die Verbreitung dieser Informationen ist Aufgabe des Deutschen Wetterdienstes (DWD). Ist diese Aussage richtig?

6. Was ist ein AIP Amendment?

7. Was ist ein AIP Supplement?

8. Wie werden Änderungen der Luftraumstruktur (z.B. Neueinrichtung einer Kontrollzone) bekanntgemacht und wie erfährt der Pilot davon?

9. Aufgrund von Hochwasser muß ein Flugplatz für etwa 10 Tage gesperrt werden. Wie wird die Luftfahrt über diese kurzfristig aufgetretene Störung informiert?

10. Wie kann man sich von Zuhause aus über alle für einen VFR-Flug in Deutschland relevante NOTAM informieren?

11. Welche Informationen enthalten die „Nachrichten für Luftfahrer"?

12. Warum trägt die Luftfahrtkarte ICAO 1:500.000 den Zusatz „ICAO"?

13. Wie stellen Sie als Pilot sicher, daß Sie vor Antritt eines VFR-Fluges in Deutschland über alle notwendigen Luftfahrtinformationen verfügen?

14. Wo können Sie sich über die angebotenen Luftfahrtveröffentlichungen informieren bzw. wo können Sie diese kaufen?

15. Wie können Sie Luftfahrtveröffentlichungen (AIP, Karten) aus dem Ausland beziehen?

Kapitel 5
Flugplätze

Arten von Flugplätzen

Ein Flugplatz (engl. Aerodrome) ist ein festgelegtes Gebiet auf dem Land oder Wasser (einschließlich der Gebäude, Anlagen und Ausrüstungen), das ganz oder teilweise für Ankunft, Abflug und Bodenbewegungen von Luftfahrzeugen bestimmt ist (ICAO-Definition). Die Genehmigung zur Anlage und zum Betrieb eines Flugplatzes obliegt den Luftfahrtbehörden der Länder. Sie üben damit auch die Aufsicht über die Flugplätze in ihrem Zuständigkeitsbereich aus. Nach deutschem Luftrecht werden Flugplätze unterteilt in

- Flughäfen (engl. Airports),
- Landeplätze (engl. Landing Sites),
- Segelfluggelände (engl. Glider Sites).

Flughäfen sind Flugplätze, die aufgrund der Art und des Umfanges des Flugbetriebes durch einen Bauschutzbereich gesichert sind. Dieser Bauschutzbereich ist ein genau definierter Bereich um die Start- und Landebahn herum (bis zu 15 km Radius), in dem das Errichten von Gebäuden oder anderen Bauwerken beschränkt ist. Damit soll verhindert werden, daß der Flugplatz „unkontrolliert" zugebaut wird und damit der Flugbetrieb behindert, wenn nicht sogar im schlimmsten Fall unterbunden wird. Flughäfen werden zugelassen als

- Verkehrsflughäfen oder als
- Sonderflughäfen.

Verkehrsflughäfen dienen dem allgemeinen Luftverkehr, sind öffentlich und können im Rahmen der Benutzungsordnung von jedem Piloten angeflogen werden. Sonderflughäfen dagegen sind für besondere Zwecke eingerichtet und damit nicht für jedermann zugänglich.

Neben den bekannten internationalen Verkehrsflughäfen Berlin-Schönefeld, Berlin-Tegel, Berlin Tempelhof, Bremen, Dresden, Düsseldorf, Erfurt, Frankfurt/Main, Hamburg, Hannover, Köln/Bonn, Leipzig/Halle, München, Münster-Osnabrück, Nürnberg, Saarbrücken und Stuttgart gibt es nur noch wenige Flugplätze, die als Verkehrsflughafen (z.B. Verkehrsflughafen Braunschweig) oder als Sonderflughafen (z.B. Sonderflughafen Oberpfaffenhofen) zugelassen sind.

Landeplätze sind Flugplätze, die nach Art und Umfang des Flugbetriebes keiner Sicherung durch einen Bauschutzbereich bedürfen und nicht nur als Segelfluggelände dienen. Auch sie werden entweder für den allgemeinen Luftverkehr oder für besondere Zwecke zugelassen als

- Verkehrslandeplätze oder als
- Sonderlandeplätze.

In Deutschland gibt es derzeit rund 350 Landeplätze, davon etwa die Hälfte Sonderlandeplätze (meist von Vereinen betrieben und nur von diesen genutzt).

Landeplätze, die ausschließlich dem Flugbetrieb mit Hubschraubern dienen, bezeichnet man als Hubschrauberlandeplätze. Von den ca. 100 Hubschrauberlandeplätzen ist nur ein sehr geringer Teil öffentlich; die meisten sind Sonderlandeplätze für Krankenhäuser.

Segelfluggelände sind Flugplätze, die für die Benutzung durch Segelflugzeuge und nichtselbststartende Motorsegler bestimmt sind. Die Genehmigung für Segelfluggelände kann auf die Benutzung durch selbststartende Motorsegler, Luftsportgeräte und Luftfahrzeuge, soweit diese zum Schleppen von Segelflugzeugen oder Motorseglern oder Hängegleitern oder zum Absetzen von Fallschirmspringern eingesetzt werden, erweitert werden.

Die Zahl der Segelfluggelände in Deutschland liegt bei etwa 250. Darüber hinaus wird an vielen Landeplätzen Segelflugbetrieb durchgeführt.

Zum Schutz des Flugbetriebes können auch Landeplätze und Segelfluggelände mit einem Bauschutzbereich versehen werden. Dieser sogenannte beschränkte Bauschutzbereich ist sehr viel kleiner als der Bauschutzbereich bei Flughäfen, er erfaßt nur einen Bereich von 1,5 km Radius um den Flugplatzbezugspunkt. Nur ein sehr geringer Teil der Landeplätze und Segelfluggelände verfügt über einen solchen beschränkten Bauschutzbereich.

Neben den insgesamt etwa 700 zivilen Flughäfen, Landeplätzen, Segelfluggeländen und Hubschrauberflugplätzen gibt es noch etwa 100 Militärflugplätze. Einige davon werden zivil und militärisch gemeinsam benutzt.

Flugplätze lassen sich auch danach einteilen, ob der Flugverkehr am Flugplatz von der Flugsicherung kontrolliert (kontrollierter Flugplatz) oder nur von der Luftaufsicht geregelt wird (unkontrollierter Flugplatz).

Die Flugsicherung kontrolliert im allgemeinen nur die Flugplätze, an denen Flugverkehr nach den Instrumentenflugregeln (IFR-Flüge) durchgeführt wird. Voraussetzung für den Instrumentenflugverkehr ist eine entsprechende technische Ausrüstung des Flugplatzes einschließlich Markierung und Befeuerung der Bahnen sowie die Festlegung von Instrumentenan- und -abflugverfahren.

In Deutschland werden etwa 100 zivile und militärische Flugplätze von der Flugsicherung kontrolliert. Alle anderen Flugplätze sind unkontrolliert.

Zusammenfassung

Flugplätze werden unterteilt in
- Verkehrsflughäfen (öffentlich)
- Sonderflughäfen (für besondere Zwecke)
- Verkehrslandeplätze (öffentlich)
- Sonderlandeplätze (für besondere Zwecke)
- Segelfluggelände
- Militärflugplätze

Rechtsgrundlage §§ 6 bis 19b LuftVG, §§ 38 bis 60 LuftVZO

Benutzung und Betrieb

Der Betrieb an einem Flugplatz erfolgt nach den in der Flugplatzbenutzungsordnung (für Segelfluggelände nicht vorgeschrieben) und in der Regelung des Flugplatzverkehrs festgelegten Verfahren.

Flugplatzbenutzungsordnungen, Regelungen des Flugplatzverkehrs sowie Flugplatzgenehmigungen werden in den Nachrichten für Luftfahrer (NfL) veröffentlicht. Für Verkehrsflughäfen ist zusätzlich eine Regelung über Lande- und Abstellgebühren sowie über Entgelte für die Benutzung von Einrichtungen in den NfL bekanntzugeben. Die für den Piloten wichtigen Flugplatzdaten und Regelungen werden im Luftfahrthandbuch (AIP bzw. AIP VFR) in Form von Texten und Karten wiedergegeben. Bezieht man das AIP VFR, so benötigt man also nicht unbedingt die entsprechende Benutzungsordnung und Flugplatzregelung.

Für Verkehrsflughäfen und Verkehrslandeplätze besteht eine Betriebspflicht, d.h., der Flugplatzunternehmer muß den Flugplatz im Rahmen der Benutzungsordnung betreiben und der Pilot hat einen Anspruch darauf, den Flugplatz gemäß dieser Ordnung zu benutzen.

So kann der Flugplatzunternehmer z.B. den Flugplatz wegen geringen Verkehrsaufkommens nicht einfach schon um 1700 Uhr schließen, obwohl eine Öffnung bis 2000 Uhr vorgesehen ist. Andererseits hat der Pilot keinen Anspruch darauf, noch nach 2000 Uhr zu landen oder zu starten, wenn der Flugplatz offiziell um 2000 Uhr schließt. Änderungen zur Benutzungsordnung sind nur in Absprache mit dem Flugplatzunternehmer und der Genehmigungsbehörde (Luftfahrtbehörde des Landes) möglich. Die Genehmigungsbehörde kann den Flugplatzunternehmer aber auch von der Betriebspflicht befreien.

Sonderflughäfen und Sonderlandeplätze sind nicht öffentlich und können nur mit Zustimmung des Flugplatzhalters genutzt werden. Möchte man z.B. einen von einem Verein betriebenen Sonderlandeplatz anfliegen, muß man sich vorher vom Flugplatzhalter dazu die Zustimmung einholen. Im Luftfahrthandbuch AIP VFR sind die Flugplätze, bei denen eine vorherige Landegenehmigung einzuholen ist, mit der Abkürzung „PPR" gekennzeichnet. „PPR" steht für „Prior Permission Required - vorherige Genehmigung erforderlich". Adresse und Telefonnummer des Flugplatzunternehmers findet man auch im AIP VFR.

Landungen ziviler Luftfahrzeuge auf Militärflugplätzen sind im allgemeinen nicht erlaubt. Im Einzelfall kann man jedoch eine Erlaubnis unmittelbar bei dem Flugplatzkommandanten bzw. bei der zuständigen militärischen Stelle beantragen. Einzelheiten hierzu sind im Luftfahrthandbuch veröffentlicht.

Luftfahrzeuge unterliegen generell dem Flugplatzzwang, d.h., sie dürfen nur auf den für sie genehmigten Flugplätzen und nur innerhalb der Betriebsstunden dieser Flugplätze starten und landen.

Starts und Landungen von Luftfahrzeugen außerhalb der für sie genehmigten Flugplätze, außerhalb der in der Flugplatzgenehmigung festgelegten Start- und Ladebahnen, außerhalb der Betriebsstunden des Flugplatzes oder innerhalb der Betriebsbeschränkungen für den Flugplatz bedürfen einer Außenstart- bzw. Außenlandegenehmigug der zuständigen Luftfahrtbehörde des Landes.

Davon ausgenommen sind Landungen in Notfällen (Notlandungen), zur Sicherheit (Sicherheitslandungen) und zur Hilfeleistung sowie Landungen von bestimmten Luftfahrzeugen (vor allem Segelflugzeuge), wenn der Ort der Landung nicht vorher bestimmbar ist (siehe hierzu Kapitel 12).

Flugplätze sind grundsätzlich so einzufrieden, daß das Betreten durch Unbefugte verhindert wird. Die Sicherungsmaßnahmen sind der Größe des Flugplatzes und des Flugbetriebes anzupassen und können in der Errichtung eines Zaunes oder aber auch nur in der Aufstellung von Verbotsschildern (bei Segelfluggeländen) bestehen.

Zusammenfassung

Benutzung und Betrieb eines Flugplatzes richten sich nach
- Flugpplatzgenehmigung
- Flugplatzbenutzungsordnung
- Regelung des Flugplatzverkehrs

Verkehrsflughäfen, -landeplätze unterliegen der Betriebspflicht.
Luftfahrzeuge dürfen nur auf den für sie genehmigten Flugplätzen landen und starten (Flugplatzzwang).

Rechtsgrundlage § 25 LuftVG, §§ 15 und 21a LuftVO, §§ 38 bis 60 LuftVZO

Flugplatzkennungen

Die meisten Flugplätze haben von der ICAO eine vierstellige Ortskennung (engl. Location Indicator) zugeteilt bekommen. Diese Kennung wird im Flugfernmeldeverkehr und somit auch bei der Aufgabe und Übermittlung von Flugplänen verwendet. Eine Liste aller Flugplatzkennungen befindet sich im Luftfahrthandbuch. Zusätzlich steht auf jeder Flugplatzkarte und Sichtanflugkarte die Kennung unter dem Flugplatznamen.

Für die deutschen Flugplätze sind folgende Kennungen vorgesehen:

- „EDD." für internationale Verkehrsflughäfen
- „ED.." für zivile Flughäfen und Landeplätze
- „ET.." für Militärflugplätze

Beispiele Deutschland

EDDT	Verkehrsflughafen Berlin-Tegel
EDBJ	Verkehrslandeplatz Jena-Schöngleina
ETIE	Militärflugplatz Heidelberg

Beispiele Ausland

EGLL	London/Heathrow
EHAM	Amsterdam/Schiphol
LFPG	Paris/Charle De-Gaulle
LIRA	Rom/Ciampino
LHBP	Budapest
UUEE	Moskau/Sheremetyevo

Zusammenfassung

Flugplätze (ab einer bestimmten Größe) tragen eine von der ICAO zugeteilte vierstellige Ortskennung. In Deutschland beginnen die Kennungen der zivilen Flugplätze mit „ED..", die der militärischen Flugplätze mit „ET..".

Grundlage ICAO Dokument Doc 7910 (Location Indicator)

Flugplatzaufbau

Ein Flugplatz besteht im wesentlichen aus der Start- und Landebahn (engl. Runway, RWY) bzw. aus einem System von Start- und Landebahnen, den Rollwegen (engl. Taxiway, TWY), dem Vorfeld (engl. Apron), den Gebäuden wie z.B. Turm, Abfertigungsgebäude, Flugzeughallen und den verschiedensten technischen Einrichtungen.

Der Teil eines Flugplatzes, der für Start und Landung sowie für das Rollen von Luftfahrzeugen zu benutzen ist, ausgenommen das Vorfeld, wird allgemein als Rollfeld (engl. Manoeuvring Area) bezeichnet. Das Rollfeld einschließlich Vorfeld nennt man Bewegungsfläche (engl. Movement Area).

Je nach Art und Umfang des Flugbetriebes ist der Ausbauzustand der einzelnen Flugplätze sehr unterschiedlich. Während für den Flugbetrieb mit einmotorigen Kleinflugzeugen in vielen Fällen ein Flugplatz mit einer Grasbahn ausreichend ist, erfordert der Flugbetrieb mit Verkehrsflugzeugen, die bei (beinahe) jedem Wetter und auch bei schlechtesten Sichtverhältnissen landen und starten, nicht nur ein entsprechend aufwendiges Start- und Landebahnsystem, sondern auch die entsprechende Instrumentierung, Befeuerung und Ausrüstung des Flugplatzes.

Da Flugzeuge stets gegen den Wind starten und landen, sind die Start- und Landebahnen in Deutschland entsprechend der vorherrschenden Windrichtung meist in West/Ost ausgerichtet. Jede Start- und Landebahn wird mit einer zweistelligen Zahl bezeichnet. Diese Zahl gibt die mißweisende Richtung (also in Bezug auf mißweisend Nord) der Start- und Landebahn an.

49

So hat die Start- und Landebahn 27 am Flugplatz Egelsbach eine mißweisende Richtung von 270° (der Wert ist gerundet, der genaue Wert beträgt 267°), die Gegenrichtung der Start- und Landebahn 27 ist mit 09 entsprechend 090° bezeichnet.

Verfügt ein Flugplatz über parallele Start- und Landebahnen, so werden diese zur Unterscheidung mit „L" und „R" für „Left" und „Right" bezeichnet. Die beiden parallelen Start- und Landebahnen am Flughafen Frankfurt heißen 25 L und 25 R bzw. 09 R und 09 L. Bei drei parallelen Bahnen wird die mittlere Bahn mit einem „C" (für „Central") gekennzeichnet. Dementsprechend sind die drei parallelen Start- und Landebahnen am Verkehrsflughafen Hannover mit 27 L, 27 C, 27 R und 09 R, 09 C, 09 L benannt worden (Abb. 2).

Der Beginn des Teils der Start- und Landebahn, der für die Landung vorgesehen ist, heißt Schwelle (engl. Threshold, THR). Meist liegt die Schwelle am Beginn der Start- und Landebahn. In einigen Fällen ist sie nach innen verlegt.

Das bedeutet, für die Landung steht nicht die gesamte Start- und Landebahn zur Verfügung. Das Luftfahrzeug darf erst bei der markierten versetzten Schwelle aufsetzen. Versetzte Schwellen sind meist da zu finden, wo Hindernisse im Anflugbereich ein Aufsetzen auf den ersten Metern der Bahn erschweren bzw. die Schwelle ist bewußt so verlegt, daß dadurch Hindernisse im Anflugbereich mit einem größeren Abstand überflogen werden.

Man muß sich also vorher darüber informieren, ob man die gesamte Start- und Landebahn für die Landung nutzen kann oder ob die Landestrecke kürzer ist. Ebenso können aber auch Hindernisse im Abflugbereich dazu führen, daß für den Startlauf nicht die gesamte Startbahn zur Verfügung steht. Über die Länge der Start- und Landebahn, die tatsächlich verfügbare Landestrecke (engl. Landing Distance Available, LDA) und die verfügbare Startlaufstrecke (engl. Take-off Run Available, TO-RA) gibt die Flugplatzkarte im Luftfahrthandbuch Auskunft.

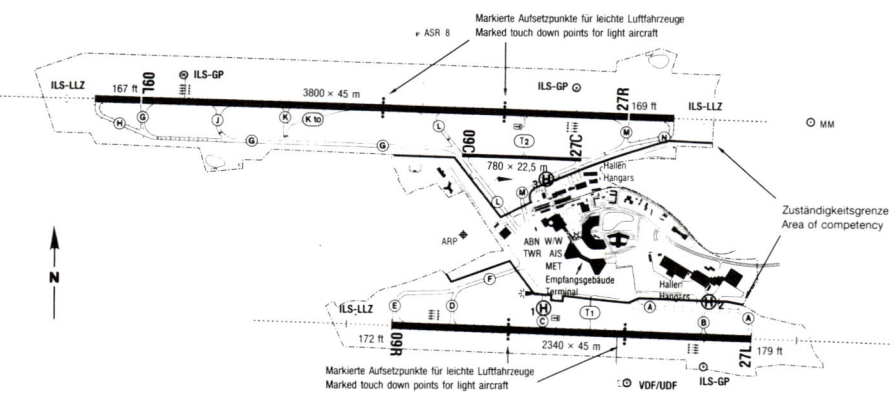

Abb. 2: Flugplatzkarte vom Verkehrsflughafen Hannover, Ausschnitt aus AIP VFR (Quelle DFS).

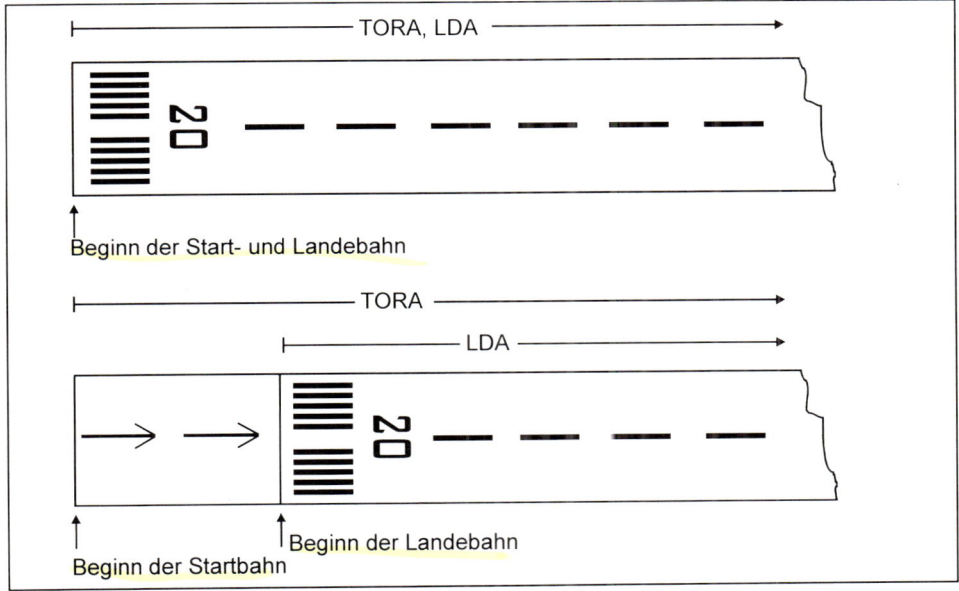

Abb. 3: Start- und Landebahn mit Schwelle am Anfang der Bahn und mit versetzter Schwelle.

Ist die LDA kleiner als die Länge der Start- und Landebahn, dann ist die Schwelle versetzt (Abb. 3).

Die Rollbahnen verbinden die Start- und Landebahnen untereinander und mit dem Vorfeld.

An den Einmündungen der Rollbahnen zur Start- und Landebahn ist jeweils ein Rollhalteort (engl. Taxi-holding Position) markiert (Abb. 4). An diesem Rollhalteort hat der Pilot mit dem Luftfahrzeug vor dem Start zu warten, solange Flugbetrieb auf der Start- und Landebahn stattfindet bzw. solange er noch keine weitere Freigabe der Flugsicherung erhalten hat.

Rollbahnen werden meist mit Buchstaben oder Zahlen bezeichnet. Hinweisschilder am Rand der Rollbahnen zeigen die entsprechenden Bezeichnungen an.

Da die Windrichtung ebenso wie die Windstärke entscheidenden Einfluß auf den Start und die Landung haben, befindet sich auf jedem Flugplatz ein vom Boden wie aus der Luft gut sichtbarer Windsack. Im allgemeinen ist dieser rot/weiß gestreift.

Auf vielen Flugplätzen ist eine bestimmte Fläche festgelegt, auf der Bodensignale für den Flugbetrieb ausgelegt sind (z.B. Lande-T, vgl. hierzu Kapitel 12).

Diese als Signalfeld (engl. Signal Area) bezeichnete Fläche verliert durch die Anwendung von Sprechfunk immer mehr an Bedeutung.

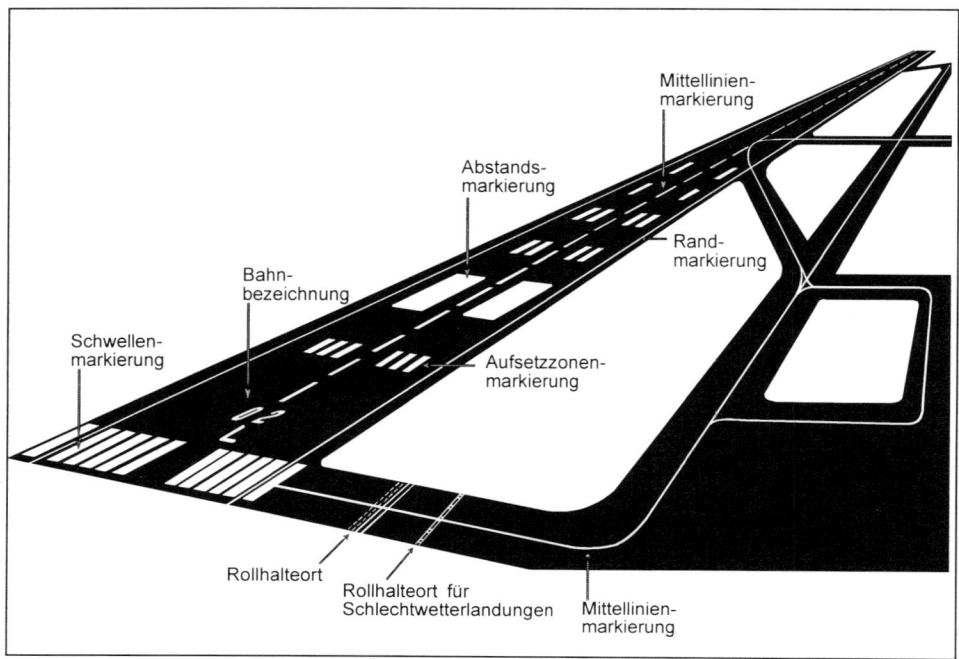

Labels in figure:
- Mittellinien- markierung
- Abstands- markierung
- Rand- markierung
- Bahn- bezeichnung
- Schwellen- markierung
- Aufsetzzonen- markierung
- Rollhalteort
- Rollhalteort für Schlechtwetterlandungen
- Mittellinien- markierung

Abb. 4: Markierungen auf der Start- und Landebahn und Rollbahn eines Verkehrsflughafens.

Markierungen

Zusammenfassung

Rollfeld: RWY, TWY
Bewegungsfläche: RWY, TWY, Apron
Bahnbezeichnung: Zehntel der mißweisenden Richtung (gerundet), bei Parallelbahnen zusätzlich mit „L" und „R" bezeichnet.
Schwelle: Beginn des für die Landung nutzbaren Teils der Start- und Landebahn
Rollhalteort: Ort auf der Rollbahn, an dem rollende Luftfahrzeuge zum Halten aufgefordert werden können, um einen ausreichenden Abstand zur Start- und Landebahn zu erhalten.

Rechtsgrundlage Richtlinien des BMV, ICAO-Anhang 14

Auf den befestigten Start- und Landebahnen werden die Schwellen, die Bahnbezeichnungen, die Mittellinie und der Rand markiert. Bei für Instrumentenflugbetrieb zugelassenen Flugplätzen sind auf der Start- und Landebahn zusätzliche Abstands- und Aufsetzzonenmarkierungen angebracht. Die Landebahn-Schwelle ist durch ein Zebrastreifenmuster besonders markant hervorgehoben.

Auf den Rollwegen ist die Mittellinie durch einen durchgezogenen Strich sowie der Rollhalteort durch eine durchgezogene und eine unterbrochene Doppellinie markiert; bei für Schlechtwetterlandungen zugelassenen Flughäfen sind zusätzliche Rollhaltemarkierungen angebracht. Man sollte sich angewöhnen, genau auf der Rollbahnmittellinie zu rollen, dann kann man sicher sein, mit keinem neben dem Rollweg geparkten Luftfahrzeug oder anderen Hindernissen zu kollidieren.

Markierungen auf den Start- und Landebahnen sind weiß, auf den Rollbahnen gelb. Bei unbefestigten Start- und Landebahnen und Rollwegen, also meist Grasbahnen, werden die seitlichen Begrenzungen und die Schwellen durch weiß-orange bzw. weiß-rote Dachreiter, Kegel, Pyramiden oder Fähnchen markiert. Die Hubschrauber-Start- und Landefläche wird durch ein weißes „H" gekennzeichnet.

Zusammenfassung

Farben der Markierungen

Weiß: auf der Start- und Landebahn
- Schwelle
- Bahnbezeichnung
- Mittellinie
- Rand
- ggf. zusätzlich Abstandsmarken und Aufsetzzone

Gelb: auf den Rollwegen
- Mittellinie
- Rollhalteort

Rechsgrundlage Richtlinie des BMV, ICAO Anhang 14

Befeuerung

Die meisten Landeplätze sind nur für den Sichtflugbetrieb am Tage zugelassen und verfügen daher über gar keine oder nur über eine einfache Befeuerung (engl. Lighting).

Abb. 5: Anflug- und Landebahnbefeuerung eines Verkehrsflughafens.

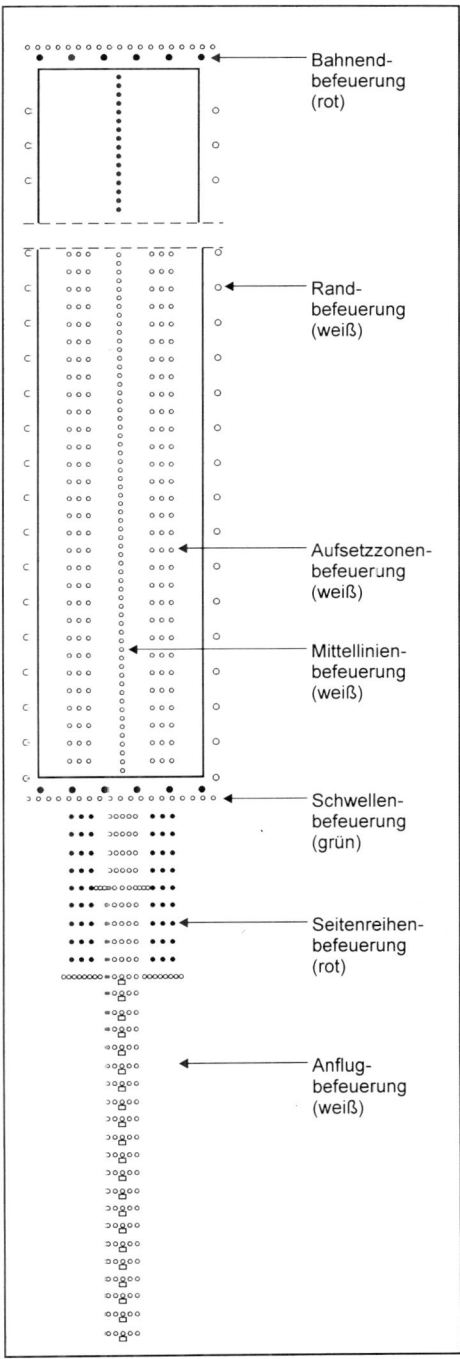

Bahnend-
befeuerung
(rot)

Rand-
befeuerung
(weiß)

Aufsetzzonen-
befeuerung
(weiß)

Mittellinien-
befeuerung
(weiß)

Schwellen-
befeuerung
(grün)

Seitenreihen-
befeuerung
(rot)

Anflug-
befeuerung
(weiß)

Flugplätze mit Nachtflugbetrieb, vor allem aber Verkehrsflughäfen, sind dagegen mit einem aufwendigen Befeuerungssystem ausgestattet, das Landungen und Starts zu jeder Tages- und Nachtzeit, auch bei sehr schlechten Sichtverhältnissen zuläßt.

Auch wenn die Privatpilotenlizenz erst einmal nur das Fliegen unter Sichtflugwetterbedingungen am Tage erlaubt, so sollte sich der Privatpilot doch auch mit den verschiedenen Befeuerungen auskennen, denn bei schlechter Sicht oder während der Dämmerung kann die Befeuerung eine wichtige Orientierungshilfe am Flugplatz sein.

Flugplatzleuchtfeuer

Ein Flugplatzleuchtfeuer (engl. Aerodrome Beacon, ABN) dient dem Piloten als optische Orientierungshilfe zum Auffinden des Flugplatzes, vor allem bei Nacht oder schlechten Sichtverhältnissen. Es ist meist auf dem (Kontroll-)Turm angebracht und strahlt in alle Richtungen Lichtblitze ab. An zivilen Flugplätzen sind die Blitze weiß, an zivil-militärisch genutzten und auf militärischen Flugplätzen weiß/grün.

Bahnbefeuerung

Der Rand von Start- und Landebahnen wird mit weißen, der Rand der Rollbahnen mit blauen, die Schwelle mit grünen und das Bahnende mit roten Lampen befeuert. Bei für Schlechtwetterflugbetrieb zugelassenen Start- und Landebahnen sind zusätzlich die Mittellinie und der Bereich der Aufsetzzone mit weißen Lampen befeuert.

Anflugbefeuerung

Die Anflugbefeuerung markiert die letzten 900 m vor der Landebahnschwelle durch weiße Lampen entlang der Anflugmittellinie und durch einen aus weißen Lichtern bestehenden Querbalken im Abstand von 300 m von der Schwelle. Für Schlechtwetterlandungen wird die Anflugbefeuerung zusätzlich mit Blitzfeuern, roten Seitenreihen und einem weiteren Querbalken ausgestattet.

Gleitwinkelbefeuerung

Durch die Gleitwinkelbefeuerung kann der Pilot während des Anfluges den Anflugwinkel durch Beobachtung einer zweifarbigen (rot/weiß) Anzeige überwachen. Die Befeuerung ist meist auf einen Anflugwinkel von 3° eingestellt. Die Einhaltung dieses optisch angezeigten Anflugwinkels garantiert einen hindernisfreien Endanflug.

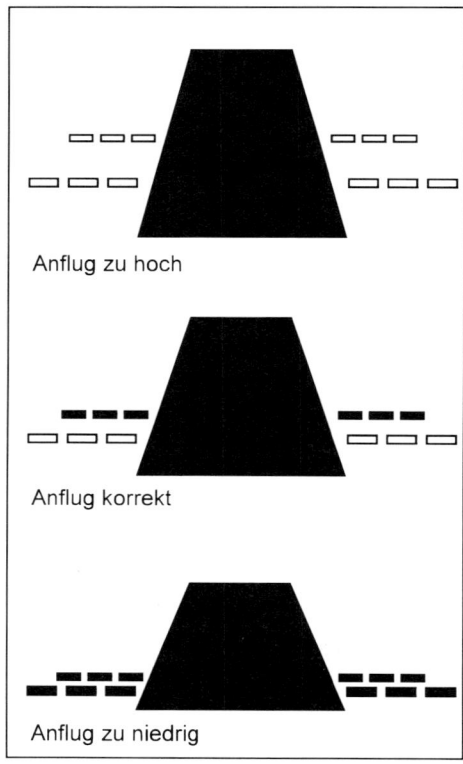

Abb. 6: VASIS (Visual Approach Slope Indicator System).

54

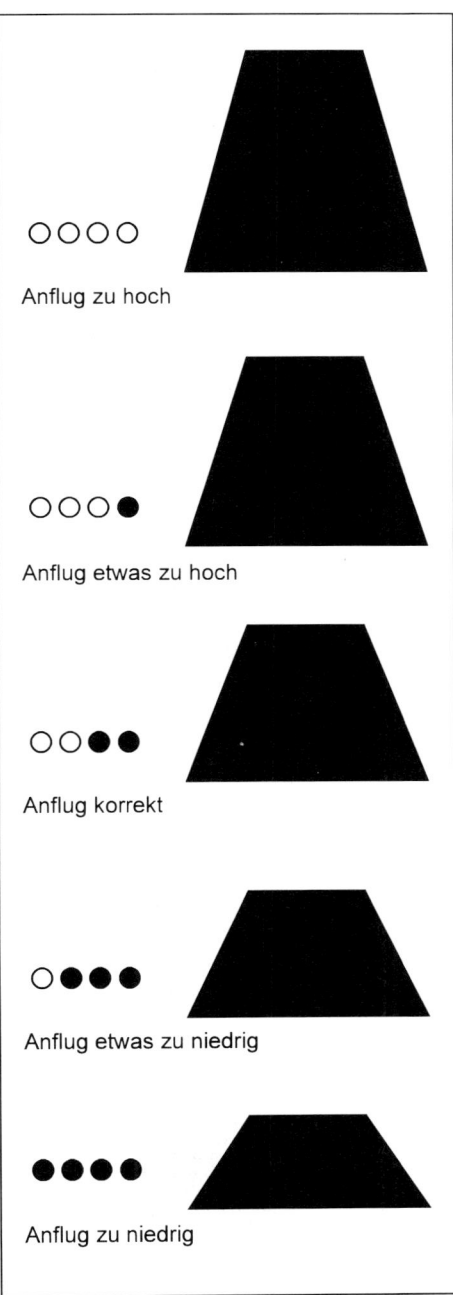

OOOO

Anflug zu hoch

OOO●

Anflug etwas zu hoch

OO●●

Anflug korrekt

O●●●

Anflug etwas zu niedrig

●●●●

Anflug zu niedrig

In der Vergangenheit wurde das Gleitwinkelbefeuerungssystem VASIS (Visual Approach Slope Indicator System) eingesetzt. Dieses wird nun auf Beschluß der ICAO weltweit durch das System PAPI ersetzt.

PAPI (Precision Approach Path Indicator) besteht aus einer Reihe von vier Zweifarblampen, die auf der linken Landebahn-Seite in Höhe der Aufsetzzone installiert sind. Sieht der Pilot im Anflug die beiden zur Landebahn nächstgelegenen Lampen rot und die beiden anderen weiß, befindet sich das Luftfahrzeug auf dem korrekten Anflugwinkel. Sieht er drei oder alle vier Lampen rot, fliegt das Luftfahrzeug unterhalb des eingestellten optischen Gleitweges, sieht er drei oder alle vier Lampen weiß, so fliegt es oberhalb des Gleitweges.

Zusammenfassung

Farben der Befeuerung

Weiß
- Flugplatzleuchtfeuer (ziv./mil. Flugpl. weiß/grün)
- Start- und Landebahn (Rand, Mittellinie, Aufsetzzone)
- Anflugbefeuerung (Anfluggrundlinie, Querbalken)

Grün
- Start- und Landebahn (Schwelle, Rollbahn, Mittellinie)

Rot
- Start- und Landebahn (Bahnende)
- Anflugbefeuerung (Seitenreihen)

Blau
- Rollbahn (Rand)

VASIS: Korrekter Anflugwinkel, vorne weiß, hinten rot
PAPI: Korrekter Anflugwinkel, 2 x weiß, 2 x rot

Rechtsgrundlage Richtlinie des BMV, ICAO-Anhang 14

Abb. 7: PAPI (Precision Approach Path Indicator).

Hindernisfreiheit und Hindernismarkierungen

Damit der Flugbetrieb sicher durchgeführt werden kann und zum Schutz davor, daß durch die Zunahme von Hindernissen Flugplätze unbenutzbar werden, hat die ICAO sowie auf nationaler Ebene das Bundesministerium für Verkehr Richtlinien zur Hindernisfreiheit von Flugplätzen herausgegeben. Diese beschreiben durch die Festlegung von sogenannten Hindernisfreiflächen, welche Bereiche um einen Flugplatz und speziell um die Start- und Landebahn herum hindernisfrei sein sollen bzw. bis zu welcher Höhe Hindernisse erlaubt sind.

Unmittelbar um die Start- und Landebahn herum ist der sogenannte Sicherheitsstreifen festgelegt. Dieser hat je nach Größe der Start- und Landebahn eine Breite von 60 m bis 150 m (einschl. Bahnbreite) und soll möglichst eben und hindernisfrei sein. Im An- und Abflugbereich wird eine hindernisfreie Schräge von 1:40 (= 1,4°), bei kleineren Flugplätzen von 1:25 (= 2,3°) bzw. 1:20 (= 2,9°) gefordert.

„Durchstoßen" Hindernisse den Streifen, die An- und Abflugflächen oder andere festgelegte Hindernisfreiflächen, so werden diese meist farbig gekennzeichnet und ggf. auch befeuert. Die Hindernismarkierung erfolgt durch Farbanstrich mit weiß-orangenem bzw. weiß-rotem Zebra- oder Schachbrettmuster. Seilförmige Hindernisse wie z.B. Freileitungen, Seilbahnen oder Spannseile von Masten werden durch farbige Marker gekennzeichnet. Die Befeuerung geschieht durch rote Lampen.

Hindernisse werden nicht nur im Flugplatzbereich markiert und ggf. befeuert, sondern auch außerhalb, wenn sie eine Höhe von mehr als 100 m über Grund außerhalb von dichtbesiedelten Gebieten bzw. von mehr als 150 m über Grund innerhalb von Städten und anderen dichtbesiedelten Gebieten erreichen.

Zusammenfassung

Hindernisse werden markiert (weiß/rot) / befeuert (rot), wenn sie
- festgelegte Hindernisfreiflächen im Flugplatzbereich durchstoßen,
- höher als 100 m über Grund (150 m im Stadtbereich) sind.

Ein Sicherheitsstreifen ist ein hindernisfreier Bereich um die Start- und Landebahn.

Rechtsgrundlage §§ 12 bis 19 LuftVG, Richtlinie des BMV, ICAO-Anhang 14

Abb. 8: Anflug- und Landebahnbefeuerung (Quelle Flughafen Frankfurt/Main AG).

Kontroll- und Übungsaufgaben

1. Was sagt im deutschen Luftrecht der Wortteil „Verkehr" bei Verkehrsflughafen bzw. Verkehrslandeplatz aus?

2. Woher wissen Sie, ob der Flugplatz, den Sie anfliegen möchten, ein Sonderlandeplatz ist und wo fragen Sie nach, ob Sie dort landen dürfen?

3. Wo können Sie die Regelung des Flugplatzverkehrs für den Verkehrslandeplatz Sömmerda nachlesen?

4. Haben alle Flugplätze eine ICAO-Kennung?

5. An welcher Stelle der Start- und Landebahn darf man bei der Landung am frühesten aufsetzen?

6. Darf man vor einer versetzten Schwelle mit dem Startlauf beginnen?

7. An internationalen Verkehrsflughäfen gibt es meist an jeder Rollbahneinmündung zwei verschieden markierte Rollhalteorte. Bis zu welchem Rollhalteort darf man rollen?

8. Sie fliegen die mit PAPI ausgerüstete Landebahn 09 am Vekehrslandeplatz Mannheim-Neuostheim an. Sie sehen alle 4 Lampen rot, fliegen also unterhalb des PAPI-Anflugwinkels. Dürfen Sie das?

9. Wann wird das Flugplatzleuchtfeuer eingeschaltet?

10. Welche Bedeutung hat der Sicherheitsstreifen um die Start- und Landebahn?

Kapitel 6
Luftfahrzeuge

Luftfahrzeugarten

Nach deutschem Luftrecht sind Luftfahrzeuge (engl: Aircraft)

- Flugzeuge,
- Drehflügler,
- Segelflugzeuge,
- Motorsegler,
- Luftschiffe,
- Frei- und Fesselballone,
- Drachen,
- Rettungsfallschirme,
- Flugmodelle,
- Luftsportgeräte (Ultraleichtflugzeuge, Hängegleiter, Gleitsegel, Sprungfallschirme).

und sonstige für die Benutzung des Luftraums bestimmte Geräte. Ein Luftfahrzeug zeichnet sich also dadurch aus, daß es für die Benutzung des Luftraums bestimmt ist. In diesem Sinne gelten auch Raumfahrzeuge, Raketen oder ähnliche Flugkörper als Luftfahrzeuge, solange sie sich im Luftraum befinden. Ein Luftkissenfahrzeug ist dagegen kein Luftfahrzeug.

Die folgenden Ausführungen befassen sich nur mit den Bestimmungen für Flugzeuge, Drehflügler, Segelflugzeuge, Motorsegler und Ballone.

Zusammenfassung

Luftfahrzeuge sind für die Benutzung des Luftraums bestimmte Geräte.

Rechtsgrundlage § 1 LuftVG

Zulassung von Luftfahrzeugen

Flugzeuge, Drehflügler, Segelflugzeuge, Motorsegler und bemannte Ballone dürfen nur verkehren, wenn sie zum Luftverkehr zugelassen (Verkehrszulassung) und, soweit vorgeschrieben, in das Verzeichnis der deutschen Luftfahrzeuge (Luftfahrzeugrolle) eingetragen sind.

Die Verkehrszulassung eines Luftfahrzeuges entspricht der Verkehrszulassung eines Autos. Mit der Verkehrszulassung eines Autos wird das Auto zur Teilnahme am Straßenverkehr, mit der Verkehrszulassung eines Luftfahrzeuges wird das Luftfahrzeug zur Teilnahme am Luftverkehr zugelassen. Voraussetzung für die Erteilung der Verkehrszulassung ist, daß

- das Muster des Luftfahrzeuges zugelassen ist (Musterzulassung),
- der Nachweis der Verkehrssicherheit nach der Prüfordnung für Luftfahrtgerät erbracht ist (Lufttüchtigkeitszeugnis),
- der Halter des Luftfahrzeuges versichert ist oder durch Hinterlegung von Geld oder Wertpapieren Sicherheit geleistet hat (Haftpflichtversicherung),
- die technische Ausrüstung des Luftfahrzeuges so gestaltet ist, daß das durch seinen Betrieb entstehende Geräusch das nach dem jeweiligen Stand der Technik unvermeidbare Maß nicht übersteigt (Lärmzeugnis).

Zulassungsbehörde für Luftfahrzeuge ist das Luftfahrt-Bundesamt (LBA). Im Antrag auf Verkehrszulassung müssen u.a. Angaben über die Eigentumsverhältnisse, den Verwendungszweck und den Standort des Luftfahrzeuges gemacht sowie Nachweise über den Eigentumserwerb an dem Luftfahrzeug und über die Lufttüchtigkeit (Prüfschein), eine Versicherungsbestätigung und die Genehmigungsurkunde des Bundesamtes für Post und Telekommunikation (BAPT) zur Errichtung und zum Betrieb der Luftfunkstelle beigefügt werden.

Die Verkehrszulassung eines Luftfahrzeuges erfolgt durch die Ausstellung des Lufttüchtigkeitszeugnisses (engl. Certificate of Airworthiness). Es entspricht dem Kraftfahrzeugschein beim Auto. Im Lufttüchtigkeitszeugnis werden die Art des Luftfahrzeuges und der Verwendungszweck/Kategorie (Personenbeförderung, Frachtbeförderung, Privater Verkehr, Luftarbeit) eingetragen.

Flugzeuge, Drehflügler, Motorsegler, Segelflugzeuge und Ballone erhalten vom LBA bei der Verkehrszulassung ein Kennzeichen (entspricht der Autonummer beim Auto). Das LBA trägt Flugzeuge, Drehflügler und Motorsegler in ein Luftfahrzeugregister, genannt Luftfahrzeugrolle, ein. Bei Segelflugzeugen und bemannten Ballonen erfolgt eine Registrierung in einem Verzeichnis. Dem Luftfahrzeugeigentümer wird die Eintragung durch Aushändigung des Eintragungsscheins (engl. Certificate of Registration) bestätigt. Darüber hinaus wird bei der Verkehrszulassung ein Lärmzeugnis ausgestellt, wenn die Einhaltung bestimmter Lärmgrenzwerte nachgewiesen wird.

Das Lufttüchtigkeitszeugnis und der Eintragungsschein sind beim Betrieb des Luftfahrzeuges stets mitzuführen. Für das Lärmzeugnis besteht diese Pflicht nicht. Es empfiehlt sich aber, auch dieses an Bord dabeizuhaben, da viele Flugplätze bei Vorlage des Lärmzeugnisses günstigere Landegebühren berechnen.

Der Luftfahrzeughalter hat dem LBA unverzüglich anzuzeigen:

- technische Mängel, welche die Lufttüchtigkeit beeinträchtigen oder beeinträchtigen können, soweit sie nicht durch die vorgeschriebene Instandhaltung zu beheben sind
- jede Änderung des regelmäßigen Standorts des Luftfahrzeuges

Der Luftfahrzeugeigentümer muß dagegen dem LBA mitteilen, wenn der Halter wechselt und mit dem neuen Halter vereinbart wird, daß er das Luftfahrzeug für mindestens sechs Monate in Gebrauch hat. Außerdem hat er das LBA über jede Änderung der in der Luftfahrzeugrolle eingetragenen Tatsachen zu informieren.

Die Verkehrszulassung kann vom LBA widerrufen werden, wenn die Voraussetzungen für die Zulassung nicht nur vorübergehend entfallen sind oder kein Versicherungsschutz mehr besteht. Das Lufttüchtigkeitszeugnis wird in diesem Fall eingezogen.

Zusammenfassung

Verkehrszulassung erfolgt durch
- Ausstellung des Lufttüchtigkeitszeugnisses und des Eintragungsscheins

Voraussetzungen für Verkehrszulassung
- Musterzulassung
- Nachweis der Lufttüchtigkeit
- Lärmzulassung
- Halterhaftpflichtversicherung
- Eigentümernachweis
- Angabe über den Verwendungszweck
- Angabe über den Luftfahrzeugstandort
- Genehmigung der Bordfunkanlage

Achtung: Lufttüchtigkeitszeugnis und Eintragungsschein sind an Bord mitzuführen!

Rechtsgrundlage §§ 2 und 3 LuftVG, §§ 6 bis 18a, 104 LuftVZO, Bekanntmachung des LBA

Kennzeichen von Luftfahrzeugen

Das Kennzeichen (engl. Registration Mark) von deutschen Luftfahrzeugen besteht aus dem Buchstaben D, einem Bindestrich und vier weiteren Buchstaben, wobei der erste von diesen vier Buchstaben wie folgt festgelegt ist:

- **A** für Flugzeuge über 20.000 kg Höchstmasse (z.B. D-ACDB)
- **B** für Flugzeuge von 14.000 kg bis 20.000 kg Höchstmasse (z.B. D-BIDE)
- **C** für Flugzeuge von 5.700 kg bis 14.000 kg Höchstmasse (z.B. D-CHEF)
- **E** für Flugzeuge, einmotorig bis 2.000 kg Höchstmasse (z.B. D-EFXQ)
- **F** für Flugzeuge, einmotorig von 2.000 kg bis 5.700 kg Höchstmasse (z.B. D-FABE)
- **G** für Flugzeuge, mehrmotorig bis 2.000 kg Höchstmasse (z.B. D-GOLD)
- **I** für Flugzeuge, mehrmotorig von 2.000 kg bis 5.700 kg Höchstmasse (z.B. D-ILBA)
- **H** für Drehflügler (z.B. D-HOBS)
- **K** für Motorsegler (z.B. D-KILO)
- **L** für Luftschiffe (z.B. D-LUFT)
- **O** für bemannte Ballone (z.B. D-OPPE). Bemannte Ballone können nach der Luftverkehrs-Zulassungs-Ordnung (LuftVZO) zur Zeit auch noch als Kennzeichen den Buchstaben D und einen Namen führen, z.B. D-MILCH

Segelflugzeuge tragen als Kennzeichen den Buchstaben D und nach dem Bindestrich eine Kennzahl, z.B. D-1572

Flugzeuge, Drehflügler, Motorsegler und Segelflugzeuge führen das Kennzeichen an beiden Seiten des Rumpfes oder an beiden Seiten des Seitenleitwerks. Flugzeuge bis 5.700 kg Höchstmasse sowie Motorsegler und Segelflugzeuge tragen das Kennzeichen außerdem auf der unteren Seite des linken Flügels.

Neben dem Kennzeichen ist die Bundesflagge im Farbanstrich anzubringen. Bemannte Ballone haben die Bundesflagge zu setzen.

Zusammenfassung

Luftfahrzeugkennzeichen bestehen aus
- Staatszugehörigkeitszeichen („D" und Bundesflagge) und
- Eintragungszeichen (4 Buchstaben, bzw. 4 Ziffern bei Segelflugzeugen)

Rechtsgrundlage § 19 LuftVZO, Anlage 1 zur LuftVZO

Lufttüchtigkeit

Die Verkehrssicherheit (Lufttüchtigkeit) eines Luftfahrzeuges wird nach der Prüfordnung für Luftfahrtgerät (LuftGerPO) durch verschiedene Prüfungen - Musterprüfung, Stückprüfung und Nachprüfung - festgestellt.

Muster- und Stückprüfung

Die Musterprüfung dient dazu, die Lufttüchtigkeit des Musters eines Luftfahrzeuges nachzuweisen. Sie wird in vom Luftfahrt-Bundesamt anerkannten Entwicklungsbetrieben durchgeführt. Dabei werden z.T. die amerikanischen Lufttüchtigkeitsforderungen „Federal Airworthiness Requirements" (FAR), immer öfter aber die im Rahmen der Harmonisierung der Luftfahrt in Europa entwickelten europäischen Vorschriften „Joint Aviation Requirements" (JAR) zugrunde gelegt.

Mit Abschluß der Musterzulassung wird ein Gerätekennblatt erstellt. Es enthält Angaben über Art und Verwendungszweck des Luftfahrzeuges sowie über Hersteller, Zulassungsdaten, Betriebsgrenzen und -beschränkungen und Betriebsanweisungen und wird in den Nachrichten für Luftfahrer Teil II (NfL II) bekanntgegeben.

Im Anschluß an die Zulassung des Musters erfolgt in der Regel die Produktion des Luftfahrzeuges in größerer Stückzahl. Nach Fertigstellung jedes einzelnen Luftfahrzeuges wird in einer Stückprüfung bescheinigt, daß dieses Stück dem zugelassenen Muster entspricht. Eigenmächtige Änderungen am Stück, aus welchen Gründen auch immer, sind nicht zulässig. Änderungen sind Aufgabe des Entwicklungsbetriebes und erfordern eine ergänzende Musterprüfung.

Nachprüfung

Um die Aufrechterhaltung der Lufttüchtigkeit zu gewährleisten und die Möglichkeiten technischer Störungen auf ein Minimum zu reduzieren, müssen Luftfahrzeuge in Zeitabständen von 12 Monaten einer umfassenden Nachprüfung (Jahresnachprüfung) unterzogen werden.

Für Luftfahrzeuge (ausgenommen Motorsegler, Segelflugzeuge und Ballone), die für die gewerbsmäßige Beförderung von Personen oder für die Ausbildung von Luftfahrern verwendet werden, ist zusätzlich nach einer Betriebszeit von jeweils 100 Stunden eine Nachprüfung (100-Stunden-Kontrolle) vorgeschrieben, in der festgestellt wird, ob sie ordnungsgemäß instandgehalten sind und noch den Anforderungen eines sicheren Betriebes genügen.

Werden beim Betrieb eines Luftfahrzeuges Mängel festgestellt, die seine Lufttüchtigkeit beeinträchtigen oder beeinträchtigen können, oder besteht begründeter Zweifel an der Lufttüchtigkeit des Luftfahrzeuges,

so kann das LBA die Nachprüfung des Luftfahrzeuges anordnen.

Nachprüfungen von Luftfahrzeugen sind in vom LBA anerkannten luftfahrttechnischen Betrieben (LTB) durchzuführen (eine Liste aller anerkannten luftfahrttechnischen Betriebe erscheint in regelmäßigen Abständen in den Nachrichten für Luftfahrer Teil II). Daneben dürfen auch vom LBA anerkannte Prüfer Nachprüfungen von kleinen Luftfahrzeugen (bis max. 5.700 kg) selbständig ausführen.

Die 100-Stunden-Kontrolle von Flugzeugen bis max. 2.000 kg, die von Luftsportvereinen für die Pilotenausbildung eingesetzt werden, kann auch von geeigneten Personen durchgeführt werden. Die Eignung ist dem LBA nachzuweisen.

Jede Nachprüfung wird in einem Nachprüfschein bescheinigt und damit die Lufttüchtigkeit und die Übereinstimmung mit den im zugehörigen Gerätekennblatt enthaltenen Angaben festgestellt. Eine Ausfertigung des Nachprüfscheins erhält das LBA, eine weitere ist den Betriebsaufzeichnungen des Luftfahrzeuges beizulegen. Eine Ausfertigung des jeweils letzten Nachprüfscheins muß im Luftfahrzeug mitgeführt werden.

Lufttüchtigkeitsanweisungen (LTA)

Aufgrund von Mängeln, die sich beim Betrieb eines Luftfahrzeuges, nach einer Störung oder nach einem Unfall herausgestellt haben, veröffentlicht das LBA Lufttüchtigkeitsanweisungen (LTA). In diesen LTAs werden Maßnahmen festgelegt, die innerhalb einer jeweils festgelegten Frist am Luftfahrzeug durchgeführt werden müssen. Ein Luftfahrzeug darf ohne durchgeführte LTA nach Fristablauf nicht am Luftverkehr teilnehmen.

95 - 210 Robin

Betroffenes Luftfahrtgerät (1):
Geräte-Nr. 1001

ROBIN

	– Werk-Nrn.:
DR 400 / 120	2132, 2212, 2215, 2221, 2223, 2226, 2227, 2230, 2231, 2235, 2236, 2250, 2252.
DR 400 / 140B	2211, 2213, 2214, 2219, 2233, 2239, 2240, 2247, 2251, 2253, 2256, 2257.
DR 400 / 160	2220, 2241.
DR 400 / 180	2210, 2216 bis 2218, 2222, 2224, 2232, 2237, 2238, 2244, 2245, 2248, 2249.
DR 400 / 180 R	2207, 2225, 2228, 2229, 2254, 2255.

Bezug (Anlaß/Grund):
GSAC CdN 94-263(A) vom 07.12.1994

Betrifft:
Verformung des oberen Befestigungsblockes des schwenkbaren Motorträgers
Austausch des Befestigungsblockes mit der Teilenr. 51-18-03-010 gegen einen Befestigungsblock mit der Teilenr. 51-18-08-010.

Technische Mitteilungen des Herstellers:
Avions Pierre Robin Service Bulletin 138

Durchführung der Maßnahmen:
Gemäß den Angaben der Technischen Mitteilung

Fristen:
Wenn nicht bereits ausgeführt, ist die mögliche Verformung vor dem folgenden Flug zu prüfen.
Bei einer Verformung gleich oder größer als 1 mm ist der Befestigungsblock vor dem folgenden Flug auszutauschen.
Beträgt die Verformung weniger als 1 mm, ist der Austausch bei der folgenden 100-FH-Kontrolle vorzunehmen.

Abb. 9: Beispiel für eine Lufttüchtigkeitsan-weisung, veröffentlicht in den Nachrichten für Luftfahrer Teil II (Quelle DFS).

Die zu verrichtenden Arbeiten können im allgemeinen nur in einem luftfahrttechnischen Betrieb vorgenommen werden. Die Durchführung ist von einem entsprechenden Prüfer für Luftfahrtgerät in einem Nachprüfschein zu bescheinigen.

Lufttüchtigkeitsanweisungen ausländischer Luftfahrtbehörden werden ebenfalls als deutsche LTA herausgegeben, sofern das Luftfahrtgerät in Deutschland zugelassen ist. Auch Service Bulletins der Luftfahrzeughersteller selber können zu einer LTA füh-

ren. Das Luftfahrt-Bundesamt gibt Lufttüchtigkeitsanweisungen in den Nachrichten für Luftfahrer Teil II (NfL II) bekannt.

Zusammenfassung

Nachprüfung
- mindestens alle 12 Monate (Jahresnachprüfung)
- nur in anerkannten luftfahrttechnischen Betrieben bzw. von anerkannten Prüfern
- Eintragung im Nachprüfschein (ist im Luftfahrzeug mitzuführen)

Lufttüchtigkeitsanweisungen (LTA)
- festgelegte Maßnahmen zur Aufrechterhaltung der Lufttüchtigkeit
- werden in den NfL II veröffentlicht
- sind innerhalb der festgelegten Frist zu erledigen
- sind im Nachprüfschein zu bescheinigen

Rechtsgrundlage §§ 1 bis 40 LuftGerPO, § 14 LuftBO

Instandhaltung

Unter Instandhaltung eines Luftfahrzeuges versteht man die Wartung einschließlich kleiner Reparaturen, die Überholung und die großen Reparaturen.

Die Wartung umfaßt planmäßige Kontrollen und Arbeiten, die zur Aufrechterhaltung und Überwachung der Lufttüchtigkeit erforderlich sind sowie nichtplanmäßige zusätzliche Arbeiten und kleine Reparaturen, die der Behebung angezeigter Beanstandungen oder festgestellter Mängel dienen. Dazu gehört der Einbau von geprüften Teilen im Austausch gegen überholungs-, reparatur- oder änderungsbedürftige Teile, wenn dies mit einfachen Mitteln möglich ist. Die Wartung erstreckt sich von einfachen Sichtkontrollen (25- und 50-Stunden-Kontrollen) über umfangreiche Kontrollen, die mit System-Funktionskontrollen verbunden sind (100-Stunden-Kontrolle), bis zum Austausch von Ausrüstungs- und Bauteilen der Luftfahrzeuge.

Kleine Reparaturen sind solche, die mit einfachen Mitteln durchgeführt werden können und bei fehlerhafter Ausführung die Lufttüchtigkeit des Luftfahrzeuges nicht beeinträchtigen. Hat ein Luftfahrzeug einen Schaden, der im Rahmen der Wartung nicht einwandfrei behoben werden kann, ist eine große Reparatur durchzuführen. Hat ein Luftfahrzeug oder Teile davon (z.B. Triebwerk) die zulässige Betriebszeit erreicht oder sind bei seinem Betrieb Mängel festgestellt worden, die im Rahmen der Wartung nicht behoben werden können, so ist das Luftfahrzeug ganz oder teilweise zu überholen (Grund- oder Teilüberholung). Die zulässigen Betriebszeiten (engl. Time Between Overhaul, TBO) für das Luftfahrzeug oder Teile davon werden vom Luftfahrt-Bundesamt festgelegt.

Wartungen, Reparaturen und Überholungen unterliegen der Nachprüfung und damit der Feststellung der ordnungsgemäßen Durchführung der Arbeiten bzw. der Feststellung der Lufttüchtigkeit des Luftfahrzeuges und der Übereinstimmung mit den im zugehörigen Gerätekennblatt enthaltenen Arbeiten.

Bei der Instandhaltung sind die vom Luftfahrzeughersteller erstellten Betriebsanweisungen und technischen Mitteilungen zu berücksichtigen. Diese enthalten u.a. Anweisungen für die Durchführung von in bestimmten Zeitabständen durchzuführenden Kontrollen (z.B. 25-, 50-, 100-Stunden-Kontrollen). Zeitüberschreitungen dieser Kontrollen von z.T. bis zu 10 % sind gestattet, wobei aber darauf zu achten ist, daß sich keine Kumulation der Zeiten ergibt. Die über die zulässigen Zeiten hinausgehenden Überschreitungen oder gar ein Auslassen der Kontrollen führen zum Verlust der Lufttüchtigkeit und somit zu einem Widerruf der Verkehrszulassung.

Überholungen und große Reparaturen müssen grundsätzlich in einem anerkannten luftfahrttechnischen Betrieb erfolgen. Die Wartung einschließlich kleinerer Reparaturen an Luftfahrzeugen mit einer Höchstmasse bis 5.700 kg, die nicht für gewerbsmäßige Zwecke verwendet werden, kann auch von sachkundigen Personen durchgeführt werden.

Sachkundig ist, wer aufgrund einer entsprechenden beruflichen Ausbildung und/oder aufgrund langjähriger Praxis in der Wartung von Luftfahrzeugen über ausreichende Erfahrungen für die ordnungsgemäße Durchführung solcher Arbeiten verfügt. Personen, die im Besitz eines gültigen Technischen Ausweises des DAeC nach den Richtlinien für die Ausbildung des technischen Personals im DAeC sind, können im Rahmen ihrer Berechtigung Wartungsarbeiten durchführen.

Einfache Arbeiten im Rahmen der Wartung, die bei nicht sachgemäßer Durchführung die Lufttüchtigkeit nicht beeinträchtigen, werden bei der nächsten Jahresnachprüfung des Luftfahrzeuges nachgeprüft. Die Wartungsarbeiten sind von der sachkundigen Person im Bordbuch einzutragen und zu bescheinigen, damit die nachprüfende Stelle bei der Jahresnachprüfung über Art und Umfang der durchgeführten Wartungsarbeiten unterrichtet ist und deren ordnungsgemäße Durchführung nachprüfen kann.

Kontrollen und Arbeiten im Rahmen der Wartung, die wegen ihres Umfangs und ihrer Bedeutung bei unsachgemäßer Durchführung die Lufttüchtigkeit beeinträchtigen können, müssen bei der Durchführung der

Arbeiten von einem dafür anerkannten luftfahrttechnischen Betrieb oder von einem
selbständigen Prüfer von Luftfahrtgerät nachgeprüft und bescheinigt werden.

Piloten mit gültigem Luftfahrerschein können an Luftfahrzeugen, dessen Eigentümer oder Halter sie sind und die nicht für
die gewerbsmäßige Beförderung von Personen oder Sachen verwendet werden,
einfache Kontrollen und Arbeiten im Rahmen der Wartung selbst durchführen, soweit sie hierfür die notwendigen Kenntnisse und Fähigkeiten besitzen. Die Wartungsarbeiten sind vom Piloten im Bordbuch einzutragen und zu bescheinigen. Die Nachprüfung der ordnungsgemäßen Durchführung dieser Arbeiten erfolgt bei der nächsten Jahresnachprüfung des Luftfahrzeuges durch den luftfahrttechnischen Betrieb
bzw. durch den anerkannten Prüfer.

Zusammenfassung

Instandhaltung
- Wartungen (incl. kleiner Reparaturen),
  Überholungen und große Reparaturen müssen in luftfahrttechnischen Betrieben durchgeführt werden
- erfordert Nachprüfung.

Wartungen (incl. kleiner Reparaturen) an Luftfahrzeugen bis 5.700 kg für nichtgewerbsmäßi-
ge Zwecke können auch von sachkundigen
Personen durchgeführt werden.

Einfache Kontrollen und Wartungsarbeiten am
eigenen Luftfahrzeug (bei nichtgewerbsmäßiger
Verwendung) können auch vom Eigentümer
oder Halter mit gültiger Pilotenlizenz selbst
durchgeführt werden.

Rechtsgrundlage §§ 4 bis 11 LuftBO, Bekanntmachung des LBA

Ausrüstung von Luftfahrzeugen

Die Grundausrüstung von Luftfahrzeugen
ist in den entsprechenden Bauvorschriften
geregelt. Zur Grundausrüstung gehören u.a.
Fahrtmesser, Höhenmesser und Magnet-
kompaß.

Luftfahrzeuge, die für die Beförderung von
Personen oder Sachen verwendet werden, müssen mit einem Sitz für jede Person und einem Anschnallgurt für jeden
Sitz ausgerüstet sein. Zwei Kinder mit einem Höchstalter bis zu zwei Jahren oder
ein Kind mit einem Höchstalter bis zu zwei
Jahren und ein Erwachsener können auf
einem Sitz untergebracht werden. In Flugzeugen, die nicht in der Lufttüchtigkeits-
gruppe Verkehrsflugzeuge zugelassen sind,
und in sonstigen Luftfahrzeugen mit einer
höchstzulässigen Flugmasse bis zu 5.700
kg dürfen zwei Kinder mit einem Höchstalter bis zu 10 Jahren auf einem Sitz untergebracht werden, wenn dadurch die Sicherheit nicht gefährdet wird.

Für Kunstflüge müssen Luftfahrzeuge mit
einem vierteiligen Anschnallgurt für jeden
Insassen ausgerüstet sein.

Für Flüge über Wasser, bei denen im
Falle einer Störung mit einer Notlandung
auf dem Wasser zu rechnen ist, und für
Flüge über unerschlossenen Gebieten, bei
denen im Fall einer Störung mit einer Notlandung auf nicht vorbereitetem Gelände
zu rechnen ist, sind Luftfahrzeuge entsprechend den zu erwartenden Verhältnissen
mit den erforderlichen Rettungs- und Si-
gnalmitteln auszurüsten.

Luftfahrzeuge ohne Druckkabine müssen
mit einer Sauerstoffanlage und Atemgerä-
ten sowie einem angemessenen Sauerstoff-

vorrat ausgestattet sein, wenn sie mehr als 30 Minuten in Höhen über 12.000 ft (3.600 m) MSL, im gewerbsmäßigen Luftverkehr in Höhen über 10.000 ft (3.000 m) MSL, fliegen oder wenn sie 13.000 ft (4.000 m) MSL übersteigen.

Für Flüge nach Sichtflugregeln (VFR-Flüge) über Wolkendecken müssen Luftfahrzeuge mit den für eine sichere Flug-Durchführung unter den zu erwartenden Betriebsbedingungen erforderlichen Flugüberwachungs- und Navigationsgeräten (z.B. künstlicher Horizont) ausgerüstet sein. Das gleiche gilt für Wolkenflüge mit Segelflugzeugen.

Für VFR-Flüge bei Nacht sind Luftfahrzeuge neben den vorgeschriebenen Positionslichtern mit einer Instrumentenbeleuchtung auszustatten.

Um die vorgeschriebenen Flugsicherungsverfahren durchführen und einhalten zu können, müssen Luftfahrzeuge bei VFR-Flügen mit einem UKW-Sprechfunkgerät (Senden/Empfangen), das mindestens die für den vorgesehenen Flug erforderlichen Frequenzen aus dem Bereich von 117,975 bis 137,000 MHz umfaßt, ausgerüstet sein. Ausgenommen hiervon sind Flüge an Flugplätzen ohne Flugverkehrskontrolle, die bei Tage durchgeführt werden und nicht über die Umgebung des Startflugplatzes hinausführen, es sei denn, daß örtliche Regelungen der zuständigen Luftfahrtbehörde des Landes dies nicht zulassen. Darüber hinaus wird folgende Flugsicherungsausrüstung gefordert:

Flugzeuge, Drehflügler und Motorsegler
- VOR-Navigationsempfänger für
  - VFR-Flüge im Luftraum Klasse C,
  - VFR-Flüge bei Nacht im kontrollierten Luftraum außerhalb der Sichtweite eines für den Nachtflugbetrieb genehmigten und befeuerten Flugplatzes.

- VOR- Navigationsempfänger oder automatisches Funkpeilgerät (ADF) für
  - VFR-Flüge bei Nacht im unkontrollierten Luftraum außerhalb der Sichtweite eines für den Nachtflugbetrieb genehmigten und befeuerten Flugplatzes,
  - VFR-Flüge über Wolkendecken.

Motorgetriebene Luftfahrzeuge
- Sekundärradar-Antwortgerät (Transponder) mit Modi A und C (bzw. Modus S) für
  - VFR-Flüge im Luftraum Klasse C
  - VFR-Flüge oberhalb 5.000 ft MSL oder oberhalb einer Höhe von 3.500 ft, wobei jeweils der höhere Wert maßgebend ist
  - VFR-Flüge bei Nacht im kontrollierten Luftraum.

Funkgeräte, die zur Luftfahrzeugausrüstung gehören, sowie Funkgeräte, die aufgrund ihrer Unterbringung im Luftfahrzeug oder aus anderen Gründen während des Fluges nicht betrieben werden, dürfen ohne Erlaubnis mitgeführt werden. Dies gilt nicht für andere Funkgeräte.

Zusammenfassung

Zusätzliche Luftfahrzeugausrüstung
- Sitz und Anschnallgurt für jede Person (Ausnahme bei Kleinkindern)
- bei Kunstflug vierteilige Anschnallgurte
- bei Flug über Wasser Rettungsausrüstung
- bei Höhenflug Sauerstoffvorrat
- bei VFR-Flug über Wolkendecken Flugüberwachungs- und Navigationsgeräte
- bei VFR-Nachtflug Instrumentenbeleuchtung

Flugsicherungsausrüstung
- UKW-Sprechfunkgerät
- VOR
- ADF
- Transponder

Rechtsgrundlage § 27 LuftVG, §§ 18 bis 22 LuftBO, 3. DVO zur LuftBO, § 4 FSAV, §§ 79 und 80 LuftVZO

Flugbetriebsvorschriften

Betriebsgrenzen

Ein Luftfahrzeug darf nur in Übereinstimmung mit dem im Lufttüchtigkeitszeugnis eingetragenen Verwendungszweck (Kategorie) und den im zugehörigen Flughandbuch und in anderen Betriebsanweisungen angegebenen Leistungsdaten und festgelegten Betriebsgrenzen betrieben werden. Das Flughandbuch ist an Bord des Luftfahrzeuges mitzuführen.

Für jeden Flug ist zu prüfen, ob die Startmasse begrenzt werden muß oder ob der Flug überhaupt durchgeführt werden kann. Hierbei sind, soweit erforderlich, alle die Leistung des Luftfahrzeuges beeinflussenden Faktoren, insbesondere Masse des Luftfahrzeuges, Luftdruck, Temperatur und Wind sowie Höhe, Beschaffenheit und Zustand der Start- und Landebahnen, zu berücksichtigen.

Luftfahrzeuge, deren Tragflächen, Rotorblätter, Steuerflächen oder Propeller einen die Flugsicherheit gefährdenden Eis, Reif- oder Schneebelag aufweisen, dürfen nicht starten.

Ein Luftfahrzeug, das luftuntüchtig ist oder für luftuntüchtig erklärt worden ist, darf nicht in Betrieb genommen werden (ausgenommen zum Zweck der Nachprüfung, mit Genehmigung).

Sind beim Antritt eines Fluges vorgeschriebene Anlagen, Geräte oder Bauteile der Ausrüstung des Luftfahrzeuges nicht betriebsbereit, darf der Flug nicht durchgeführt werden. Das LBA kann Ausnahmen zulassen, wenn der Flug auch bei Ausfall von vorgeschriebenen Ausrüstungsteilen sicher durchgeführt werden kann. Fallen nach Antritt eines Fluges Anlagen, Geräte oder Bauteile der Ausrüstung des Luftfahrzeuges ganz oder teilweise aus, so hat der verantwortliche Luftfahrzeugführer unter Berücksichtigung aller Umstände, unter denen der Flug durchzuführen ist, zu entscheiden, ob der Flug fortgesetzt werden kann oder zur Behebung des Schadens abgebrochen werden muß.

Gebrauch der Klarliste

Der Pilot hat vor, bei und nach dem Flug sowie in Notfällen an Hand von Klarlisten (engl. Checklist) die Kontrollen vorzunehmen. Die Klarlisten sind im Flughandbuch enthalten und stellen für die verschiedenen Betriebsphasen des Luftfahrzeuges (z.B. Anlassen, Rollen, Start, Steigflug, Reiseflug usw.) die durchzuführenden Maßnahmen und die zu beachtenden Punkte übersichtlich dar. Sie sind ein wichtiges Hilfsmittel zum sicheren Betrieb eines Luftfahrzeuges. Durch Lesen der Klarliste wird sichergestellt, daß alle wesentlichen Maßnahmen durchgeführt werden bzw. durchgeführt worden sind.

Treibstoffmenge

Motorgetriebene Luftfahrzeuge müssen eine ausreichende Treibstoffmenge mitführen, die unter Berücksichtigung der Wetterbedingungen und der zu erwartenden Verzögerungen die sichere Durchführung des Fluges gewährleistet. Darüber hinaus muß eine Treibstoffreserve mitgeführt werden, die für unvorhergesehene Fälle und für den Flug zum Ausweichflugplatz zur Verfügung steht, sofern ein Ausweichflugplatz im Flugplan angegeben ist.

Für nichtgewerbliche Flüge nach Sichtflugregeln wird empfohlen, das Luftfahrzeug generell vollzutanken, soweit dies Masse und Schwerpunkt des Luftfahrzeuges zulassen, mindestens aber eine Treibstoffreserve für weitere 30 Minuten Flug mitzunehmen.

Bordbuch

Für jedes Luftfahrzeug ist ein Bordbuch zu führen. Es ist den für die Nachprüfung des Luftfahrzeuges zuständigen Stellen (vom LBA anerkannte luftfahrttechnische Betriebe bzw. Prüfer) bei der Prüfung vorzulegen. Die zuständigen Luftfahrtbehörden können die Einsicht in das Bordbuch jederzeit verlangen.

In das Bordbuch werden u.a. die durchgeführten Flüge mit Angaben über Ort, Zeit, Pilot, Anzahl der Fluggäste, technische Störungen und besondere Vorkommnisse während des Fluges sowie Angaben über die Instandhaltung und Nachprüfung eingetragen. Es ist an Bord des Luftfahrzeuges mitzuführen.

Verhalten der Besatzung

Der Pilot muß sich während des gesamten Fluges auf seinem Platz befinden und durch Anschnallgurte gesichert sein.

Zusammenfassung

Ein Luftfahrzeug darf nur betrieben werden
- bei uneingeschränkter Lufttüchtigkeit
- in Übereinstimmung mit dem Flughandbuch,
- im Rahmen der festgelegten Leistungsgrenzen
- mit ausreichender Treibstoffmenge.

Achtung: Die Benutzung einer Checkliste beim Betrieb eines Luftfahrzeuges ist Pflicht!

Rechtsgrundlage §§ 23 bis 33 LuftBO

Mitnahme von gefährlichen Gütern

Aus Sicherheitsgründen unterliegt die Mitnahme bzw. der Transport gefährlicher Güter in Luftfahrzeugen der Genehmigung durch das Luftfahrt-Bundesamt. Als Gefahrengüter werden u.a. eingestuft:

- Waffen, Munition, Sprengstoffe
- leicht entzündbare Flüssigkeiten und Feststoffe
- komprimierte Gase (soweit sie nicht zur Ausrüstung des Luftfahrzeuges gehören)
- Stoffe, die bei Berührung mit Wasser entzündliche oder die Verbrennung unterstützende Gase entwickeln
- radioaktive Stoffe
- ätzende Stoffe

Ausgenommen von der Genehmigungspflicht sind einige Gegenstände bzw. Stoffe, die in geringen Mengen für den direkten Gebrauch (Reisebedarf) abgepackt sind und sich generell sowohl im Reisegepäck als auch im Handgepäck befinden wie:

- Medizinische und kosmetische Artikel
- alkoholische Getränke
- gasbetriebene Lockenwickler
- eingebaute Herzschrittmacher
- Raucherutensilien, wenn sie direkt am Körper mitgeführt werden (Streichhölzer, Feuerzeug, kein Benzinfeuerzeug)

Zusammenfassung

Achtung: Die Mitnahme von gefährlichen Gütern in Luftfahrzeugen ist genehmigungspflichtig (LBA).

Rechtsgrundlage § 27 LuftVG, §§ 76 bis 78 LuftVZO, Bekanntmachung des LBA

Kontroll- und Übungsaufgaben

1. Im allgemeinen Sprachgebrauch werden die Begriffe „Luftfahrzeug" und „Flugzeug" oft gleichbedeutend verwendet. Im Luftrecht ist eine Unterscheidung zwischen Luftfahrzeug und Flugzeug dagegen oft wichtig. Warum?

2. Welches Dokument an Bord eines Luftfahrzeuges gibt Auskunft darüber, daß das Luftfahrzeug zum Verkehr zugelassen ist?

3. Mit dem Auto muß man in der Regel alle zwei Jahre zum TÜV. Gibt es für Luftfahrzeuge eine ähnliche Regelung?

4. Sie möchten gern wissen, wem ein bestimmtes Flugzeug, dessen Kennzeichen Sie kennen, gehört. Haben Sie die Möglichkeit, den Eigentümer festzustellen?

5. Auf einem Flugplatz sehen Sie ein zweimotoriges Flugzeug mit dem Kennzeichen „D-I...". Daneben steht das gleiche Flugzeugmuster, aber mit einem Kennzeichen „D-G...". Ist das möglich?

6. Ein Pilot stellt bei einem von ihm gecharterten Flugzeug technische Mängel fest. Hat er diese Mängel unmittelbar dem LBA mitzuteilen?

7. Wann sind Nachprüfungen erforderlich?

8. Warum muß der Nachprüfschein an Bord eines Luftfahrzeuges mitgeführt werden?

9. Sie haben ein Flugzeug gechartert. Beim Außencheck entdecken Sie, daß das am Seitenleitwerk installierte Zusammenstoßwarnlicht nicht funktioniert.

Um die Ursache festzustellen, holen Sie sich eine Leiter und Werkzeug und montieren das Licht ab. Dürfen Sie das?

10. Sie sind Pilot und Mitglied in einem Fliegerverein. Da Sie technisch besonders versiert sind, bittet Sie der Vereinsvorstand, an den Vereinsflugzeugen einfache Wartungsarbeiten zu erledigen. Dürfen Sie solche Arbeiten überhaupt durchführen?

11. Anhand der Bordpapiere stellen Sie fest, daß bis zur nächsten 100-Stunden-Kontrolle nur noch 10 Minuten fehlen. Dürfen Sie mit dem Flugzeug einen 2-stündigen Flug durchführen?

12. Erklären Sie den Unterschied zwischen Flughandbuch, Bordbuch und Flugbuch!

13. Die Pflicht, die erforderlichen Kontrollen vor, während und nach dem Flug anhand einer Checkliste durchzuführen, gilt nur für gewerbliche Flüge. Ist diese Aussage richtig?

14. Ist für nichtgewerbliche VFR-Flüge eine Mindest-Treibstoffmenge vorgeschrieben?

15. Das Luftaufsichtspersonal beobachtet, wie ein Pilot eine größere Menge Waffen in sein Flugzeug lädt. Hat das Aufsichtspersonal die Befugnis, den Start des Flugzeuges zu verhindern, wenn der Pilot keine behördliche Erlaubnis für den Waffentransport vorweisen kann?

Kapitel 7
Luftfahrzeugführer

Erlaubnisse und Berechtigungen

Wer ein Luftfahrzeug führt oder bedient (Luftfahrer bzw. Pilot), bedarf dafür einer Erlaubnis. Erlaubnisse sind im einzelnen erforderlich für das Führen von

- Flugzeugen,
- Motorseglern,
- Segelflugzeugen,
- Freiballonen,
- Drehflüglern,
- Luftschiffen,
- Luftsportgeräten,
- Luftfahrzeugen besonderer Art.

Die Erlaubnis wird durch die Ausstellung eines Luftfahrerscheins, allgemein als Lizenz (engl. Licence) bezeichnet, und eines dazugehörigen Beiblattes erteilt. Während der Luftfahrerschein die persönlichen Daten des Inhabers (Name, Anschrift usw.) enthält, wird im Beiblatt der Umfang und die Gültigkeitsdauer der Erlaubnis beschrieben.

Für die Privatluftfahrt werden die Erlaubnisse durch den „Luftfahrerschein für Privatluftfahrzeugführer" (engl. Privat Pilot Licence, PPL) und ein Beiblatt mit einem Buchstaben von A bis E ausgestellt:

- Beiblatt A, Privatflugzeugführer (PPL A)
- Beiblatt B, Motorseglerführer (PPL B)
- Beiblatt C, Segelflugzeugführer (PPL C)
- Beiblatt D, Freiballonführer (PPL D)
- Beiblatt E, Privathubschrauberführer (PPL E)

Der amtliche Begriff „Privatluftfahrzeugführer" ist der Oberbegriff für Privatflugzeug-, Motorsegler-, Segelflugzeug, Freiballon- und Privathubschrauberführer. Im allgemeinen Sprachgebrauch werden Privatluftfahrzeug-

führer als Privatpiloten (engl. Privat Pilot) und die dazugehörige Lizenz meist mit der Abkürzung „PPL" bzw. „PPL A", „PPL B" usw. bezeichnet.

Privatflugzeugführer können zusätzlich die Erlaubnis als Berufsflugzeugführer (engl. Commercial Pilot Licence, CPL) und Verkehrsflugzeugführer (engl. Airline Transport Pilot Licence, ATPL), Privathubschrauberführer zusätzlich die Erlaubnis als Berufshubschrauberführer (engl. Commercial Helicopter Pilot Licence, CHPL) und Verkehrshubschrauberführer (engl. Airline Transport Helicopter Pilot Licence, ATHPL) erwerben.

Die Erlaubnis kann durch verschiedene Berechtigungen (engl. Ratings) erweitert werden. Nach der Verordnung über Luftfahrtpersonal (LuftPersV) sind folgende Berechtigungen möglich:

- Musterberechtigung
- Instrumentenflugberechtigung
- Langstreckenflugberechtigung
- Kunstflugberechtigung
- Schleppflugberechtigung
- Berechtigung zur Durchführung von kontrollierten Sichtflügen (CVFR-Berechtigung)
- Berechtigung für Wolkenflüge mit Segelflugzeugen
- Nachtflugberechtigung
- Streu- und Sprühberechtigung
- Berechtigung zur praktischen Ausbildung von Luftfahrern (Lehrberechtigung)
- Einweisungsberechtigung
- Testflugberechtigung

Erlaubnisse für Privatluftfahrzeugführer werden von der Luftfahrtbehörde des Landes, in dem der Bewerber seinen Hauptwohnsitz hat oder ausgebildet ist, erteilt. Das gleiche gilt für die Erweiterung, Verlängerung, Erneuerung und Entziehung der Erlaubnis und die Erteilung besonderer Berechtigungen. Die Prüfung zum Erwerb der Instrumentenflugberechtigung wird vom Luftfahrt-Bundesamt abgenommen.

In den folgenden Abschnitten werden alle im Zusammenhang mit den Erlaubnissen für Privatluftfahrzeugführer (PPL A bis E) zu beachtenden Vorschriften und Regelungen behandelt sowie einige, den Privatpiloten interessierende Berechtigungen beschrieben. Auf andere Lizenzen, z.B. für Luftsportgeräteführer, wird nicht eingegangen. Die rechtlichen Grundlagen sind im Luftverkehrsgesetz (LuftVG), 1. Unterabschnitt des ersten Abschnittes „Luftfahrzeuge und Luftfahrtpersonal", in der Luftverkehrs-Zulassungs-Ordnung (LuftVZO), zweiter Abschnitt „Luftfahrtpersonal", und vor allem in der Verordnung über Luftfahrtpersonal (LuftPersV) zu finden.

Zusammenfassung

Erlaubnisse für Privatpiloten (PPL)
- PPL A Privatflugzeugführer
- PPL B Motorseglerführer
- PPL C Segelflugzeugführer
- PPL D Freiballonführer
- PPL E Privathubschrauberführer

Erlaubnis:
Genehmigung, ein Luftfahrzeug zu fliegen.
Berechtigung:
Erweiterung der Erlaubnis auf die Durchführung bestimmter Flüge.

Rechtsgrundlage LuftVG, LuftVZO, LuftPersV

Allgemeine Voraussetzungen für die Erlaubnis als Privatluftfahrzeugführer

Die Voraussetzungen für die Erteilung einer Erlaubnis als Privatluftfahrzeugführer (PPL A bis E) sind:

- Der Bewerber besitzt das vorgeschriebene Mindestalter.
- Der Bewerber hat seine Tauglichkeit nachgewiesen.
- Es liegen keine Tatsachen vor, die den Bewerber als unzuverlässig erscheinen lassen, ein Luftfahrzeug zu führen oder zu bedienen.
- Der Bewerber hat die vorgeschriebene Prüfung bestanden.

Die Erlaubnis ist zu widerrufen (d.h. einzuziehen), wenn die Voraussetzungen nicht mehr vorliegen.

Mindestalter

Das Mindestalter für den Erwerb der Erlaubnis als Segelflugzeugführer (PPL C) beträgt 17 Jahre, für die anderen Erlaubnisse für Privatluftfahrzeugführer (PPL A, B, D, E) 18 Jahre. Die Ausbildung zum Segelflugzeugführer kann bereits mit 14 Jahren, die Ausbildung für die anderen Privatluftfahrzeugführer mit 17 Jahren begonnen werden.

Tauglichkeit

Die Tauglichkeit (Fliegertauglichkeit) ist durch eine von der Luftfahrtbehörde anerkannte fliegerärztliche Untersuchungsstelle (Fliegerarzt) festzustellen. Eine Liste der in Deutschland zugelassenen Fliegerärzte (z.Z. rund 80) wird regelmäßig in den Nachrichten für Luftfahrer Teil II veröffentlicht.

Werden Tatsachen bekannt, die Bedenken gegen die Eignung des Antragstellers begründen, so kann die zuständige Stelle anordnen, daß der Antragsteller seine Eignung durch eine psychologische Beurteilung nachweist. Hat der Leiter einer fliegerärztlichen Untersuchungsstelle Nichttauglichkeit oder eine eingeschränkte Tauglichkeit eines Bewerbers festgestellt, teilt er die Feststellung der zuständigen Stelle mit. Auf Antrag des Bewerbers entscheidet die zuständige Stelle nach Anhörung eines vom Bundesministerium für Verkehr im Benehmen mit den obersten Landesverkehrsbehörden gebildeten fliegerärztlichen Ausschusses über die Erteilung der Erlaubnis.

Der Fliegertauglichkeitsnachweis ist vor Beginn einer Flugausbildung bzw. jeweils vor einer Verlängerung einer Erlaubnis zu erbringen (siehe hierzu weiter unten).

Voraussetzungen für die Ausbildung

Fachliche Voraussetzungen für den Erwerb der Erlaubnis als Privatluftfahrzeugführer sind

- die theoretische Ausbildung,
- die Flugausbildung,
- die Berechtigung zur Ausübung des Sprechfunkdienstes (Sprechfunkzeugnis),
- die erfolgreiche Teilnahme an einer Unterweisung in Sofortmaßnahmen am Unfallort.

Die Ausbildung ist nur zulässig, wenn

- der Bewerber das oben genannte Mindestalter für den Beginn der Ausbildung besitzt,
- der Bewerber flugtauglich ist,
- keine Tatsachen vorliegen, die den Bewerber als unzuverlässig erscheinen lassen, die beabsichtigte Tätigkeit als Luftfahrzeugführer auszuüben,

- bei einem minderjährigen Bewerber der gesetzliche Vertreter zustimmt.

Tatsachen, die den Bewerber als unzuverlässig erscheinen lassen, sind insbesondere Trunksucht, Entmündigung, eine erhebliche gerichtliche Bestrafung oder mehrfache rechtskräftig festgestellte erhebliche Verstöße gegen Verkehrsvorschriften.

Der Nachweis über die Unterweisung in Sofortmaßnahmen am Unfallort kann durch eine Bescheinigung einer fliegerärztlichen Untersuchungsstelle, des Arbeiter-Samariter-Bundes Deutschland, des Deutschen Roten Kreuzes, der Johanniter-Unfallhilfe oder des Malteser-Hilfsdienstes geführt werden. Als Nachweis gilt auch ein Zeugnis bzw. eine Bescheinigung über eine Prüfung, Ausbildung oder Tätigkeit in einem Beruf, für den entsprechende Kenntnisse erforderlich sind (z.B. Arzt, Krankengymnastin, Polizist).

Der Nachweis der charakterlichen Zuverlässigkeit wird allgemein durch Vorlage eines polizeilichen Führungszeugnisses und einer Auskunft aus dem Verkehrszentralregister verlangt.

Die Pilotenausbildung darf nur in Ausbildungsbetrieben (Luftfahrerschulen) durchgeführt werden, die dafür eine Erlaubnis besitzen. Praktisch ausbilden dürfen nur Personen, die hierfür eine Lehrberechtigung haben (Fluglehrer).

Dem Ausbildungsleiter müssen vor Ausbildungsbeginn folgende Unterlagen vorliegen:

- die Geburtsurkunde oder ein Auszug aus dem Familienbuch der Eltern
- das Tauglichkeitszeugnis
- eine Erklärung über schwebende Strafverfahren und darüber, daß ein Führungszeugnis nach dem Bundeszentral-

registergesetzes zur Vorlage bei der zuständigen Stelle beantragt worden ist
● bei einem minderjährigen Bewerber eine amtlich beglaubigte Zustimmungserklärung des gesetzlichen Vertreters

Die für den Ausbildungsbetrieb zuständige Stelle kann Ausnahmen zulassen.

Der Ausbildungsleiter meldet jeden neu aufgenommenen Bewerber spätestens 8 Tage nach Ausbildungsbeginn der Luftfahrtbehörde des Landes. Der Meldung sind die oben angegebenen Unterlagen beizufügen. Hat der Ausbildungsleiter Zweifel an der Tauglichkeit oder Zuverlässigkeit (Eignung) des Bewerbers, teilt er die Gründe hierfür bei der Meldung oder während der Ausbildung der Luftfahrtbehörde mit. Diese kann die Aufnahme oder Weiterführung der Ausbildung davon abhängig machen, daß der Bewerber seine Eignung durch eine psychologische Beurteilung nachweist. Sie untersagt die Aufnahme oder Weiterführung der Ausbildung, wenn der Bewerber die Voraussetzungen nicht erfüllt.

Umfang der Ausbildung und Prüfung

Die theoretische Ausbildung beinhaltet bis zu 80 Unterrichtsstunden und erstreckt sich auf die Sachgebiete Luftrecht, Luftverkehrs- und Flugsicherungsvorschriften, Navigation, Meteorologie, Technik und Verhalten in besonderen Fällen. Die Flugausbildung umfaßt abhängig von der Art der Erlaubnis bis zu 45 Flugstunden einschließlich mehrerer Stunden im Alleinflug.

Art und Umfang der theoretischen und praktischen Ausbildung sowie der Prüfung sind in den „Richtlinien des Bundesministeriums für Verkehr (BMV) für die Ausbildung und Prüfung des Luftfahrtpersonals" im Detail beschrieben.

Für die Vorbereitung und Durchführung der theoretischen Prüfung veröffentlicht das BMV PPL-Fragenkataloge. Diese enthalten für die einzelnen Sachgebiete Fragen im sogenannten Multiple-Choice-Verfahren (4 Antwortmöglichkeiten mit einer richtigen Antwort). Die Luftfahrtbehörden der Länder richten die Prüfungen in ihrem Zuständigkeitsbereich weitestgehend nach diesen Prüfungsfragen aus.

PPL-Fragenkataloge ebenso wie die oben genannten Richtlinien zur Ausbildung und Prüfung werden von der DFS Deutsche Flugsicherung GmbH herausgegeben und über den Luftfahrtbedarfshandel vertrieben.

Nach bestandener Prüfung erfolgt die Erteilung der Erlaubnis durch Aushändigung des Luftfahrerscheins (einschließlich des Beiblattes) durch die Luftfahrtbehörde des Landes. In den Luftfahrerschein werden zusätzliche Berechtigungen (z.B. Musterberechtigung) eingetragen.

Privatpilotenlizenzen haben generell eine Gültigkeitsdauer von 24 Monaten und müssen vor Ab auf verlängert werden. Der Luftfahrerschein ist bei der Tätigkeit als Luftfahrer (Pilot) mitzuführen.

Zusammenfassung

Voraussetzungen für PPL
● Mindestalter
● Tauglichkeit
● Zuverlässigkeit
● Sprechfunkzeugnis
● Unterweisung in Sofortmaßnahmen am Unfallort
● theoretische, praktische Ausbildung
● theoretische, praktische Prüfung

Erlaubnis für Privatflugzeugführer (PPL A)

Theoretische Ausbildung

Die theoretische Ausbildung umfaßt mindestens 80 Unterrichtsstunden innerhalb der letzten 24 Monate vor Ablegung der Prüfung und erstreckt sich auf die Sachgebiete

- Luftrecht, Luftverkehrs- und Flugsicherungsvorschriften,
- Navigation,
- Meteorologie,
- Technik,
- Verhalten in besonderen Fällen.

Flugausbildung

Sie umfaßt mindestens 40 Flugstunden innerhalb der letzten 24 Monate vor Ablegung der Prüfung auf Flugzeugen verschiedener Muster, davon 15 Stunden Alleinflug. Bei Abschluß der Flugausbildung innerhalb von 5 Monaten ermäßigt sie sich auf 35 Flugstunden, davon 10 Stunden Alleinflug. In der Flugausbildung müssen enthalten sein

1. je 60 Starts und Landungen, davon 10 Alleinstarts und 10 Alleinlandungen auf drei verschiedenen Flugplätzen mit Ausnahme des Flugplatzes, auf dem die Ausbildung durchgeführt wird,
2. 2 Ab- und Anflüge mit anschließender Landung auf einem Verkehrsflughafen mit Flugverkehrskontrollstelle mit Fluglehrer,
3. die selbständige Vorbereitung und Durchführung eines Navigationsdreiecksfluges von mehr als 300 km Flugstrecke als Alleinflug mit einer Zwischenlandung auf einem mindestens 100 km entfernten Flugplatz sowie einer weiteren Zwischenlandung,
4. 5 Außenlandeübungen mit Fluglehrer mit oder ohne Aufsetzen,
5. eine theoretische und praktische Einführung in den Gebrauch von Funknavigationsgeräten,
6. eine theoretische und praktische Einweisung zur Beherrschung des Flugzeuges in besonderen Flugzuständen, bei Flügen in Höhen von mehr als 1.800 m (6.000 ft) über Grund sowie in das Verhalten in Notfällen und bei Unfällen.

Erleichterungen

Die Flugausbildung mit Fluglehrer kann teilweise auf selbststartenden Motorseglern durchgeführt werden. Dabei ist die oben angegebene Flugausbildung nach Nr. 2 bis 6 auf Flugzeugen durchzuführen.

Selbststartende Motorsegler gelten als weiteres Flugzeugmuster in der Flugausbildung.

Bewerber, die eine Erlaubnis für Motorseglerführer besitzen, können von den geforderten 40 Flugstunden (innerhalb von 24 Monaten) 25 Flugstunden bzw. von den geforderten 35 Flugstunden (innerhalb von 5 Monaten) 20 Flugstunden durch Flugzeit als verantwortlicher Führer von selbststartenden Motorseglern ersetzen. Dabei ist die oben angegebene Flugausbildung nach Nr. 2 und 4 bis 6 auf Flugzeugen durchzuführen.

Bewerber, die eine Erlaubnis für Segelflugzeugführer besitzen, können von den geforderten 40 Flugstunden (innerhalb von 24 Monaten) 20 Flugstunden bzw. von den geforderten 35 Flugstunden (innerhalb von 5 Monaten) 15 Flugstunden durch Flugzeit als verantwortlicher Führer von nichtselbststartenden Motorseglern oder Segelflugzeugen ersetzen. Dabei ist die oben angegebene Flugausbildung nach Nr. 1 bis 6 auf Flugzeugen durchzuführen.

Bewerber, die eine Erlaubnis für Hubschrauberführer besitzen, können von den geforderten 40 Flugstunden (innerhalb von 24 Monaten) 30 Flugstunden bzw. von den geforderten 35 Flugstunden (innerhalb von 5 Monaten) 25 Flugstunden durch Flugzeit als verantwortlicher Hubschrauberführer ersetzen. Dabei ist die oben angegebene Flugausbildung nach Nr. 1 und 4 bis 6 auf Flugzeugen durchzuführen.

Bewerbern, die im Besitz mehrerer Erlaubnisse sind, wird nur eine der oben genannten Erleichterungen gewährt.

Prüfung

Der Bewerber hat in einer theoretischen und praktischen Prüfung nachzuweisen, daß er nach seinem praktischen Können und seinem fachlichen Wissen die an einen Privatflugzeugführer zu stellenden Anforderungen erfüllt. Die Prüfung erstreckt sich insbesondere auf

- die in der theoretischen Ausbildung vermittelten Sachgebiete,
- die notwendigen Kenntnisse und Fähigkeiten zum Führen und Bedienen von Flugzeugen des Musters, auf dem der Bewerber die Prüfung ablegt,
- das Verhalten in besonderen Flugzuständen, in Notfällen und bei Unfällen.

Erteilung und Umfang der Erlaubnis

Die Erlaubnis für Privatflugzeugführer wird durch Aushändigung des Luftfahrerscheins für Privatluftfahrzeugführer mit dem Beiblatt A erteilt. Sie berechtigt

- im nichtgewerbsmäßigen Luftverkehr zu einer nichtgewerbs- und nichtberufsmäßigen Tätigkeit als verantwortlicher oder zweiter Flugzeugführer auf Flugzeugen der im Luftfahrerschein einge-

tragenen Muster für Flüge am Tage. Sie berechtigt zum Führen von Flugzeugen bei Nacht in der Umgebung eines Flugplatzes, wenn der Erlaubnisinhaber eine Gesamtflugerfahrung von 75 Stunden besitzt und je 10 Nachtstarts und Nachtlandungen auf Flugzeugen mit Fluglehrer durchgeführt hat,

- im nichtgewerbsmäßigen Luftverkehr zu einer berufsmäßigen Tätigkeit als verantwortlicher Flugzeugführer auf Flugzeugen der im Luftfahrerschein eingetragenen Muster, beschränkt auf das Schleppen von Gegenständen hinter Flugzeugen und die Ausbildung von Privatflugzeugführern.

Gültigkeitsdauer, Verlängerung und Erneuerung der Erlaubnis

Die Erlaubnis wird mit einer Gültigkeitsdauer von 24 Monaten erteilt.

Eine noch gültige Erlaubnis kann um 24 Monaten verlängert werden, wenn der Bewerber 24 Flugstunden, darunter drei Streckenflüge zu einem mindestens 100 km entfernten Flugplatz mit Landung sowie je 25 Starts und Landungen als verantwortlicher Flugzeugführer innerhalb der letzten 24 Monate vor Ablauf der Gültigkeit der Erlaubnis nachweist. Bei Flugzeugführern, die eine Gesamtflugzeit von mehr als 250 Stunden haben, ermäßigt sich die nachzuweisende Flugzeit auf 18 Stunden. Die nachzuweisende Flugzeit kann bis zu zwei Dritteln durch Flugzeit als verantwortlicher Luftfahrzeugführer auf Motorseglern, Segelflugzeugen oder Drehflüglern ersetzt werden. Die Hälfte der nachzuweisenden Flugstunden kann durch einen Überprüfungsflug mit einem von der Erlaubnisbehörde anerkannten Sachverständigen ersetzt werden.

Eine Erlaubnis, deren Gültigkeit abgelaufen ist, kann erneuert werden, wenn der Bewerber innerhalb der letzten 24 Monate vor Stellung des Antrages auf Erneuerung der Erlaubnis die im vorhergehenden Absatz beschriebenen Voraussetzungen für eine Erlaubnisverlängerung erfüllt und den weiter oben genannten Navigationsdreiecksflug mit Fluglehrer durchgeführt hat. Die Erlaubnisbehörde kann die Erneuerung von einer Überprüfung durch einen von ihr bestimmten Sachverständigen abhängig machen. Für die Erneuerung einer Erlaubnis, deren Gültigkeit länger als 3 Jahre abgelaufen ist, hat der Bewerber zusätzlich die theoretische Prüfung zu wiederholen.

Zusammenfassung

Privatflugzeugführer (PPL A)

Ausbildung
* 80 h Theorie (in 24 Monaten)
* 40 h Flug einschl. 15 h Alleinflug (in 24 Monaten) bzw. 35 h Flug einschl. 10 h Alleinflug (in 5 Monaten)

Theoretische und praktische Prüfung

Lizenz
* berechtigt im nichtgewerbsmäßigen Luftverkehr zum nichtgewerbsmäßigen u. nichtberufsmäßigen Führen von Flugzeugen
* berechtigt im nichtgewerbsmäßigen Luftverkehr zum berufsmäßigen Führen von Flugzeugen beschränkt auf Schleppen von Gegenständen und Pilotenausbildung

Gültigkeitsdauer der Lizenz
* 24 Monate

Voraussetzungen für Lizenzverlängerung
* 24 h Flug (18 h bei einer Flugerfahrung von mehr als 250 h)
* 3 Streckenflüge je 100 km einschl. Landung
* je 25 Starts und Landungen

Rechtsgrundlage §§ 1 bis 5 LuftPersV

Erlaubnis für Motorseglerführer (PPL B)

Theoretische Ausbildung

Sie umfaßt mindestens 80 Unterrichtsstunden innerhalb der letzten 24 Monate vor Ablegung der Prüfung und erstreckt sich auf die Sachgebiete

* Luftrecht, Luftverkehrs- und Flugsicherungsvorschriften,
* Navigation,
* Meteorologie,
* Technik,
* Verhalten in besonderen Fällen.

Flugausbildung

Sie umfaßt mindestens 35 Flugstunden innerhalb der letzten 24 Monate vor Ablegung der Prüfung auf Motorseglern verschiedener Muster, davon 15 Stunden Alleinflug. Wird die Flugausbildung innerhalb von 5 Monaten abgeschlossen, ermäßigt sie sich auf 25 Flugstunden, davon 10 Stunden Alleinflug. In der Flugausbildung müssen enthalten sein

1. je 60 Starts und Landungen, davon 10 Alleinstarts und 10 Alleinlandungen auf drei verschiedenen Flugplätzen mit Ausnahme des Flugplatzes, auf dem die Ausbildung durchgeführt wird sowie 5 Anflüge und Landungen ohne Fluglehrer bei abgestelltem Motor,
2. die selbständige Vorbereitung und Durchführung eines Navigationsdreiecksfluges von mehr als 300 km Flugstrecke als Alleinflug mit einer Zwischenlandung auf einem mindestens 100 km entfernten Flugplatz sowie einer weiteren Zwischenlandung,
3. 5 Außenlandeübungen mit Fluglehrer mit oder ohne Aufsetzen,

4. eine theoretische und praktische Einweisung zur Beherrschung des Motorseglers in besonderen Flugzuständen sowie in das Verhalten in Notfällen und bei Unfällen.

Soll die Erlaubnis für den Start von nichtselbststartenden Motorseglern erteilt werden, muß in der Ausbildung zusätzlich zu der oben beschriebenen Flugausbildung eine Ausbildung in der entsprechenden Startart enthalten sein. Diese umfaßt mindestens

- für den Windenstart 10 Starts mit Fluglehrer und 10 Alleinstarts,
- für den Flugzeugschleppstart 5 Starts mit Fluglehrer und 5 Alleinstarts,
- für die Ausführung einer sonstigen Startart 10 Starts mit Fluglehrer und 10 Alleinstarts.

Die Ausbildung für die Startart kann auf Motorseglern oder Segelflugzeugen durchgeführt werden.

Erleichterungen

Die Flugausbildung mit Fluglehrer kann teilweise auf Flugzeugen oder Segelflugzeugen durchgeführt werden. Dabei ist die oben angegebene Flugausbildung nach Nr.3 und 4 auf Motorseglern durchzuführen. Als weiteres zu fliegendes Muster im Rahmen der Flugausbildung gilt auch ein Flugzeug oder Segelflugzeug.

Prüfung

Der Bewerber hat in einer theoretischen und praktischen Prüfung nachzuweisen, daß er nach seinem praktischen Können und seinem fachlichen Wissen die an einen Führer von Motorseglern zu stellenden Anforderungen erfüllt. Die Prüfung erstreckt sich insbesondere auf

- die in der theoretischen Ausbildung vermittelten Sachgebiete,
- die notwendigen Kenntnisse und Fähigkeiten zum Führen und Bedienen von Motorseglern,
- das Verhalten in besonderen Flugzuständen, in Notfällen und bei Unfällen.

Fachliche Voraussetzungen für Bewerber mit einer Erlaubnis für Flugzeugführer, Hubschrauberführer oder Segelflugzeugführer

Bewerber, die eine Erlaubnis für Flugzeugführer, Hubschrauberführer oder Segelflugzeugführer besitzen, können bei Vorliegen bestimmter fachlicher Voraussetzungen die Erlaubnis zum Führen von selbststartenden bzw. von nicht-selbststartenden Motorseglern erhalten, ohne dafür eine Prüfung ablegen zu müssen.

Eine Voraussetzung ist, daß die Bewerber eine Einweisung durch einen Fluglehrer mit der Berechtigung zum Ausbilden von Motorseglerführern in die Führung und Bedienung von Motorseglern und deren Beherrschung in besonderen Flugzuständen, in das Verhalten in Notfällen und bei Unfällen erhalten. Darüber hinaus gelten abhängig von der Erlaubnis folgende weitere Voraussetzungen:

Bei selbststartenden Motorseglern
- Für Bewerber mit einer Erlaubnis für Flugzeugführer: Durchführung von 10 Alleinstarts und 10 Alleinlandungen mit selbststartenden Motorseglern, davon 5 Anflüge und Landungen bei abgestelltem Motor.
- Für Bewerber mit einer Erlaubnis für Hubschrauberführer: Flugzeit von 5 Stunden mit 10 Alleinstarts und 10 Alleinlandungen mit selbststartenden Motorseglern, davon 5 Anflüge und Landungen bei abgestelltem Motor.

- Für Bewerber mit einer Erlaubnis für Segelflugzeugführer: Flugzeit von 5 Stunden mit 10 Alleinstarts und 10 Alleinlandungen sowie ein Navigationsdreiecksflug auf selbststartenden Motorseglern.

Bei nicht-selbststartenden Motorseglern
- Für Bewerber mit einer Erlaubnis für Flugzeugführer: Flugzeit von 5 Stunden mit 30 Starts und 30 Landungen sowie 10 Alleinstarts und 10 Alleinlandungen auf nicht-selbststartenden Motorseglern oder Segelflugzeugen.
- Für Bewerber mit einer Erlaubnis für Hubschrauberführer: Flugzeit von 10 Stunden mit 30 Starts und 30 Landungen sowie 10 Alleinstarts und 10 Alleinlandungen auf nicht-selbststartenden Motorseglern oder Segelflugzeugen.
- Für Bewerber mit einer Erlaubnis für Segelflugzeugführer: Die Durchführung von 5 Alleinflügen mit Motorhilfe auf nicht-selbststartenden Motorseglern.

In den für Bewerber mit einer Erlaubnis für Flugzeugführer und Hubschrauberführer geforderten 30 Starts und 30 Landungen müssen enthalten sein:

- bei der Ausbildung in Windenstart 10 Starts mit Fluglehrer und 10 Alleinstarts
- bei der Ausbildung in Flugzeugschleppstart 5 Starts mit Fluglehrer und 5 Alleinstarts
- bei der Ausbildung in einer sonstigen Startart 10 Starts mit Fluglehrer und 10 Alleinstarts

Segelflugzeugführer, die sich um eine Erlaubnis zum Führen von selbststartenden Motorseglern und Flugzeugführer sowie Hubschrauberführer, die sich um eine Erlaubnis zum Führen von nicht-selbststartenden Motorseglern bewerben, haben in einer Überprüfung durch einen von der Er-

laubnisbehörde bestimmten Sachverständigen nachzuweisen, daß sie nach ihrem praktischen Können und fachlichen Wissen die an einen Motorseglerführer zu stellenden Anforderungen erfüllen.

Erteilung und Umfang der Erlaubnis

Die Erlaubnis für Motorseglerführer wird durch Aushändigung des Luftfahrerscheins für Privatluftfahrzeugführer mit dem Beiblatt B erteilt. Für nicht-selbststartende Motorsegler wird die zulässige Startart (Windenstart, Flugzeugschleppstart, sonstige Startart) in den Luftfahrerschein eingetragen.

Die Erlaubnis berechtigt zum Führen von Motorseglern der im Luftfahrerschein eingetragenen Arten am Tage entsprechend den eingetragenen Startarten. Sie berechtigt zum Führen von Motorseglern bei Nacht in der Umgebung eines Flugplatzes, wenn der Erlaubnisinhaber eine Gesamtflugerfahrung von 75 Stunden besitzt und je 10 Nachtstarts und Nachtlandungen auf Motorseglern mit Fluglehrer durchgeführt hat.

Die Erlaubnis zum Führen von selbststartenden Motorseglern wird auf das Führen von nicht-selbststartenden Motorseglern erweitert, wenn der Bewerber die Voraussetzungen nachweist, wie sie weiter oben für Flugzeugführer, die sich als Führer von nicht-selbststartenden Motorseglern bewerben, beschrieben sind.

Die Erlaubnis zum Führen von nicht-selbststartenden Motorseglern wird auf das Führen von selbststartenden Motorseglern erweitert, wenn der Bewerber die Voraussetzungen nachweist, wie sie weiter oben für Segelflugzeugführer, die sich als Führer von selbststartenden Motorseglern bewerben, beschrieben sind.

Gültigkeitsdauer, Verlängerung und Erneuerung der Erlaubnis

Für die Gültigkeitsdauer, die Verlängerung und die Erneuerung der Erlaubnis gelten bei selbststartenden Motorseglern die gleichen Bedingungen wie für die Erlaubnis für Privatflugzeugführer, bei nicht-selbststartenden die gleichen Bedingungen wie für die Erlaubnis für Segelflugzeugführer. Die nachzuweisenden Flugzeiten und Starts können durch die gleiche Anzahl von Flugstunden und Starts auf Flugzeugen und Segelflugzeugen ersetzt werden, jedoch sind mindestens 5 Starts in der jeweiligen Startart nachzuweisen. Die Hälfte der nachzuweisenden Flugstunden und Starts kann durch einen Überprüfungsflug mit einem von der Erlaubnisbehörde anerkannten Sachverständigen ersetzt werden.

Zusammenfassung

Motorseglerführer (PPL B)

Ausbildung
- 80 h Theorie (in 24 Monaten)
- 35 h Flug einschl. 15 h Alleinflug (in 24 Monaten) bzw. 25 h Flug einschl. 10 h Alleinflug (in 5 Monaten)

Theoretische und praktische Prüfung

Lizenz
- berechtigt zum Führen von Motorseglern

Gültigkeitsdauer der Lizenz
- 24 Monate

Voraussetzungen für Lizenzverlängerung
Selbststartende Motorsegler
- 24 h Flug (18 h bei einer Flugerfahrung von mehr als 250 h)
- 3 Streckenflüge à 100 km einschl. Landung
- je 25 Starts und Landungen
Nicht-Selbststartende Motorsegler
- 10 h Flug oder
- 30 Starts (einschl. 5 Starts in der eingetragenen Startart)

Rechtsgrundlage §§ 31, 35 und 40 LuftPersV

Erlaubnis für Segelflugzeugführer (PPL C)

Theoretische Ausbildung

Sie umfaßt mindestens 60 Unterrichtsstunden innerhalb der letzten 4 Jahre vor Ablegung der Prüfung und die Sachgebiete

- Luftrecht, Luftverkehrs- und Flugsicherungsvorschriften,
- Navigation,
- Meteorologie,
- Technik,
- Verhalten in besonderen Fällen.

Flugausbildung

Sie umfaßt mindestens 30 Flugstunden innerhalb der letzten 4 Jahre vor Ablegung der Prüfung auf Segelflugzeugen verschiedener Muster, davon 15 Stunden Alleinflug. Wird die Flugausbildung innerhalb von 18 Monaten abgeschlossen, so ermäßigt sie sich auf 25 Flugstunden, davon 10 Stunden Alleinflug. In der Flugausbildung müssen enthalten sein

1. je 60 Starts und Landungen, davon 20 Alleinstarts und Alleinlandungen und 3 Landungen aus ungewohnter Position mit Fluglehrer,
2. 3 Landungen mit oder ohne Fluglehrer auf mindestens einem anderen Flugplatz als auf dem, auf dem die Ausbildung durchgeführt wird,
3. die selbständige Vorbereitung und Durchführung eines Überlandfluges als Alleinflug über eine Flugstrecke von mindestens 50 km im Segelflug,
4. eine theoretische und praktische Einweisung zur Beherrschung des Segelflugzeuges in besonderen Flugzuständen sowie in das Verhalten in Notfällen und bei Unfällen.

Erleichterungen

Die Flugausbildung mit Fluglehrer kann teilweise auf Motorseglern durchgeführt werden. Motorsegler gelten in der Flugausbildung als weiteres Segelflugzeugmuster.

Für Bewerber, die eine Erlaubnis für Flugzeugführer besitzen, verringert sich die Flugausbildung auf mindestens 10 Flugstunden auf Segelflugzeugen, für Bewerber, die eine Erlaubnis für Hubschrauberführer besitzen, auf mindestens 15 Flugstunden auf Segelflugzeugen. In der Flugzeit müssen je 20 Alleinstarts und Alleinlandungen und 3 Landungen aus ungewohnter Position mit Fluglehrer sowie die oben angegebene Flugausbildung nach Nr. 3 und 4 enthalten sein. Die weiter unten genannten Bedingungen für die Startart-Ausbildung bleiben unberührt.

Für Bewerber mit Erlaubnis für selbststartende Motorsegler verringert sich die Flugausbildung auf Segelflugzeugen auf mindestens 5 Flugstunden. In der Flugzeit müssen je 15 Alleinstarts und Alleinlandungen und 3 Landungen aus ungewohnter Position mit Fluglehrer sowie die oben angegebene Flugausbildung nach Nr. 3 und 4 enthalten sein. Die weiter unten genannten Bedingungen für die Ausbildung in der Startart bleiben unberührt.

Für Bewerber, die eine Erlaubnis für nichtselbststartende Motorsegler besitzen, wird eine Ausbildung nicht gefordert.

Prüfung

Der Bewerber hat in einer theoretischen und praktischen Prüfung nachzuweisen, daß er nach seinem praktischen Können und seinem fachlichen Wissen die an einen Segelflugzeugführer zu stellenden Anforderungen erfüllt. Die Prüfung erstreckt sich insbesondere auf

- die in der theoretischen Ausbildung vermittelten Sachgebiete,
- die notwendigen Kenntnisse und Fähigkeiten zum Führen und Bedienen von Segelflugzeugen,
- das Verhalten in besonderen Flugzuständen, in Notfällen und bei Unfällen.

Erteilung und Umfang der Erlaubnis

Die Erlaubnis für Segelflugzeugführer wird durch Aushändigung des Luftfahrerscheins für Privatluftfahrzeugführer mit dem Beiblatt C erteilt. Sie berechtigt zum Führen von Segelflugzeugen entsprechend der eingetragenen Startarten am Tage. Die Erlaubnis wird für diejenigen Startarten erteilt, in denen der Bewerber ausgebildet worden ist. Die Ausbildung muß mindestens umfassen

- für den Windenstart 10 Starts mit Fluglehrer und 10 Alleinstarts,
- für den Flugzeugschleppstart 5 Starts mit Fluglehrer und 5 Alleinstarts,
- für die Ausführung einer sonstigen Startart 10 Starts mit Fluglehrer und 10 Alleinstarts.

Gültigkeitsdauer, Verlängerung und Erneuerung der Erlaubnis

Die Erlaubnis wird mit einer Gültigkeitsdauer von 24 Monaten erteilt.

Eine noch gültige Erlaubnis kann um 24 Monate verlängert werden, wenn der Bewerber 10 Flugstunden oder 30 Starts als verantwortlicher Führer von Segelflugzeugen, Motorseglern, Flugzeugen oder Hubschraubern sowie die Voraussetzungen für die Verlängerung mindestens einer Startart innerhalb der letzten 24 Monate vor Ablauf der Gültigkeit der Erlaubnis nachweist. Die Verlängerung erstreckt sich auf diejenigen eingetragenen Startarten, für die in den letzten 24 Monaten vor Ablauf der Gültigkeit der Erlaubnis mindestens 5 Starts nachgewiesen sind. Die Hälfte der nachzuweisenden Flugstunden und Starts kann durch einen Überprüfungsflug auf einem Segelflugzeug mit einem von der Erlaubnisbehörde anerkannten Sachverständigen ersetzt werden.

Eine Erlaubnis, deren Gültigkeit abgelaufen ist, kann erneuert werden, wenn der Bewerber innerhalb der letzten 24 Monate vor Stellung des Antrages auf Erneuerung der Erlaubnis die im vorhergehenden Absatz beschriebenen Voraussetzungen (ausgenommen den Überprüfungsflug mit einem Sachverständigen) erfüllt. Die Erlaubnisbehörde kann die Erneuerung von einer Überprüfung durch einen von ihr bestimmten Sachverständigen abhängig machen. Für die Erneuerung einer Erlaubnis, deren Gültigkeit länger als 5 Jahre abgelaufen ist, hat der Bewerber zusätzlich die theoretische Prüfung zu wiederholen.

Zusammenfassung

Segelflugzeugführer (PPL C)

Ausbildung
- 60 h Theorie (in 4 Jahren)
- 30 h Flug einschl. 15 h Alleinflug (in 4 Jahren) bzw. 25 h Flug einschl. 10 h Alleinflug (in 18 Monaten)

Theoretische und praktische Prüfung

Lizenz
- berechtigt zum Führen von Segelflugzeugen (entspr. der eingetragenen Startart)

Gültigkeitsdauer der Lizenz
- 24 Monate

Voraussetzungen für Lizenzverlängerung
- 10 h Flug oder
- 30 Starts (einschl. 5 Starts in der eingetragenen Startart)

Rechtsgrundlage §§ 36 bis 41 LuftPersV

Erlaubnis für Freiballonführer (PPL D)

Theoretische Ausbildung

Sie umfaßt mindestens 60 Unterrichtsstunden innerhalb der letzten 3 Jahre vor Ablegung der Prüfung und erstreckt sich auf die Sachgebiete

- Luftrecht, Luftverkehrs- und Flugsicherungsvorschriften,
- Navigation,
- Meteorologie,
- Technik
- Verhalten in besonderen Fällen.

Fahrausbildung

Sie umfaßt bei Verwendung von Gasballonen mindestens 10 Ausbildungsfahrten mit einer durchschnittlichen Dauer von je 2 Stunden, bei Verwendung von Heißluftballonen mindestens 20 Stunden Fahrzeit mit mindestens je 50 Starts und Landungen innerhalb der letzten 3 Jahre vor Ablegung der Prüfung. In den Ausbildungsfahrten müssen enthalten sein 5 Stunden Fahrzeit bei Temperaturen über 20° Celsius, gemessen in Bodennähe, 5 Stunden Fahrzeit bei Temperaturen unter 0° Celsius, gemessen in Bodennähe.

Prüfung

Der Bewerber hat in einer theoretischen und praktischen Prüfung nachzuweisen, daß er nach seinem praktischen Können und seinem fachlichen Wissen die an einen Freiballonführer zu stellenden Anforderungen erfüllt. Die Prüfung erstreckt sich insbesondere auf

- die in der theoretischen Ausbildung vermittelten Sachgebiete,

- die notwendigen Kenntnisse und Fähigkeiten zum Führen von Freiballonen.

Erteilung und Umfang der Erlaubnis

Die Erlaubnis für Freiballonführer wird durch Aushändigung des Luftfahrerscheins für Privatluftfahrzeugführer mit dem Beiblatt D erteilt. In den Luftfahrerschein wird diejenige Freiballonart eingetragen, auf welcher der Bewerber ausgebildet worden ist und die Prüfung abgelegt hat.

Die Erlaubnis berechtigt zum Führen von Freiballonen der im Luftfahrerschein eingetragenen Art am Tage. Sie kann auf das Führen von Freiballonen bei Nacht erweitert werden, wenn der Bewerber 2 Fahrten während der Nacht mit einem Freiballonführer, dessen Erlaubnis auf das Führen von Freiballonen bei Nacht erweitert ist, mit einer durchschnittlichen Dauer von je 2 Stunden nachweist.

Eine Erlaubnis, die zum Führen von Gasballonen berechtigt, kann auf das Führen von Heißluftballonen erweitert werden, wenn der Bewerber eine zusätzliche Fahrausbildung auf Heißluftballonen von mindestens 6 Stunden Fahrzeit und 12 Landungen nachweist.

Eine Erlaubnis, die zum Führen von Heißluftballonen berechtigt, kann auf das Führen von Gasballonen erweitert werden, wenn der Bewerber eine zusätzliche Fahrausbildung auf Gasballonen von mindestens 6 Fahrten mit einer durchschnittlichen Dauer von 2 Stunden nachweist.

Gültigkeitsdauer, Verlängerung und Erneuerung der Erlaubnis

Die Erlaubnis wird mit einer Gültigkeitsdauer von 24 Monaten erteilt.

Eine noch gültige Erlaubnis kann um 24 Monate verlängert werden, wenn der Bewerber 2 Fahrten als verantwortlicher Freiballonführer innerhalb der letzten 24 Monate, davon mindestens eine Fahrt innerhalb der letzten 12 Monate vor Ablauf der Gültigkeit der Erlaubnis, nachweist.

Eine Erlaubnis, deren Gültigkeit abgelaufen ist, kann erneuert werden, wenn der Bewerber die in der Prüfung geforderten Kenntnisse und Fähigkeiten erneut durch eine Fahrt mit einem Freiballonführer mit Lehrberechtigung nachweist.

Zusammenfassung

Freiballonführer (PPL D)

Ausbildung
- 60 h Theorie (in 3 Jahren)
- Gasballon 10 Fahrten je 2 h (in 3 Jahren)
- Heißluftballon 20 h Fahrt einschl. 50 Starts und Landungen (in 3 Jahren)

Theoretische und praktische Prüfung

Lizenz
- berechtigt zum Führen von Freiballonen (gemäß eingetragener Art)

Gültigkeitsdauer der Lizenz
- 24 Monate

Voraussetzungen für Lizenzverlängerung
- 2 Fahrten, davon eine Fahrt innerhalb der letzten 12 Monate

Rechtsgrundlage §§ 46 bis 49 LuftPersV

Erlaubnis für Privathub-schrauberführer (PPL E)

Theoretische Ausbildung

Sie umfaßt mindestens 80 Unterrichtsstunden innerhalb der letzten 24 Monate vor Ablegung der Prüfung und erstreckt sich auf die Sachgebiete

- Luftrecht, Luftverkehrs- und Flugsicherungsvorschriften,
- Navigation,
- Meteorologie,
- Technik,
- Verhalten in besonderen Fällen.

Flugausbildung

Sie umfaßt mindestens 45 Flugstunden innerhalb der letzten 24 Monate vor Ablegung der Prüfung, davon mindestens 30 Stunden mit Fluglehrer und 10 Stunden Alleinflug. Wird die Flugausbildung innerhalb von 5 Monaten abgeschlossen, ermäßigt sie sich auf 40 Flugstunden, davon mindestens 25 Stunden mit Fluglehrer und 10 Stunden Alleinflug. In der Flugausbildung müssen enthalten sein

1. 2 Ab- und Anflüge mit anschließender Landung auf einem Verkehrsflughafen mit Flugverkehrskontrollstelle mit Fluglehrer,
2. 20 Außenlandungen auf mindestens fünf Geländen mit begrenztem Raum, davon 5 Alleinlandungen unter Aufsicht eines Fluglehrers,
3. die selbständige Vorbereitung und Durchführung eines Navigationsdreiecksfluges von mehr als 300 km Flugstrecke als Alleinflug mit einer Zwischenlandung auf einem mindestens 100 km entfernten Flugplatz sowie einer weiteren Zwischenlandung,

4. eine theoretische und praktische Einführung in den Gebrauch von Funknavigationsgeräten,
5. eine theoretische und praktische Einweisung zur Beherrschung des Hubschraubers in besonderen Flugzuständen einschließlich Autorotationslandungen sowie in das Verhalten in Notfällen und bei Unfällen.

Erleichterungen

Führer von sonstigen Drehflüglern, Flugzeugführer und Führer von Motorseglern können von den geforderten 45 Flugstunden (innerhalb der letzten 24 Monate) 10 Flugstunden durch den Nachweis von Alleinflugzeit auf sonstigen Drehflüglern, Flugzeugen oder Motorseglern ersetzen. Der oben beschriebene Inhalt der Flugausbildung bleibt unverändert, jedoch kann die nach Nr. 4 geforderte Einführung in den Gebrauch von Funknavigationsgeräten auch auf sonstigen Drehflüglern, Flugzeugen oder Motorseglern erfolgen.

Prüfung

Der Bewerber hat in einer theoretischen und praktischen Prüfung nachzuweisen, daß er nach seinem praktischen Können und seinem fachlichen Wissen die an einen Privathubschrauberführer zu stellenden Anforderungen erfüllt. Die Prüfung erstreckt sich insbesondere auf

- die in der theoretischen Ausbildung vermittelten Sachgebiete,
- die notwendigen Kenntnisse und Fähigkeiten zum Führen und Bedienen von Hubschraubern,
- das Verhalten in besonderen Flugzuständen, in Notfällen und bei Unfällen.

Erteilung und Umfang der Erlaubnis

Die Erlaubnis für Privathubschrauberführer wird durch Aushändigung des Luftfahrerscheins für Privatluftfahrzeugführer mit dem Beiblatt E erteilt. Sie berechtigt

- im nichtgewerbsmäßigen Luftverkehr zu einer nichtgewerbs- und nichtberufsmäßigen Tätigkeit als verantwortlicher oder zweiter Hubschrauberführer auf Hubschraubern der im Luftfahrerschein eingetragenen Muster für Flüge am Tage. Sie berechtigt zum Führen von Hubschraubern bei Nacht in der Umgebung eines Flugplatzes, wenn der Erlaubnisinhaber eine Gesamtflugerfahrung von 75 Stunden besitzt und je 10 Nachtstarts und Nachtlandeanflüge mit anschließender Landung auf Hubschraubern mit Fluglehrer durchgeführt hat,
- im nichtgewerbsmäßigen Luftverkehr zu einer berufsmäßigen Tätigkeit als verantwortlicher Hubschrauberführer auf Hubschraubern der im Luftfahrerschein eingetragenen Muster, beschränkt auf die Ausbildung von Privathubschrauberführern.

Gültigkeitsdauer, Verlängerung und Erneuerung der Erlaubnis

Die Erlaubnis wird mit einer Gültigkeitsdauer von 24 Monaten erteilt.

Eine noch gültige Erlaubnis kann um 24 Monate verlängert werden, wenn der Bewerber 24 Flugstunden als verantwortlicher Hubschrauberführer innerhalb der letzten 24 Monate vor Ablauf der Gültigkeit der Erlaubnis nachweist. Bei Hubschrauberführern, die eine Gesamtflugzeit von mehr als 250 Stunden als Hubschrauberführer haben, ermäßigt sich die nachzuweisende Flugzeit auf 18 Stunden. Die Hälfte der nachzuweisenden Flugstunden kann durch ei-

nen Überprüfungsflug mit einem von der Erlaubnisbehörde anerkannten Sachverständigen ersetzt werden. Die nachzuweisende Flugzeit kann bis zu einem Drittel durch Flugzeit als verantwortlicher Luftfahrzeugführer auf sonstigen Drehflüglern, Flugzeugen oder Motorseglern ersetzt werden.

Eine Erlaubnis, deren Gültigkeit abgelaufen ist, kann erneuert werden, wenn der Bewerber innerhalb der letzten 24 Monate vor Stellung des Antrages auf Erneuerung der Erlaubnis die im vorhergehenden Absatz beschriebenen Voraussetzungen erfüllt und einen Geschicklichkeitsflug unter Aufsicht eines Fluglehrers durchgeführt hat. Die Erlaubnisbehörde kann die Erneuerung von einer Überprüfung durch einen von ihr bestimmten Sachverständigen abhängig machen. Für die Erneuerung einer Erlaubnis, deren Gültigkeit länger als 3 Jahre abgelaufen ist, hat der Bewerber zusätzlich die theoretische Prüfung zu wiederholen.

Zusammenfassung

Privathubschrauberführer (PPL E)

Ausbildung
- 80 h Theorie (in 24 Monaten)
- 45 h Flug inkl.. 10 h Alleinflug (in 24 Monaten) bzw. 40 h Flug inkl. 10 h Alleinflug (in 5 Monaten)

Theoretische und praktische Prüfung

Lizenz
- berechtigt im nichtgewerbsmäßigen Luftverkehr zum nichtgewerbsmäßigen u. nichtberufsmäßigen Führen von Hubschraubern
- berechtigt im nichtgewerbsmäßigen Luftverkehr zum berufsmäßigen Führer von Hubschraubern beschränkt auf Pilotenausbildung

Gültigkeitsdauer der Lizenz
- 24 Monate

Voraussetzungen für Lizenzverlängerung
- 24 h Flug (18 h bei einer Flugerfahrung von mehr als 250 h)

Rechtsgrundlage §§ 18 bis 22 LuftPersV

Musterberechtigung, Vertrautmachen und Einweisung

Flugzeugführer und Hubschrauberführer benötigen zusätzlich zur Erlaubnis zum Führen und Bedienen von Flugzeugen und Hubschraubern eine Musterberechtigung (engl. Type Rating). Diese legt fest, welches bzw. welche Luftfahrzeugmuster der Pilot im Rahmen seiner Erlaubnis fliegen darf. Die Musterberechtigung wird für einzelne Muster oder als Sammeleintragung für eine Gruppe von als gleichwertig anerkannten Luftfahrzeugen erteilt und in den Luftfahrerschein eingetragen.

Das Bundesministerium für Verkehr (BMV) hat festgelegt, daß alle Landflugzeuge der Klasse E (einmotorig bis 2.000 kg Höchstmasse) bis auf weiteres als gleichwertig anzusehen sind. Bei der Ausstellung der Erlaubnis für Privatflugzeugführer (PPL A) wird daher unter der Rubrik „Musterberechtigungen" stets die Sammeleintragung „einmotorige kolbengetriebene Landflugzeuge bis 2.000 kg Höchstmasse - single piston-engine land airplanes up to 2.000 kg maximum mass" vorgenommen.

Bei einer Sammeleintragung muß der Pilot vor Antritt eines Fluges mit einem Muster, das er bisher nicht oder innerhalb der letzten 24 Monate nicht geführt oder bedient hat, durch einen Fluglehrer oder Einweisungsberechtigten theoretisch und praktisch vertraut gemacht worden sein. Das theoretische und praktische Vertrautmachen hat sich auf den Aufbau und die Ausrüstung des Luftfahrzeuges, auf die Führung und Bedienung des Luftfahrzeuges im Normalflug, in besonderen Flugzuständen und auf das Verhalten in Notfällen und bei Unfällen zu erstrecken.

Auf einen Überprüfungsflug, wie er für die Verlängerung einer Musterberechtigung im allgemeinen vorgeschrieben ist, wird bei der Sammeleintragung für Flugzeuge der Klasse E verzichtet.

Möchte ein Pilot ein Luftfahrzeugmuster fliegen, das nicht unter die Sammeleintragung fällt, so ist hierzu eine weitere Musterberechtigung erforderlich. Fachliche Voraussetzungen für den Erwerb der Musterberechtigung sind eine theoretische und praktische Einweisung des Piloten auf diesem Muster innerhalb der letzten 6 Monate vor Stellung des Antrages auf Erteilung der Berechtigung.

Die Einweisung hat sich auf die Vermittlung der Fähigkeit zur sicheren Führung und Bedienung des Luftfahrzeuges im Normalflug und in besonderen Flugzuständen sowie auf das Verhalten in Notfällen und bei Unfällen zu erstrecken. Die Einweisung ist von dem Fluglehrer oder dem Einweisungsberechtigten zu bescheinigen. In der Bescheinigung ist die ordnungsgemäße Durchführung der Einweisung zu versichern.

Flugzeugführer, die erstmalig eine Musterberechtigung für ein mehrmotoriges Flugzeug erwerben wollen, müssen eine Gesamtflugzeit von 100 Stunden auf Flugzeugen nachweisen. Das gleiche gilt für Flugzeugführer, die erstmalig eine Musterberechtigung für ein Flugzeug mit Strahlantrieb erwerben wollen oder von Flugzeugen mit Strahlantrieb auf ein Flugzeug mit Propellerantrieb übergehen wollen.

Die zusätzliche Musterberechtigung wird durch Eintragung in den Luftfahrerschein erteilt. Sie kann mit Auflagen versehen sein (z.B. nur für Flüge nach den Sichtflugregeln). Die Gültigkeitsdauer bestimmt sich nach der zugrunde liegenden Erlaubnis.

Das Bundesministerium für Verkehr kann festlegen, daß für bestimmte Luftfahrzeugmuster eine kürzere Gültigkeitsdauer einzutragen ist.

Für die Verlängerung oder Erneuerung der Musterberechtigung hat der Luftfahrzeugführer in den letzten 3 Monaten vor Ablauf der Gültigkeit der Musterberechtigung oder vor Stellung des Antrages auf Erneuerung der Musterberechtigung einen Überprüfungsflug mit einem von der Erlaubnisbehörde anerkannten Sachverständigen durchzuführen.

Zusammenfassung

Musterberechtigung
* Berechtigung, ein bestimmtes Luftfahrzeugmuster zu fliegen
Einweisung auf ein Luftfahrzeugmuster
* erforderlich für den Erwerb einer Musterberechtigung
Vertrautmachen mit einem Luftfahrzeugmuster
* erforderlich für das Fliegen eines Luftfahrzeugmusters aus der Gruppe einer Sammeleintragung

Einweisung und Vertrautmachen haben durch einen Fluglehrer oder Einweisungsberechtigten zu erfolgen.

Rechtsgrundlage §§ 66 bis 70 LuftPersV, Bekanntmachung des BMV

Berechtigung zur Durchführung kontrollierter Sichtflüge

Bevor im Jahre 1993 die Luftraumklassifizierung mit Lufträumen der Klasse A bis G eingeführt wurde, gab es um die großen internationalen Verkehrsflughäfen herum sogenannte CVFR-Lufträume. Die Abkürzung „CVFR" steht für „Controlled VFR", d.h. kontrollierte VFR-Flüge, und bedeutete, daß in diesen Lufträumen VFR-Flüge kontrolliert wurden. Für die Durchführung von kontrollierten VFR-Flügen (CVFR-Flügen) war eine entsprechende Berechtigung, die CVFR-Berechtigung, erforderlich.

Auch nach Umwandlung der CVFR-Lufträume in Lufträume der Klasse C müssen Privatflugzeugführer, Privathubschrauberführer und Motorseglerführer ohne Instrumentenflugberechtigung für das Durchfliegen weiterhin eine CVFR-Berechtigung besitzen. Die CVFR-Berechtigung ist z.Z. nicht nur für VFR-Flüge in Lufträumen der Klasse C um Verkehrsflughäfen, sondern auch für VFR-Flüge im Luftraum Klasse C oberhalb Flugfläche 100 sowie für den Erwerb der Nachtflugberechtigung erforderlich. Es ist geplant, zukünftig die Ausbildungsinhalte für eine CVFR-Berechtigung in die Ausbildung für Privatluftfahrzeugführer zu integrieren.

Bewerber, die eine Gesamtflugerfahrung von weniger als 300 Stunden haben, müssen vor Stellung des Antrages auf Erteilung der CVFR-Berechtigung mindestens 60 Flugstunden (davon mindestens 20 Stunden Überlandflug) als verantwortlicher Luftfahrzeugführer nach Erwerb einer Erlaubnis als Privatluftfahrzeugführer innerhalb der letzten 3 Jahre nachweisen.

Die theoretische Ausbildung umfaßt mindestens 30 Unterrichtsstunden innerhalb der letzten 5 Monate vor Ablegung der Prüfung. Sie erstreckt sich auf die Sachgebiete

* Luftverkehrs- und Flugsicherungsvorschriften,
* Funknavigation,
* Technik.

Die Flugausbildung umfaßt mindestens 10 Flugstunden nach Instrumenten und zur Einführung in Navigationsverfahren mittels bodenabhängiger Funknavigations- und Radarhilfen sowie in den Gebrauch von Funknavigationsgeräten mit Fluglehrer innerhalb der letzten 5 Monate vor Ablegung der Prüfung.

Der Bewerber hat in einer theoretischen und praktischen Prüfung nachzuweisen, daß er die zur Durchführung kontrollierter Sichtflüge notwendigen Kenntnisse und Fähigkeiten besitzt.

Die CVFR-Berechtigung wird durch Eintragung in den Luftfahrerschein erteilt. Die Gültigkeitsdauer bestimmt sich nach der zugrunde liegenden Erlaubnis.

Zusammenfassung

CVFR-Berechtigung

Voraussetzungen
- Flugerfahrung 60 h (in 3 Jahren) bei Piloten mit weniger als 300 h Gesamtflugzeit
- 30 h Theorieausbildung (in 5 Monaten)
- 10 h Flugausbildung (in 5 Monaten)
- theoretische und praktische Prüfung

Rechtsgrundlage §§ 82 und 87 LuftPersV

Nachtflugberechtigung

Wie bereits ausgeführt, berechtigt die Erlaubnis für Privatflugzeugführer, Privathubschrauberführer und Motorseglerführer auch zum Führen der entsprechenden Flugzeuge, Hubschrauber und Motorsegler bei Nacht in der Umgebung eines Flugplatzes, wenn der Erlaubnisinhaber eine Gesamtflugerfahrung von 75 Stunden besitzt und je 10 Nachtstarts und Nachtlandeanflüge mit anschließender Landung mit Fluglehrer durchgeführt hat.

Geht der Nachtflug über die Umgebung des Flugplatzes hinaus (Überlandflug), dann ist zusätzlich der Besitz einer Nachtflugberechtigung erforderlich, ausgenommen der Bewerber besitzt die Instrumentenflugberechtigung (da diese die Nachtflugberechtigung einschließt). Voraussetzung für die Nachtflugberechtigung ist der Besitz der CVFR-Berechtigung.

Die Flugausbildung umfaßt mindestens 5 Stunden Nachtflug nach Sichtflugregeln mit 10 Nachtstarts und 10 Nachtlandungen im Alleinflug und zwei Nachtüberlandflüge mit je einer Zwischenlandung auf einem mindestens 50 km entfernten Flugplatz mit Fluglehrer, davon ein Überlandflug zur Einweisung und ein Überlandflug, bei dem der Bewerber die Tätigkeit des verantwortlichen Luftfahrzeugführers auszuüben hat.

Die Nachtflugberechtigung wird durch Eintragung in den Luftfahrerschein erteilt. Die Gültigkeitsdauer bestimmt sich nach der zugrunde liegenden Erlaubnis (weitere Bedingungen für den Nachtflug siehe Kapitel 10).

Zusammenfassung

Nachtflugberechtigung

Voraussetzungen
- CVFR-Berechtigung
- 5 h Nachtflugausbildung
- 10 Nachtstarts, 10 Nachtlandungen
- 2 Nachtüberlandflüge
- keine Prüfung erforderlich

Rechtsgrundlage §§ 83 und 87 LuftPersV

Kunstflugberechtigung

Unter Kunstflug (engl. Acrobatic Flight) versteht man absichtlich herbeigeführte Flugmanöver, bei denen das Luftfahrzeug in außergewöhnliche Fluglagen gebracht wird oder abrupte Lage- oder Geschwindigkeitsänderungen ausführt. Flugzeugführer, Hubschrauberführer, Motorseglerführer und Segelflugzeugführer bedürfen zur Durchführung von Kunstflügen der Kunstflugberechtigung.

Voraussetzung für die Kunstflugberechtigung ist eine praktische Tätigkeit von mindestens 50 Flugstunden als verantwortlicher Luftfahrzeugführer nach Erwerb der entsprechenden Erlaubnis. Die Kunstflug-ausbildung umfaßt mindestens 5 Flugstun-den. In der Kunstflugausbildung müssen ei-ne Einweisung in besondere Flugzustände sowie die folgenden Flugübungen enthalten sein: Überschlag, Turn links und rechts, gesteuerte Rolle, hochgezogene Rollen-kehre und Aufschwung.

Für Hubschrauberführer gelten im Einzel-fall Ausnahmen, wenn das Hubschrauber-muster für einzelne Kunstflugfiguren nicht zugelassen ist. Die Kunstflugausbildung von Flugzeugführern und Segelflugzeugführern kann auf Motorseglern durchgeführt werden.

Der Bewerber hat in einer praktischen Prü-fung nachzuweisen, daß er die zur Durch-führung von Kunstflügen notwendigen Fä-higkeiten besitzt.

Die Kunstflugberechtigung wird durch Ein-tragung in den Luftfahrerschein erteilt. Die Gültigkeitsdauer bestimmt sich nach der zugrunde liegenden Erlaubnis.

Die Kunstflugberechtigung für Flugzeuge oder Segelflugzeuge erstreckt sich auch auf Motorsegler, sofern der Inhaber der Be-rechtigung zur Führung von Motorseglern berechtigt ist. Entsprechendes gilt für die Kunstflugberechtigung für Motorsegler (wei-tere Bedingungen für den Kunstflug siehe Kapitel 12).

Zusammenfassung

Kunstflugberechtigung

Voraussetzungen
● Flugerfahrung 50 h
● 5 h Kunstflugausbildung
● praktische Prüfung

Rechtsgrundlage §§ 81 und 87 LuftPersV

Schleppberechtigung

Flugzeugführer bedürfen zum Schleppen von Motorseglern, Segelflugzeugen oder anderen Gegenständen hinter Flugzeugen einer Berechtigung.

Voraussetzungen für den Erwerb der Be-rechtigung zum Schleppen von Motorseg-lern, Segelflugzeugen oder anderen Ge-genständen hinter Flugzeugen ohne Fang-schlepp sind:

● Eine praktische Tätigkeit als verant-wortlicher Führer von Flugzeugen von 30 Flugstunden nach Erwerb der Er-laubnis (in der Flugzeit müssen 5 Flug-stunden auf Flugzeugen des Musters, auf dem die Berechtigung erworben werden soll, enthalten sein).

● Die Durchführung von 5 Flügen mit Se-gelflugzeugen oder anderen Gegen-ständen im Schlepp ohne Beanstan-dung unter Anleitung und Aufsicht ei-nes Motorfluglehrers mit Schleppbe-rechtigung oder eines Segelfluglehrers, der Inhaber einer Erlaubnis für Flug-zeugführer mit Schleppberechtigung ist, innerhalb der letzten 6 Monate vor Stellung des Antrages auf Erteilung der Berechtigung; für Bewerber, die eine Erlaubnis als Führer von Segelflugzeu-gen oder von nicht-selbststartenden Motorseglern mit der Startart Flugzeug-schlepp nicht besitzen, zusätzlich die Teilnahme an 5 Flugzeugschleppstarts im Segelflugzeug.

Voraussetzungen für den Erwerb der Be-rechtigung zum Schleppen von anderen Gegenständen hinter Flugzeugen im Fang-schlepp sind:

- Eine praktische Tätigkeit als verantwortlicher Führer von Flugzeugen von 90 Flugstunden nach Erwerb der Erlaubnis (in der Flugzeit müssen 5 Flugstunden auf Flugzeugen des Musters, auf dem die Berechtigung erworben werden soll, enthalten sein).

- Die Durchführung von 5 Flügen in Begleitung eines Motorfluglehrers mit der Berechtigung für Fangschlepp, bei denen die Schlinge ohne Schleppgegenstand aufzunehmen ist, und 5 Flügen unter Anleitung und Aufsicht eines solchen Fluglehrers, bei denen der Schleppgegenstand im Fangschlepp aufzunehmen ist, ohne Beanstandung innerhalb der letzten 6 Monate vor Stellung des Antrages auf Erteilung der Berechtigung.

Die Schleppberechtigung wird durch Eintragung in den Luftfahrerschein erteilt. Die Gültigkeitsdauer bestimmt sich nach der zugrunde liegenden Erlaubnis. Bei der Eintragung ist die Art der Aufnahme des Schleppgegenstandes festzulegen (weitere Bedingungen für den Schleppflug s. Kapitel 12).

Zusammenfassung

Schleppberechtigung

Voraussetzungen
- Flugerfahrung 30 h (bei Schleppen ohne Fangschlepp) bzw. 90 h (bei Schleppen im Fangschlepp)
- bzw. 10 Schleppflüge (in 6 Monaten)
- eine Prüfung erforderlich

Rechtsgrundlage §§ 84 und 87 LuftPersV

Wolkenflugberechtigung für Segelflugzeugführer

Segelflugzeugführer bedürfen zum Führen von Segelflugzeugen in Wolken der Wolkenflugberechtigung. Voraussetzung für den Erwerb der Wolkenflugberechtigung ist eine praktische Tätigkeit als verantwortlicher Segelflugzeugführer von 70 Flugstunden. In dieser Flugzeit müssen mindestens 10 Stunden Instrumentenflugübungen ohne Sicht nach außen auf Segelflugzeugen oder Motorseglern in Begleitung eines Segelfluglehrers mit Wolkenflugberechtigung innerhalb der letzten 12 Monate vor Stellung des Antrages auf Erteilung der Berechtigung enthalten sein. Für Bewerber, die Inhaber der CVFR-Berechtigung sind, verringert sich die Mindestflugzeit mit Instrumentenübungen auf 6 Stunden, bei Inhabern der Instrumentenflugberechtigung erfolgt lediglich eine praktische Einweisung. Der Bewerber hat in einer praktischen Überprüfung vor einem von der Erlaubnisbehörde bestimmten Sachverständigen nachzuweisen, daß er die zur Durchführung von Wolkenflügen notwendigen Fähigkeiten besitzt.

Die Wolkenflugberechtigung wird durch Eintragung in den Luftfahrerschein erteilt. Die Gültigkeitsdauer bestimmt sich nach der zugrunde liegenden Erlaubnis.

Zusammenfassung

Wolkenflugberechtigung für Segelflugzeugführer

Voraussetzungen
- Flugerfahrung 70 h
- 10 h Instrumentenflugübungen (in 12 Monaten)
- Durchführung einer Überprüfung

Rechtsgrundlage §§ 85 und 87 LuftPersV

Lehrberechtigung

Voraussetzungen für den Erwerb der Berechtigung, Privatflugzeugführer, Motorseglerführer, Segelflugzeugführer oder Privathubschrauberführer praktisch auszubilden (Lehrberechtigung), sind

- eine entsprechende Erlaubnis zum Führen der Luftfahrzeuge,
- eine CVFR-Berechtigung,
- die Berechtigung zur Ausübung des Sprechfunkdienstes in englischer Sprache,
- eine praktische Tätigkeit als verantwortlicher Luftfahrzeugführer von mindestens 300 Stunden bei Erwerb der Lehrberechtigung für Privatflugzeugführer und Hubschrauberführer, 150 Stunden bei Erwerb der Lehrberechtigung für Motorseglerführer, 100 Stunden bei Erwerb der Lehrberechtigung für Segelflugzeugführer (zum Teil kann die Flugzeit durch Flugzeit auf anderen Luftfahrzeugen ersetzt werden),
- eine Auswahlprüfung vor einem von der Erlaubnisbehörde anerkannten Sachverständigen vor Beginn der Ausbildung zum Fluglehrer,
- die Teilnahme an einem amtlich anerkannten Ausbildungslehrgang von mindestens 3 Wochen Dauer für die jeweilige Lehrberechtigung (darin müssen mindestens 80 Unterrichtsstunden und die für die jeweilige Lehrberechtigung notwendige Flugausbildung enthalten sein),
- beim erstmaligen Erwerb einer Lehrberechtigung eine an den Ausbildungslehrgang anschließende erfolgreiche Ausbildungstätigkeit unter der Aufsicht eines hierfür anerkannten Fluglehrers.

Als fachliche Voraussetzungen für den Erwerb der Berechtigung zur praktischen Aus-

bildung von Freiballonführern sind lediglich erforderlich

- die Erlaubnis für Freiballonführer,
- eine praktische Tätigkeit als Freiballonführer mit 20 selbständig durchgeführten Freiballonfahrten.

Der Bewerber für eine Lehrberechtigung hat in einer theoretischen und praktischen Prüfung nachzuweisen, daß er nach seinem praktischen Können und seinem fachlichen Wissen die an einen Fluglehrer zur Ausbildung von Privatluftfahrzeugführern zu stellenden Anforderungen erfüllt.

Die Lehrberechtigung wird durch Eintragung in den Luftfahrerschein erteilt. Die Gültigkeitsdauer beträgt 4 Jahre. Sie verlängert sich, wenn der Fluglehrer während der Gültigkeitsdauer als Fluglehrer, als Prüfungsratsmitglied oder als Sachverständiger tätig war und die Teilnahme an einem amtlichen oder amtlich anerkannten Fortbildungslehrgang für Fluglehrer innerhalb der letzten 2 Jahre vor Ablauf der Gültigkeit nachweist.

Zusammenfassung

Lehrberechtigung für PPL A, B, C, E

Voraussetzungen
- Flugerfahrung 300 h (PPL A, E), 150 h (PPL B), 100 h (PPL C), CVFR-Berechtigung, BZF I
- Auswahlprüfung
- Auswahllehrgang
- erfolgreiche Ausbildungstätigkeit
- theoretische und praktische Prüfung

Lehrberechtigung für PPL D

Voraussetzungen
- Erfahrung von 20 Freiballonfahrten
- theoretische und praktische Prüfung

Rechtsgrundlage §§ 88, 94 und 96 LuftPersV

Einweisungsberechtigung

Um einen Luftfahrzeugführer auf ein Luftfahrzeug eines nicht im Luftfahrerschein eingetragenen Musters einzuweisen oder um ihn mit einem Muster, für das die Musterberechtigung als Sammeleintragung erteilt worden ist, vertraut zu machen, bedarf es keiner Lehrberechtigung, sondern lediglich einer Einweisungsberechtigung.

Voraussetzungen für den Erwerb der Einweisungsberechtigung sind

- die entsprechende Erlaubnis für Luftfahrzeugführer,
- eine praktische Tätigkeit als verantwortlicher Luftfahrzeugführer von mindestens 300 Stunden bei Luftfahrzeugmustern bis zu einer Höchstmasse von 2.000 kg (für größere Luftfahrzeuge entsprechend größere Flugerfahrung),
- eine ausreichende Flugerfahrung auf dem betreffenden Muster,
- für eine Tätigkeit als Einweisungsberechtigter auf mehrmotorigen Luftfahrzeugen eine Flugausbildung.

Der Bewerber hat in einer Überprüfung vor einem von der Erlaubnisbehörde bestimmten Sachverständigen nachzuweisen, daß er für diese Tätigkeit geeignet ist.

Die Einweisungsberechtigung wird durch Eintragung in den Luftfahrerschein erteilt. Die Gültigkeitsdauer beträgt 2 Jahre. Sie wird verlängert, wenn der Einweisungsberechtigte mindestens drei Luftfahrzeugführer ausgebildet hat.

Ergänzende Vorschriften zur Ausbildung und Prüfung

Ausbildung außerhalb von Luftfahrerschulen

Freiballonführer und Motorseglerführer, die eine Erlaubnis für Flugzeugführer, Hubschrauberführer oder Segelflugzeugführer besitzen, können auch außerhalb einer Luftfahrerschule ausgebildet werden. Das gleiche gilt für die Einweisung von Piloten auf andere Luftfahrzeugmuster. Die praktische Ausbildung darf nur von Personen mit entsprechender Lehrberechtigung vorgenommen werden.

Luftsportverbänden kann eine Erlaubnis zur Ausbildung von Motorseglerführern und Segelflugzeugführern in den ihnen angeschlossenen Vereinen erteilt werden, sofern bei Durchführung der Ausbildung innerhalb des Verbandes die Sicherheit und Ordnungsmäßigkeit des Ausbildungsbetriebes gewährleistet sind.

Nachweis der theoretischen Ausbildung

Bewerber um eine Erlaubnis oder Berechtigung haben ein Unterrichtsbuch zu führen, in dem alle Unterrichtsstunden unter Angabe des Sachgebietes und des behandelten Unterrichtsstoffes mit Datum und Dauer sowie der Name des Lehrers einzutragen sind. Bei geschlossenen Lehrgängen tritt an die Stelle des vom Bewerber zu führenden Unterrichtsbuches ein von der Luftfahrerschule oder der Lehrgangsleitung zu führendes Unterrichtsbuch.

Wird die theoretische Ausbildung in Form einer programmierten Unterweisung durchgeführt, kann die Zahl der vorgeschriebenen Unterrichtsstunden verringert werden, wenn dadurch die Vermittlung eines mindestens gleich hohen Wissenstandes nicht beeinträchtigt wird. Das gleiche gilt für die theoretische Ausbildung einer Fernschule, die eine Ausbildungserlaubnis nach der Luftverkehrs-Zulassungs-Ordnung (LuftVZO) besitzt, wenn der Fernunterricht durch Nahunterricht ergänzt wird. Nimmt der Bewerber an einem Ausbildungslehrgang einer Fernschule teil, tritt für den Teil des Fernunterrichtes an die Stelle des Unterrichtsbuches eine Bescheinigung der Fernschule.

Die theoretische und praktische Ausbildung sind von dem Ausbildungsleiter aufeinander abzustimmen.

Übungs- und Prüfungsflüge

Bei Übungs- und Prüfungsflügen in Begleitung von Fluglehrern gelten die Fluglehrer als diejenigen, die das Luftfahrzeug führen oder bedienen. Das gleiche gilt für Prüfungsratsmitglieder bei Prüfungsflügen und für Piloten, die andere Piloten in ein Luftfahrzeugmuster einweisen oder mit diesem vertraut machen, es sei denn, daß ein anderer als verantwortlicher Luftfahrzeugführer bestimmt ist. Bei Übungs- und Prüfungsflügen ohne Begleitung von Fluglehrern oder Prüfungsratsmitgliedern bedürfen Piloten keiner Erlaubnis, wenn es sich um Flüge handelt, die von Fluglehrern oder Prüfungsratsmitgliedern angeordnet und beaufsichtigt werden.

Alleinflüge

Wer eine Erlaubnis zum Führen von Flugzeugen, Hubschraubern, Motorseglern und Segelflugzeugen erstmalig erwerben, erweitern oder eine abgelaufene Erlaubnis erneuern lassen will, darf die notwendigen Alleinflüge nur ausführen, wenn der Fluglehrer hierfür einen Flugauftrag erteilt hat.

Dies gilt auch für die Ausbildung in den einzelnen Startarten von Motorseglern und Segelflugzeugen. Der Fluglehrer darf den Flugauftrag nur erteilen, wenn er sich von der Befähigung des Bewerbers überzeugt hat. Den Flugauftrag zum ersten Alleinflug eines Bewerbers darf er nur mit Zustimmung eines zweiten Fluglehrers erteilen.

Außerhalb der Sichtweite des ausbildenden Fluglehrers dürfen Alleinflüge nur durchgeführt werden, wenn der Fluglehrer hierfür einen schriftlichen Flugauftrag erteilt hat. Der Fluglehrer darf den Flugauftrag nur erteilen, wenn der Bewerber

- zur Ausübung des Sprechfunkdienstes berechtigt ist,
- die für die Durchführung von Überlandflügen notwendigen Kenntnisse in den Sachgebieten Luftrecht, Luftverkehrs- und Flugsicherungsvorschriften, Flugnavigation, Meteorologie und Technik besitzt,
- eine theoretische und praktische Einweisung in besondere Flugzustände sowie in das Verhalten in Notfällen und bei Unfällen erhalten hat,
- mindestens 2 Überlandflugeinweisungen erhalten hat.

Der Bewerber hat den schriftlichen Flugauftrag bei der Durchführung des Fluges als Ausweis mitzuführen. Bei Alleinflügen außerhalb der Sichtweite des ausbildenden Fluglehrers muß der Flugauftrag die Erklärung enthalten, daß die oben genannten Voraussetzungen erfüllt sind.

Die hier genannten Bedingungen für Alleinflüge gelten auch für Alleinflüge zum Erwerb von Berechtigungen mit der Maßgabe, daß an die Stelle eines Fluglehrers eine nach den Vorschriften für den Erwerb der Berechtigung einweisungsberechtigte Person treten kann.

Antrag zur Prüfung oder Überprüfung

Der Antrag auf Durchführung der vorgeschriebenen Prüfungen oder Überprüfungen ist, sofern nichts anderes bestimmt ist, mit dem Antrag auf Erteilung (bzw. Verlängerung oder Erneuerung) der Erlaubnis oder Berechtigung zu verbinden.

Dem Antrag sind außer den Nachweisen über die fachlichen Voraussetzungen die geforderten Nachweise und Erklärungen beizufügen, es sei denn, diese Unterlagen liegen der zuständigen Stelle bereits vor. Dem Antrag auf Durchführung der Prüfung und Erteilung der Erlaubnis als Privatluftfahrzeugführer sind beizufügen:

- ein vom Ausbildungsleiter angefertigter Ausbildungsnachweis über die theoretische und praktische Ausbildung
- zwei Paßbilder
- auf Anforderung eine Erklärung über die Staatsangehörigkeit

Die Luftfahrtbehörde kann die Vorlage eines neuen Tauglichkeitszeugnisses verlangen, wenn das am Beginn der Ausbildung vorgelegte ärztliche Zeugnis älter als ein Jahr ist.

Prüfungen und Überprüfungen

Die Prüfungen sind vor einem Prüfungsrat abzulegen, sofern nach den Vorschriften der LuftPersV nicht eine Überprüfung durch einen Sachverständigen vorgesehen ist. Der Prüfungsrat besteht aus dem Vorsitzenden und zwei weiteren Mitgliedern. Die zuständige Luftfahrtbehörde beruft den Vorsitzenden des Prüfungsrates sowie die weiteren Prüfungsratsmitglieder in der notwendigen Anzahl. Zuständige Luftfahrtbehörde ist in den Fällen, in denen der Bund für die Abnahme der Prüfung zuständig ist, das Luftfahrt-Bundesamt, in den übrigen Fällen die oberste Luftfahrtbehörde des Landes, soweit nicht nach Landesrecht etwas anderes bestimmt wird.

Die mit der Abnahme der praktischen Prüfung beauftragten Prüfungsratsmitglieder müssen die entsprechende Erlaubnis oder Berechtigung besitzen und über besondere fachliche Erfahrungen verfügen. An der Ausbildung der Bewerber beteiligte Personen dürfen dem Prüfungsrat nicht angehören.

Das Prüfungsergebnis wird mit „bestanden" oder „nicht bestanden" beurteilt. Bei Nichtbestehen ist eine einmalige Wiederholung zulässig. Der Prüfungsrat oder das beauftragte Prüfungsratsmitglied bestimmt, ob und ggf. mit welchen Auflagen die Prüfung ganz oder zum Teil zu wiederholen ist. Eine weitere Wiederholung ist nur mit Zustimmung der für die Prüfung zuständigen Erlaubnisbehörde zulässig. Der Vorsitzende des Prüfungsrates kann Lehrern und weiteren Personen gestatten, bei den Prüfungen anwesend zu sein. Über den Inhalt, den Verlauf und das Ergebnis der Prüfung ist eine Niederschrift aufzunehmen. Zwischen dem Zeitpunkt der abgelegten theoretischen Prüfung und dem Zeitpunkt der abzulegenden praktischen Prüfung dürfen nicht mehr als 12 Monate liegen. Teilweise Wiederholungsprüfungen werden auf den Zeitpunkt der Ablegung der Prüfungen nicht angerechnet

Erleichterungen

Für Inhaber einer gültigen Erlaubnis für Luftfahrzeugführer kann die theoretische Ausbildung zum Erwerb einer Erlaubnis für Privatluftfahrzeugführer zum Führen anderer Luftfahrzeugarten auf die Sachgebiete beschränkt werden, die nicht in der theoretischen Ausbildung der erworbenen Erlaubnis enthalten waren. Weist ein Bewerber besondere Kenntnisse in einem Sachgebiet der theoretischen Ausbildung nach, kann die zuständige Stelle ihn von der Ausbildung in diesem Sachgebiet ganz oder teilweise befreien. Dies gilt sinngemäß auch für die theoretische Prüfung.

Zusammenfassung

- Bei Übungs- und Prüfungsflügen gelten die Fluglehrer als verantwortliche Piloten.
- Alleinflüge im Rahmen der Ausbildung sind nur möglich mit Flugauftrag des Fluglehrers. Der schriftliche Flugauftrag ist mitzuführen.
- Vor dem ersten Alleinflug ist eine Überprüfung des Flugschülers durch zweiten Fluglehrer erforderlich.
- Vor dem ersten Überland-Alleinflug hat der Flugschüler entsprechende theoretische und praktische Kenntnisse nachzuweisen; zusätzlich Sprechfunkzeugnis erforderlich.
- Die Prüfung wird mit „bestanden" oder „nicht bestanden" beurteilt.
- Prüfungswiederholung (ggf. mehrmals) möglich.
- Zwischen theoretischer und praktischer Prüfung dürfen maximal 12 Monate liegen.

Rechtsgrundlage § 4 LuftVG, §§ 25, 30 und 34 LuftVZO, §§ 117, 119, 121, 128, 129 und 132 LuftPersV

Ergänzende Vorschriften zur Erteilung und Verlängerung von Erlaubnissen

Erteilung der Erlaubnis

Der Antrag auf Erteilung der Erlaubnis kann schon vor Ablegung der Prüfung gestellt werden. Ist für die Erlaubnis eine Prüfung nicht vorgeschrieben, so ist der Antrag nach Abschluß der Ausbildung zu stellen.

Die Luftfahrtbehörde erteilt die Erlaubnis, wenn alle Voraussetzungen erfüllt sind. Hat der Prüfungsrat Zweifel an der Eignung des Bewerbers, teilt er der Luftfahrtbehörde die Gründe hierfür mit.

Die Erlaubnis wird durch die Aushändigung des Luftfahrerscheins (Lizenz) erteilt. Die Dauer der Gültigkeit der Erlaubnis ist im Luftfahrerschein vermerkt. Das gleiche gilt für Berechtigungen sowie Erweiterungen der Erlaubnis, wenn der Bewerber die vorgeschriebenen Voraussetzungen nachgewiesen hat.

Der Luftfahrerschein ist bei der Tätigkeit als Pilot mitzuführen.

Verlängerung der Erlaubnis

Für die Verlängerung oder Erneuerung der Erlaubnis für Privatluftfahrzeugführer müssen die weiter oben bei der Beschreibung der einzelnen Erlaubnisse genannten Bedingungen (Flugzeiten, Starts und Landungen usw.) nachgewiesen und ein neues fliegerärztliches Tauglichkeitszeugnis vorgelegt werden. Außerdem dürfen weiterhin keine Tatsachen vorliegen, die den Piloten als unzuverlässig erscheinen lassen, die Tätigkeit als Pilot auszuüben. Bei einem minderjährigen Bewerber muß der gesetzliche Vertreter der Verlängerung zustimmen.

Die Verlängerung der Erlaubnis wird bei der Luftfahrtbehörde des Landes (anhand eines Formblattes) beantragt und von dieser durch Ausstellung eines neuen Beiblattes zum Luftfahrerschein mit neu eingetragenem Gültigkeitsdatum vollzogen.

Berücksichtigung der fliegerärztlichen Untersuchung

Die Gültigkeitsdauer der Erlaubnisse für Piloten beginnt bei der Erteilung und Erneuerung am Tage des Abschlusses der fliegerärztlichen Untersuchung.

Bei der Verlängerung einer Erlaubnis beginnt die Gültigkeitsdauer mit dem Ablauf der bisherigen Gültigkeitsdauer, wenn die Nachuntersuchung innerhalb der letzten 45 Tage vor diesem Zeitpunkt durchgeführt worden ist.

Das fliegerärztliche Tauglichkeitszeugnis wird, wenn Beschränkungen nicht vorliegen, für die Gültigkeitsdauer der angestrebten Erlaubnis erteilt. Ist das fliegerärztliche Tauglichkeitszeugnis auf einen Zeitraum beschränkt, der kürzer ist als die vorgeschriebene Gültigkeitsdauer der angestrebten Erlaubnis, wird die Erlaubnis für den kürzeren Zeitraum erteilt. Wird in diesem Fall ein fliegerärztliches Zeugnis für einen weiteren Zeitraum vorgelegt, wird die Erlaubnis für diesen Zeitraum ohne Nachweis der sonstigen Voraussetzungen verlängert, längstens jedoch bis zu der vorgeschriebenen Gültigkeitsdauer der Erlaubnis.

Erneuerung der Erlaubnis

Inhaber einer nicht nach den Vorschriften der LuftPersV erteilten Erlaubnis, deren Gültigkeit abgelaufen ist, können bei Nachweis besonderer fliegerischer Kenntnisse und Fähigkeiten auf Antrag die Erlaubnis für Privatluftfahrzeugführer sowie die zu diesen Erlaubnissen erteilten Berechtigungen unter den für die Erneuerung dieser Erlaubnis oder Berechtigungen bestimmten Voraussetzungen erteilt werden.

Die Luftfahrtbehörde des Landes kann eine Erlaubnis, deren Gültigkeit nicht länger als 6 Monate abgelaufen ist, bei Vorliegen der Voraussetzungen für die Verlängerung erneuern, wenn die rechtzeitige Verlängerung aus entschuldbaren Gründen unterblieben ist.

Widerruf der Erlaubnis

Eine Erlaubnis ist von der Luftfahrtbehörde zu widerrufen und der Luftfahrerschein einzuziehen, wenn sich Tatsachen dafür ergeben, daß der Inhaber für die Tätigkeit als Pilot ungeeignet ist.

Die Erlaubnis ist ferner zu widerrufen, wenn der Luftfahrtbehörde Tatsachen bekannt werden, die Zweifel an dem ausreichenden praktischen Können oder fachlichen Wissen des Piloten rechtfertigen, und wenn eine von ihr angeordnete Überprüfung entweder verweigert wird oder ergibt, daß der Pilot ein ausreichendes praktisches Können oder fachliches Wissen nicht mehr besitzt.

An Stelle des Widerrufs kann das Ruhen der Erlaubnis auf Zeit oder eine Nachschulung mit anschließender Überprüfung angeordnet oder die Erlaubnis auf eine bestimmte Betätigung in der Luftfahrt beschränkt werden, wenn dies ausreicht, um die Sicherheit und Ordnung des Luftverkehrs aufrechtzuerhalten.

Das Ruhen der Erlaubnis kann auch in Fällen erheblicher Gefahr für die Sicherheit und Ordnung des Luftverkehrs bis zur Feststellung des weiteren ausreichenden praktischen Könnens oder fachlichen Wissens angeordnet werden, wenn der Luftfahrtbehörde Tatsachen bekannt werden, die erkennen lassen, daß der Pilot das ausreichende praktische Können oder fachliche Wissen nicht mehr besitzt.

Der Luftfahrerschein ist für die Zeit des Ruhens der Erlaubnis einzuziehen und im Falle der Beschränkung zu berichtigen oder durch einen neuen Ausweis zu ersetzen.

Anerkennung von Erlaubnissen

Luftfahrerscheine für Privatluftfahrzeugführer, die in einem Mitgliedsstaat der Europäischen Union erteilt wurden, werden in Deutschland ohne weitere Prüfung anerkannt. D.h., Piloten mit einem solchen Luftfahrerschein dürfen in Deutschland zugelassene Luftfahrzeuge fliegen, allerdings beschränkt auf Flüge nach Sichtflugregeln am Tage.

Ähnliche Regelungen gelten in den Nachbarstaaten der Europäischen Union für in Deutschland ausgestellte Privatpilotenlizenzen.

Im Rahmen der Erarbeitung einheitlicher europäischer Ausbildungs- und Prüfungsrichtlinien für Piloten wird die generelle gegenseitige Anerkennung von Lizenzen angestrebt.

Von Staaten außerhalb der Europäischen Union erteilte Luftfahrerscheine können für eine Betätigung als Pilot auf einem in Deutschland eingetragenen Luftfahrzeug allgemein oder im Einzelfall anerkannt werden.

Zusammenfassung

- Die Erlaubnis wird durch Aushändigung (Zustellung) des Luftfahrerscheins erteilt.
- Der Luftfahrerschein ist bei der Tätigkeit als Pilot mitzuführen.
- Für die Verlängerung der Erlaubnis ist ein neues Tauglichkeitszeugnis vorzulegen.
- Maßgeblich für die Gültigkeitsdauer der Verlängerung ist das Datum der Tauglichkeitsuntersuchung.
- Die Gültigkeit einer Erlaubnisverlängerung beginnt mit Ablauf der bisherigen Gültigkeitsdauer, wenn die neue Tauglichkeitsuntersuchung innerhalb der letzten 45 Tage vor diesem Zeitpunkt durchgeführt worden ist.
- Eine Erlaubnis kann widerrufen werden, wenn der Erlaubnisinhaber für die Tätigkeit als Pilot ungeeignet ist.

Rechtsgrundlage §§ 25, 26, 26a, 28, 28a, 29 LuftVZO, §§ 125, 129 und 130 LuftPersV

Nachweis von Flugzeiten und Flugerfahrung

Flugbuch

Luftfahrzeugführer haben ein Flugbuch zu führen, in dem alle Flüge oder Fahrten unter Angabe der ausgeübten Tätigkeit und des Luftfahrzeugmusters nach Datum, Art des Fluges, Startzeit, Landezeit mit der sich daraus ergebenden Flugdauer, Abflugort und Landeort anzugeben sind.

Die Erlaubnisbehörde kann bestimmen, daß bei Luftfahrzeugen mit einer Höchstmasse von mehr als 2.000 kg der Zeitpunkt, zu dem ein Luftfahrzeug mit eigener oder fremder Kraft zum Start abrollt, und dem Zeitpunkt, zu dem es am Ende des Fluges zum Stillstand kommt, sowie die sich daraus ergebende Flugzeit (sogenannte Blockzeit) in das Flugbuch einzutragen sind.

Das Flugbuch ist während der Tätigkeit als Luftfahrzeugführer mitzuführen. Angaben zum Nachweis von Voraussetzungen zum Erwerb, zur Erweiterung, Verlängerung oder Erneuerung einer Erlaubnis oder Berechtigung, die unter der Aufsicht oder in Begleitung eines Luftfahrers zu erfüllen sind, müssen von diesem unter Angabe der Art und Nummer seines Luftfahrerscheins als richtig bescheinigt werden. Der Nachweis der fliegerischen Voraussetzungen kann durch Auszüge aus dem Flugbuch erbracht werden, deren Übereinstimmung mit den Angaben des Flugbuches durch einen Beauftragten für Luftaufsicht, einen Flugleiter, einen Ausbildungs- oder Flugbetriebsleiter, ein Prüfungsratmitglied, einen Fluglehrer oder Einweisungsberechtigten bescheinigt sein müssen. Vorgeschriebene Navigationsflüge sind zusätzlich durch Höhenbarogramme nachzuweisen.

Flugerfahrung bei Mitnahme von Fluggästen

Ein Pilot, der ein Luftfahrzeug, in dem sich Fluggäste befinden, als verantwortlicher Luftfahrzeugführer führt, muß innerhalb der vorhergehenden 90 Tage mindestens 3 Starts und 3 Landungen mit einem Luftfahrzeug desselben oder ähnlichen Musters ausgeführt haben. Für einen Flug nach Sichtflugregeln bei Nacht gelten die o.a. Voraussetzungen mit der Maßgabe, daß der Pilot von den 3 Starts und Landungen mindestens 2 bei Nacht ausgeführt haben muß.

Für einen Luftfahrzeugführer, der in einem Luftfahrzeug, in dem sich Fluggäste befinden, als zweiter Luftfahrzeugführer tätig wird, gelten änliche Regeln.

Anrechnung von Flugzeiten

Als Flugzeiten für den Erwerb, die Erweiterung, Verlängerung oder Erneuerung ei-

ner Erlaubnis für Luftfahrer werden, sofern in der LuftPersV nichts anderes bestimmt ist, voll angerechnet:

- Flugzeiten als Lehrer bei der Ausbildung von Piloten sowie Flugzeit als Schüler mit Fluglehrer; das gleiche gilt bei der Erweiterung und Erneuerung einer Erlaubnis oder Berechtigung
- Flugzeit als Einweiser oder Eingewiesener bei der Einweisung auf Luftfahrzeuge weiterer Muster; das gleiche gilt bei Flügen zum Vertrautmachen
- Flugzeit als Prüfungsratsmitglied oder Sachverständiger und als Bewerber bei Prüfungs- oder Überprüfungsflügen

---

Zusammenfassung

- Piloten haben ein Flugbuch zu führen.
- Das Flugbuch ist während der Pilotentätigkeit mitzuführen.
- Flugstunden können anhand des Flugbuches nachgewiesen werden.
- Mitnahme von Fluggästen ist nur erlaubt, wenn in den vergangenen 90 Tagen 3 Starts und 3 Landungen durchgeführt wurden (sogenannte 90 Tage-Regelung).
- Als anrechenbare Flugzeiten für Erweiterung, Verlängerung, Erneuerung der Pilotenlizenz gelten auch Flugzeiten als Flugschüler, Prüfling, Eingewiesener, Fluglehrer, Einweisender.

Rechtsgrundlage §§ 120,122 und 124 LuftPersV

Selbstkostenflüge

Die gewerbsmäßige Beförderung von Personen oder Sachen durch Luftfahrzeuge ist genehmigungspflichtig. Dies gilt auch dann, wenn als Entgelt für die Beförderung nur die Selbstkosten des Fluges vereinbart werden (Selbstkostenflug). Ausgenommen hiervon ist die Beförderung von Personen in Luftfahrzeugen, die für höchstens 4 Personen zugelassen sind.

Die Genehmigung für Selbstkostenflüge wird von der Landesluftfahrtbehörde erteilt. Bei der Durchführung von genehmigungspflichtigen Selbstkostenflügen hat der Luftfahrzeughalter Aufzeichnungen zu führen, aus denen u.a Flugstrecke, Luftfahrzeug und Kosten je Flugstunde ersichtlich sind.

Zusammenfassung

Selbstkostenflug
- Ein Flug zur Beförderung von Personen oder Sachen, bei dem nur die Selbstkosten in Rechnung gestellt werden.
- Im allgemeinen genehmigungspflichtig.
- Genehmigungsfrei bei Beförderung von Personen in Luftfahrzeugen, die für höchstens 4 Personen zugelassen sind.

Rechtsgrundlage § 20 LuftVG, §§ 69 bis 72 LuftVZO

Kontroll- und Übungsaufgaben

1. Worin besteht der Unterschied zwischen einem Privatluftfahrzeugführer und einem Privatflugzeugführer?

2. Worin besteht der Unterschied zwischen einer Erlaubnis und einer Berechtigung?

3. Welche Unterlagen müssen bei Ausbildungsbeginn und vor Ablegung der Prüfung für die Erlaubnis als Privatluftfahrzeugführer der zuständigen Luftfahrtbehörde des Landes vorgelegt werden?

4. Vor Ablegen der praktischen Prüfung für die Erlaubnis als Privatluftfahrzeugführer muß zuerst die theoretische Prüfung bestanden sein. Ist diese Aussage richtig?

5. Sie üben einen Luftfahrtberuf aus und möchten sich daher von bestimmten Fächern der theoretischen PPL-Prüfung befreien lassen. Ist das möglich?

6. Die Erlaubnis für Privatflugzeugführer (PPL A) berechtigt auch zum Nachtflug. Ist diese Aussage richtig?

7. Sie haben den PPL A erworben. Für welche Luftfahrzeugmuster gilt nun erst einmal der Luftfahrerschein?

8. In welchem Umfang berechtigt der PPL A zu einer berufsmäßigen Tätigkeit als verantwortlicher Pilot?

9. Da Sie Geld sparen wollen, möchten Sie einen Teil der Flugausbildung für den Erwerb der Erlaubnis als Privatflugzeugführer (PPL A) auf selbststartenden Motorseglern durchführen. Ist das möglich?

10. Sie sind im Besitz einer gültigen Erlaubnis für Privatluftfahrzeugführer mit

Beiblatt A und möchten nun zusätzlich die Erlaubnis mit Beiblatt C (Segelflugzeugführer) erwerben. Welche zusätzliche Ausbildung und ggf. Prüfung sind erforderlich?

11. Ein Bewerber für die Erlaubnis für Privatflugzeugführer hat soeben seine praktische Prüfung bestanden. Kann er bereits am nächsten Tag als verantwortlicher Pilot mit einem Flugzeug fliegen?

12. Erlaubnisse für Privatluftfahrzeugführer verlieren nach 24 Monaten ihre Gültigkeit bzw. müssen innerhalb dieser Zeit verlängert werden. Sind für Berechtigungen, z.B. Musterberechtigung, Nachtflugberechtigung, auch Zeiten der Gültigkeit festgelegt?

13. Für den Erwerb einer Nachtflugberechtigung ist eine Prüfung erforderlich. Ist diese Aussage richtig?

14. Wird die Nachtflugberechtigung in den Luftfahrerschein eingetragen?

15. In welchen Fällen ist eine Einweisung in ein Luftfahrzeug und in welchen Fällen ein Vertrautmachen mit einem Luftfahrzeug erforderlich?

16. Sie möchten unmittelbar im Anschluß an den Erwerb der Privatpilotenlizenz eine Musterberechtigung für ein zweimotoriges Flugzeug erwerben. Ist das möglich?

17. Ein Pilot hat vergessen, seine Erlaubnis als Privatluftfahrzeugführer rechtzeitig vor Ablauf der Gültigkeit zu verlängern, die Lizenz ist seit einigen Tagen ungültig. Was kann er tun, um sie zu erneuern?

18. Eine Erlaubnis für Privatflugzeugführer (PPL A) ist seit 6 Jahren abgelaufen. Nun soll die Lizenz erneuert werden. Welche Bedingungen sind dafür zu erfüllen?

19. Welche Unterlagen müssen für eine Verlängerung der Erlaubnis als Privatluftfahrzeugführer der Luftfahrtbehörde des Landes vorgelegt werden?

20. Ein Pilot stellt kurz vor Ablauf der Gültigkeit seiner Erlaubnis als Privathubschrauberführer fest, daß er die für die Verlängerung der Erlaubnis vorgeschriebenen 24 Flugstunden nicht mehr zusammenbekommt. Es fehlen noch 8 Flugstunden. Was kann er tun, damit seine Erlaubnis nicht ungültig wird?

21. Wie wird die Kunstflugberechtigung verlängert?

22. Für Flugzeugführer und Hubschrauberführer wird in das Beiblatt zum Luftfahrerschein die entsprechende Musterberechtigung eingetragen. Im Beiblatt C für Segelflugzeugführer fehlt diese Musterberechtigung. Warum?

23. Die Musterberechtigung für Privatflugzeugführer wird als Sammeleintragung für Luftfahrzeuge, die vom Bundesministerium für Verkehr als gleichwertig anerkannt worden sind, vorgenommen. Woher weiß ein Pilot, welche Luftfahrzeuge als gleichwertig gelten?

24. Ein Pilot mit PPL A hat bislang nur einmotorige Flugzeuge der Marke Piper geflogen. Nun möchte er auf eine Cessna 172 „umsteigen". Sein Beiblatt zum Luftfahrerschein enthält unter Musterberechtigung den Eintrag „einmotorige, kolbengetriebene Landflugzeuge bis 2.000 kg Höchstmasse". Kann der Pilot, nachdem er sich eingehend mit der Cessna 172 anhand des Flughandbuches befaßt hat und sich von einem erfahrenen Fliegerkameraden die Besonderheiten der Cessna 172 hat erklären lassen, nun mit der Cessna 172 fliegen?

25. Wie kann ein Pilot belegen, daß er sich mit einem Flugzeug vertraut gemacht hat?

26. Für den erstmaligen Erwerb einer Musterberechtigung für ein mehrmotoriges Flugzeug ist der Nachweis einer Gesamtflugzeit von 100 Stunden erforderlich. Zählen für die Gesamtflugzeit auch die Flugstunden während der PPL-Ausbildung?

27. Die fliegerärztliche Untersuchung fand am 1. April 1995 statt. Die Prüfung für die Erlaubnis als Privatflugzeugführer (PPL A) wurde am 2. Oktober 1995 erfolgreich abgelegt. Welches Gültigkeitsdatum wird in das Beiblatt A zum Luftfahrerschein eingetragen?

28. Die Erlaubnis für Privatflugzeugführer ist bis zum 1.12.95 gültig. Die fliegerärztliche Untersuchung für die Verlängerung der Erlaubnis wurde am 1.11.95 durchgeführt. Die Unterlagen für die Erlaubnisverlängerung werden rechtzeitig vor dem 1.12.95 bei der Landesluftfahrtbehörde eingereicht. Welches neue Gültigkeitsdatum wird in das Beiblatt eingetragen?

29. Was muß man tun, damit die im Flugbuch eingetragenen Flugstunden für die Verlängerung des Luftfahrerscheins von der Luftfahrtbehörde anerkannt werden?

30. Ein Pilot (PPL A) möchte mit einem 4-sitzigen, einmotorigen Flugzeug für eine Firma regelmäßig Pakete gegen Erstattung der Selbstkosten befördern. Sind diese Flüge genehmigungspflichtig?

Kapitel 8
Flugsicherung

Aufgabe und Organisation

Flugsicherung dient der sicheren, geordneten und flüssigen Abwicklung des Luftverkehrs. Sie wird wahrgenommen von der DFS Deutsche Flugsicherung GmbH sowie an den Militärflugplätzen von militärischen Stellen. Zur Durchführung der Flugsicherungsaufgaben unterhält die DFS verschiedene Dienste, insbesondere den

- Flugverkehrskontrolldienst,
- Fluginformationsdienst,
- Flugalarmdienst,
- Flugberatungsdienst

Den Schwerpunkt der Flugsicherung bildet die Kontrolle von Flügen, vor allem der Flüge nach den Instrumentenflugregeln (IFR-Flüge). Hierfür unterhält die DFS an allen internationalen Verkehrsflughäfen sowie in Karlsruhe (und ab 1996 zusätzlich in Langen bei Frankfurt) Kontrollstellen, von denen aus Flugverkehrslotsen mit Hilfe modernster Technik beinahe den gesamten Luftraum über Deutschland überwachen.

Zur nationalen und internationalen Übermittlung von Nachrichten zwischen den einzelnen Kontrollstellen betreibt die Flugsicherung im Verbund mit den anderen Flugsicherungsorganisationen ein weltumspannendes eigenes Festes Flugfernmeldenetz (engl. Aeronautical Fixed Telecommunication Network, AFTN). Darüber hinaus stellt sie die technischen Einrichtungen für die Navigation, also vor allem Funknavigationsanlagen, zur Verfügung.

Für die Inanspruchnahme von Diensten und Einrichtungen der Flugsicherung werden Kosten (Gebühren) erhoben. Die Strecken- und An- und Abfluggebühren errechnen sich auf der Grundlage der Luftfahrzeuggröße (Startmasse) und der zurückgelegten Strecke. Für VFR-Flüge wird z.Z. nur eine Gebühr für den An- und Abflug an internationalen Verkehrsflughäfen berechnet.

Zusammenfassung

Flugsicherung
- dient der sicheren, geordneten und flüssigen Luftverkehrsabwicklung
- wird wahrgenommen von der DFS Deutsche Flugsicherung GmbH
- wird hauptsächlich durchgeführt durch
  - Flugverkehrskontrolldienst
  - Fluginformationsdienst
  - Flugalarmdienst
  - Flugberatungsdienst.

Flugverkehrskontrolldienst

Unter Flugverkehrskontrolle (FVK, engl. Air Traffic Control Service, ATC) versteht man die Überwachung und Lenkung von Bewegungen im Luftraum und auf den Rollfeldern von Flugplätzen. Durch die Kontrolle sollen vor allem Zusammenstöße zwischen Luftfahrzeugen in der Luft und auf den Rollfeldern sowie Zusammenstöße zwischen Luftfahrzeugen und sonstigen Hindernissen verhindert werden.

Den Luftraum, in dem Flugverkehrskontrolle ausgeübt wird, nennt man kontrollierten Luftraum. Er erstreckt sich über das gesamte Bundesgebiet. In ihm unterliegen alle Flüge nach den Instrumentenflugregeln (IFR-Flüge) der Kontrolle. Flüge nach den Sichtflugregeln (VFR-Flüge) können sich dagegen in weiten Bereichen ohne Kontrolle (unkontrolliert) bewegen.

Flugverkehrskontrolle für den Flugplatzverkehr wird im allgemeinen nur an den Flugplätzen durchgeführt, an denen An- und Abflüge nach den Instrumentenflugregeln zugelassen sind. Diese Flugplätze werden als kontrollierte Flugplätze und der dazugehörige kontrollierte Luftraum als Kontrollzone bezeichnet. An kontrollierten Flugplätzen unterliegt der gesamte Flugplatzverkehr der Kontrolle, d.h. IFR- und VFR-Flüge im Flugplatzbereich und der Verkehr (Luftfahrzeuge, Fahrzeuge, Personen) auf den Start- und Landebahnen sowie Rollbahnen.

Die Flugverkehrskontrolle gliedert sich in

- Bezirkskontrolle (engl. Area Control Service),
- Anflugkontrolle (engl. Approach Control Service),
- Flugplatzkontrolle (engl. Aerodrome Control Service).

Die Bezirkskontrolle wird von den Bezirkskontrollstellen (engl. Area Control Center, ACC) aus durchgeführt und überwacht hauptsächlich die Streckenflüge (Überflüge). Für den an- und abfliegenden Verkehr in der Umgebung der kontrollierten Flugplätze sind die einzelnen Anflugkontrollstellen (engl. Approach Control Office, APP) an den Flugplätzen verantwortlich.

Die Flugplatzkontrolle schließlich erfolgt von der Flugplatzkontrollstelle (engl. Aerodrome Control Tower, TWR) aus. Diese wird allgemein als Turm bzw. Tower bezeichnet und ist als auffälliges Flugplatzgebäude für jedermann sichtbar.

Jede Kontrollstelle überwacht einen genau definierten Luftraumbereich, der meist nochmals in verschiedene Sektoren unterteilt wird. Für jeden Sektor ist mindestens ein Flugverkehrslotse (engl. Air Traffic Controller) zuständig, der über Sprechfunk mit den in seinem Sektor zu überwachenden Luftfahrzeugen in Verbindung steht. Für die Kontrolle eines Luftfahrzeuges ist zu jedem Zeitpunkt nur eine Flugverkehrskon-

trollstelle zuständig. Die einzelnen Kontrollfrequenzen sind im Luftfahrthandbuch und auf den entsprechenden Luftfahrtkarten veröffentlicht.

Alle Kontrollstellen stehen mit den Nachbarstellen in Verbindung, so daß eine kontinuierliche Erfassung und Kontrolle der Flüge gewährleitet ist.

Die Durchführung der Flugverkehrskontrolle umfaßt das Feststellen der Verkehrslage aufgrund der eingehenden Informationen, wie Flugpläne, Radardaten und Standortmeldungen, die Staffelung der Luftfahrzeuge durch Zuweisung von Höhen und Kurse und die Lenkung des Verkehrs zur Gewährleistung eines geordneten und verzögerungsfreien Verkehrsflusses.

Die Staffelung (engl. Separation), d.h. der Sicherheitsabstand zwischen den einzelner Luftfahrzeugen während der Kontrolle, beträgt vertikal mindestens 1.000 ft und lateral mindestens 3 NM.

Wichtige Hilfsmittel bei der Kontrolle sind der Sprechfunk und die darüber erteilten Flugverkehrskontrollfreigaben (engl. Air Traffic Control Clearance). Dank einer hochentwickelten Computer- und Radartechnik ist es möglich, den Fluglotsen auf Radarschirmen ein umfassendes Bild von der aktuellen Luftverkehrslage zu liefern.

Dabei wird die Radardarstellung durch die an Bord der Luftfahrzeuge installierten Sekundärradar-Antwortgeräte (Transponder) aktiv unterstützt.

Zusammenfassung

Flugverkehrskontrolldienst (ATC)
- dient der Überwachung/Lenkung von Flügen im kontrollierten Luftraum sowie von Verkehr auf den Rollfeldern von kontrollierten Flugplätzen,
- überwacht vor allem den IFR-Verkehr.

VFR-Flüge unterliegen nur in einigen Teilen des kontrollierten Luftraums der Flugverkehrskontrolle.

ATC - Air Traffic Control Service (Flugverkehrskontrolle)
ACC - Aera Control Center (Bezirkskontrollstelle)
APP - Approach Control Office (Anflugkontrollstelle)
TWR - Aerodrome Control Tower (Flugplatzkontrollstelle)

Rechtsgrundlage §§ 4 bis 8 FSBetrV

Fluginformationsdienst

Der Fluginformationsdienst (engl. Flight Information Service, FIS) gibt Piloten Informationen und Hinweise, die für die sichere, geordnete und flüssige Durchführung von Flügen erforderlich sind; eine Kontrolle bzw. Staffelung von Luftfahrzeugen findet nicht statt. Fluginformationsdienst steht allen Flügen, also sowohl IFR- wie auch VFR-Flügen, kontrollierten wie auch unkontrollierten Flügen, innerhalb der festgelegten Fluginformationsgebiete (engl. Flight Information Region, FIR; siehe hierzu Kapitel 9) zur Verfügung.

Grundsätzlich wird der Fluginformationsdienst von allen Flugsicherungskontrollstellen ausgeübt. Zur besseren Unterstützung vor allem von VFR-Flügen befinden sich jedoch in den einzelnen Bezirkskontrollstellen und in einigen Anflugkontrollstellen für die internationalen Verkehrsflughäfen besondere mit Radar ausgerüstete FIS-Arbeits-

plätze, von denen aus nur Fluginformationsdienst für VFR-Flüge in deutscher Sprache (auch Englisch möglich) durchgeführt wird. Die einzelnen FIS-Bereiche mit den entsprechenden Funkrufzeichen und Sprechfunkfrequenzen sind auf allen Luftfahrtkarten sowie auf einer speziellen Übersichtskarte im AIP VFR dargestellt (siehe Abb. 10).

Der Fluginformationsdienst erteilt auf Anfrage des Piloten gezielte Informationen über

- die besondere Nutzung des Luftraums, z.B. Luftfahrtveranstaltungen, Fallschirmabsprünge, Kunstflüge, Segelflugwettbewerbe, militärische Übungen, Flugbeschränkungsgebiete,
- Einschränkungen in der Benutzbarkeit von Funknavigationsanlagen, Flugplätzen und deren Anlagen,
- Wettermeldungen, insbesondere Strecken-, Lande- und Sonderwettermeldungen, Höhenwindvorhersagen, besondere Wettererscheinungen,
- anderen Luftverkehr (Verkehrsinformationen).

Darüber hinaus werden vom Fluginformationsdienst Flugpläne, Startmeldungen, Landemeldungen und Meldungen, welche die Sicherheit der Luftfahrt betreffen (Gefahrenmeldungen) entgegengenommen und an die entsprechenden Stellen weitergeleitet (z.B. an den Flugberatungsdienst).

Weiterhin ist FIS zuständig für die Ausstrahlung von Flugrundfunksendungen (Informationen an alle) wie SIGMETs, ATIS und Meldungen über Gefährdungen und Beschränkungen für den Luftverkehr, die kurzfristig auftreten und nicht rechtzeitig veröffentlicht werden konnten (z.B. Luftnotfälle, Treibstoffschnellablaß, Katastropheneinsätze).

Abb. 10: FIS-Gebiete, Karte aus AIP VFR (Quelle DFS).

FIS – Sektoren, Frequenzen und Rufzeichen
FIS   Sectors, Frequencies and Callsigns

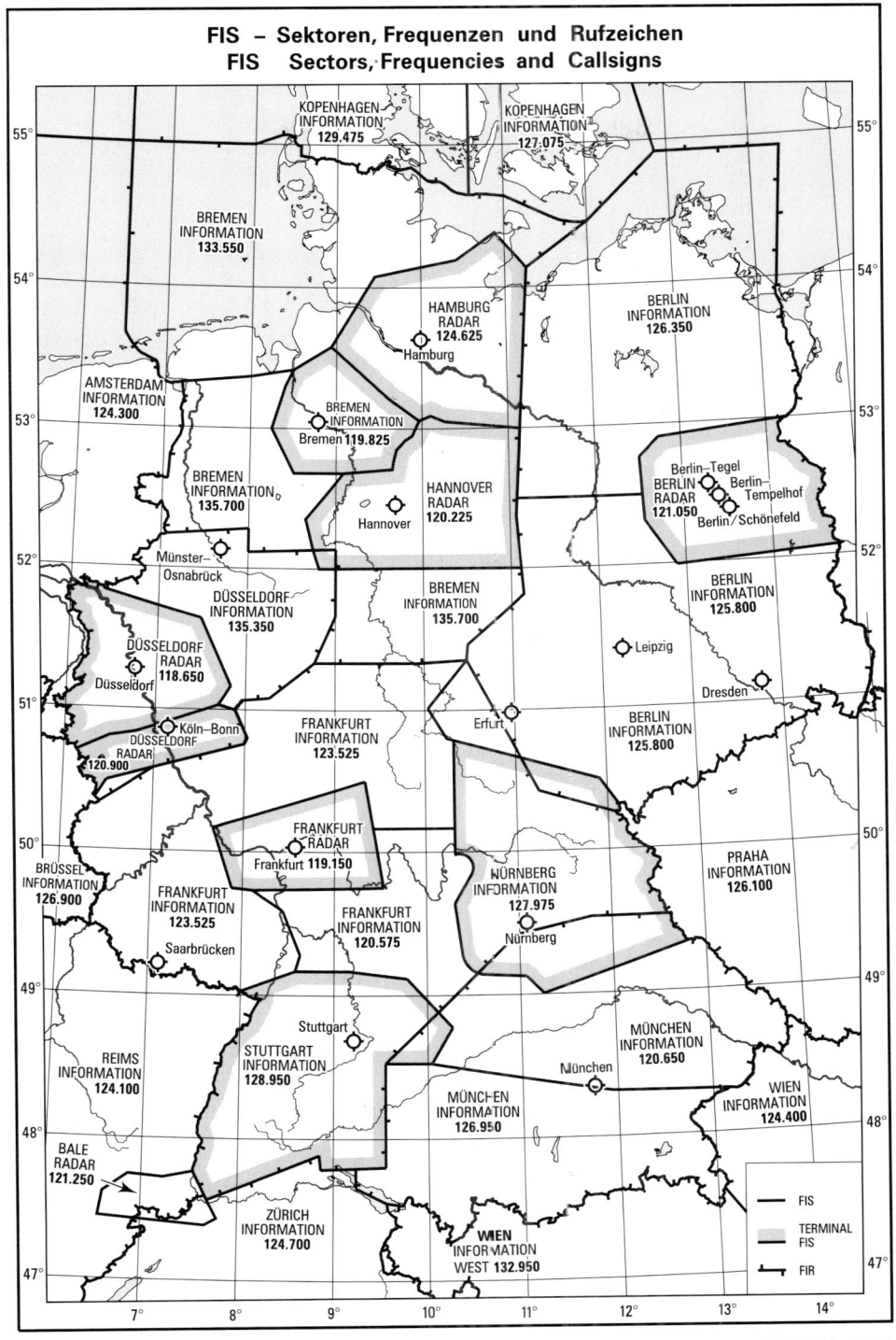

KOPENHAGEN INFORMATION **129.475**

KOPENHAGEN INFORMATION **127.075**

BREMEN INFORMATION **133.550**

HAMBURG RADAR **124.625**
Hamburg

BERLIN INFORMATION **126.350**

AMSTERDAM INFORMATION **124.300**

BREMEN INFORMATION
Bremen **119.825**

BREMEN INFORMATION **135.700**

HANNOVER RADAR **120.225**
Hannover

Berlin–Tegel
BERLIN RADAR **121.050**   Berlin–Tempelhof
Berlin/Schönefeld

Münster–Osnabrück

DÜSSELDORF INFORMATION **135.350**

BREMEN INFORMATION **135.700**

BERLIN INFORMATION **125.800**

DÜSSELDORF RADAR **118.650**
Düsseldorf

Leipzig

Dresden

DÜSSELDORF RADAR **120.900**

Köln–Bonn

FRANKFURT INFORMATION **123.525**

Erfurt

BERLIN INFORMATION **125.800**

BRÜSSEL INFORMATION **126.900**

FRANKFURT RADAR
Frankfurt **119.150**

FRANKFURT INFORMATION **123.525**
Saarbrücken

FRANKFURT INFORMATION **120.575**

NÜRNBERG INFORMATION **127.975**
Nürnberg

PRAHA INFORMATION **126.100**

REIMS INFORMATION **124.100**

STUTTGART INFORMATION **128.950**

Stuttgart

MÜNCHEN INFORMATION **126.950**

München

MÜNCHEN INFORMATION **120.650**

WIEN INFORMATION **124.400**

BALE RADAR **121.250**

ZÜRICH INFORMATION **124.700**

WIEN INFORMATION WEST **132.950**

— FIS
 TERMINAL FIS
 FIR

DFS DEUTSCHE FLUGSICHERUNG GMBH   **11 MAY 1995**

SIGMETs sind besonders signifikante (gefährliche) Wettererscheinungen (engl. Significant Meteorological Phenomena), wie Gewitter, Turbulenzen, Vereisung, Gebirgswellen und Vulkanaschewolken. Die Abkürzung „ATIS" steht für „Automatic Terminal Information Service", d.h. automatische Ausstrahlung von Start- und Landeinformationen.

Die Ausstrahlung von ATIS erfolgt an den meisten internationalen Verkehrsflughäfen über festgelegte UKW-Frequenzen und dient speziell der Versorgung der an- und abfliegenden Piloten mit Lande- und Startinformationen. Die benutzte Sprache ist ausschließlich Englisch.

Die Aufnahme der Sprechfunkverbindung mit einer FIS-Stelle ist freiwillig. Das Funkrufzeichen ist im allgemeinen „INFORMATION", in einigen Fällen „RADAR", z.B. „BERLIN INFORMATION", „DÜSSELDORF RADAR". Bei der Sprechfunkaufnahme sollte der Pilot folgende Daten übermitteln: Funkrufzeichen des Luftfahrzeuges, Abflug- und Bestimmungsort, Standort, Flughöhe und beabsichtigte Flugstrecke. Auch wenn die Sprechfunkaufnahme mit FIS freiwillig ist, so darf man nicht vergessen, sich vor Verlassen der FIS-Frequenz bei der entsprechenden FIS-Stelle abzumelden.

Der Fluginformationsdienst der Flugsicherung ist nicht zu verwechseln mit dem Flugplatzinformationsdienst an Flugplätzen ohne Flugverkehrskontrollstelle (unkontrollierte Flugplätze). Dieser wird im allgemeinen - im Unterschied zum Fluginformationsdienst - mit „INFO" gerufen (siehe hierzu Kapitel 12).

Zusammenfassung

Fluginformationsdienst (FIS)
- erteilt Informationen und Hinweise für die Durchführung von Flügen,
- wird für VFR-Flüge von speziellen FIS-Arbeitsplätzen aus durchgeführt,
- steht allen Piloten während des Fluges zur Verfügung.

Rechtsgrundlage §§ 12 bis 14 FSBetrV, Betriebsanweisung für die Flugverkehrskontrolle, Bekanntmachung der DFS

Flugalarmdienst

Der Flugalarmdienst (engl. Alerting Service) der Flugsicherung benachrichtigt die für die Durchführung des Such- und Rettungsdienstes (engl. Search and Rescue, SAR) für Luftfahrzeuge zuständigen Stellen über den notwendigen Einsatz des Such- und Rettungsdienstes und unterstützt diese Stellen (s. hierzu auch Kapitel 3). Flugalarmdienst wird allen Flügen zur Verfügung gestellt, denen eine Flugverkehrskontrollfreigabe erteilt wurde oder die der Flugverkehrskontrolle anderweitig bekannt geworden sind.

Zur Durchführung des Flugalarmdienstes sind international drei Alarmstufen festgelegt worden:

- Ungewißheitsstufe (engl. Uncertainty Phase, INCERFA)
- Bereitschaftsstufe (engl. Alert Phase, ALERFA)
- Notstufe (engl. Distress Phase, DETRESFA).

Die Ungewißheitsstufe ist gegeben, wenn

- innerhalb von 30 Minuten nach einer fälligen Meldung keine Nachricht über das Luftfahrzeug eingegangen ist oder

- ein Luftfahrzeug innerhalb von 30 Minuten nach der vorgesehenen Ankunftszeit, die der Flugverkehrskontrolle übermittelt wurde, oder nach der von der Flugverkehrskontrolle errechneten späteren Ankunftszeit noch nicht angekommen ist.

Die Bereitschaftsstufe ist zu erklären, wenn

- die in der Ungewißheitsstufe eingeleiteten Nachforschungen ergebnislos verlaufen sind oder
- ein Luftfahrzeug eine Flugverkehrskontrollfreigabe für die Landung erhalten hat und nicht innerhalb von 5 Minuten nach der voraussichtlichen Landezeit gelandet ist und keine Sprechfunkverbindung mehr besteht oder eine Meldung über die Beeinträchtigung der Betriebssicherheit des Luftfahrzeuges eingegangen ist, ohne daß eine Notlandung erforderlich wird, oder
- ein Luftfahrzeug von einem widerrechtlichen Eingriff betroffen oder bedroht ist.

Die Notstufe wird ausgerufen, wenn

- die in der Bereitschaftsstufe angestellten Versuche, die Sprechfunkverbindung wieder herzustellen, ergebnislos verlaufen sind und weitere Nachforschungen auf die Wahrscheinlichkeit hinweisen, daß das Luftfahrzeug sich in einer Notlage befindet, oder
- der mitgeführte Treibstoffvorrat als verbraucht oder für die sichere Beendigung des Fluges als unzureichend angesehen werden muß, oder
- eine Meldung vorliegt, nach der die Betriebssicherheit eines Luftfahrzeuges derart beeinträchtigt ist, daß eine Notlandung wahrscheinlich ist, oder
- eine Meldung vorliegt oder die Wahrscheinlichkeit besteht, daß das Luftfahrzeug eine Notlandung durchgeführt hat.

Die hier genannten Maßnahmen im Rahmen des Flugalarmdienstes sind zu beenden, wenn bekannt wird, daß das Luftfahrzeug weder von schwerer unmittelbarer Gefahr bedroht ist noch sofortiger Hilfeleistung bedarf.

Zusammenfassung

Flugalarmdienst
- benachrichtigt und unterstützt den Such- und Rettungsdienst
- steht für alle bekannten Flüge zur Verfügung

Rechtsgrundlage §§ 15 und 16 FSBetrV, Betriebsanweisung für die Fluverkehrskontrolle

Flugberatungsdienst

Aufgabe des Flugberatungsdienstes (engl. Aeronautical Information Service, AIS) ist vor allem

- die Sammlung, Auswertung und Bekanntmachung von Nachrichten, die für eine sichere, geordnete und flüssige Durchführung von Flügen notwendig sind;
- die Entgegennahme, Prüfung und Weiterleitung von Flugplänen;
- die Beratung der Piloten bei der Flugvorbereitung.

Über die an den internationalen Verkehrsflughäfen eingerichteten Flugberatungsstellen kann sich jeder Pilot vor dem Flug beraten lassen (persönlich, telefonisch). Die Beratungsstellen halten alle Informationen nicht nur für die Durchführung von Flügen in Deutschland, sondern darüber hinaus für viele ausländische Staaten bereit.

Für die Durchführung von IFR-Flügen ist grundsätzlich eine Flugberatung bei einer Flugberatungsstelle vorgeschrieben. Für VFR-Flüge gilt die Beratungspflicht nur für die (wenigen) Fälle, bei denen auch für einen VFR-Flug ein Flugplan aufzugeben ist (siehe hierzu Kapitel 12).

Zusammenfassung

Flugberatung (AIS)
- dient der Beratung der Piloten vor dem Flug,
- ist Pflicht bei Flügen, für die Flugplanaufgabe vorgeschrieben ist,
- steht allen Piloten zur Verfügung.

Rechtsgrundlage §§17 bis 20 FSBetrV, Betriebsanweisung für den Flugdatenbearbeitungsdienst, Bekanntmachung der DFS

Transponderschaltung

Die bei der Flugsicherung eingesetzten Radarsysteme dienen beinahe auschließlich der Überwachung und Kontrolle des nach den Instrumentenflugregeln (IFR) operierenden Flugverkehrs. Die Erkennung und Darstellung von nach den Sichtflugregeln (VFR) fliegenden Luftfahrzeugen spielte bislang nur eine untergeordnete Rolle. Aufgrund der zunehmenden Dichte des Luftverkehrs besteht allerdings die Forderung, VFR-Flüge auf den Radarbildschirmen besser darzustellen.

Deshalb ist auch für diese Flüge eine Ausrüstung mit einem Sekundärradar-Antwortgerät, einem Transponder, vorzuschreiben. Zur Zeit besteht die Pflicht zur Transponderausrüstung nur für bestimmte VFR-Flüge (siehe hierzu Kapitel 6).

Grundsätzlich darf der Transponder nur nach Aufforderung eines Fluglotsen geschaltet werden. Abweichend von dieser Regel soll bei VFR-Flügen mit motorgetriebenen Luftfahrzeugen oberhalb von 5.000 ft MSL oder oberhalb von 3.500 ft GND (wobei der höhere Wert maßgebend ist) der Transponder unaufgefordert, d.h. ohne Funkkontakt mit der Flugsicherungskontrollstelle, auf Code 0022 (Modi A und C) eingestellt werden. Zusätzlich wird empfohlen, bei VFR-Flügen unterhalb dieser Flughöhe (ausgenommen bei Flügen in der Platzrunde) den Transponder auf Code 0021 (Modi A und C) zu schalten (siehe Abb. 11).

Durch diese Maßnahme wird zwar die Luftlagedarstellung auf den Radarbildschirmen verbessert, eine Kontrolle der betreffenden VFR-Flüge findet aber nicht statt, zumal zu diesen Flügen u.U. kein Funkkontakt besteht.

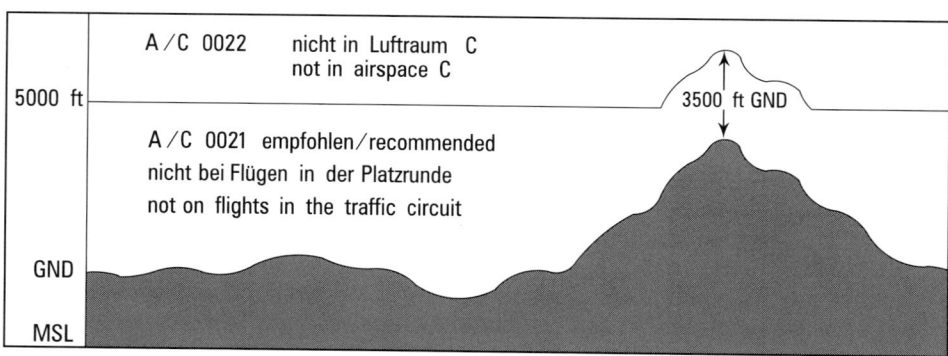

Abb. 11: Transponderschaltung für VFR-Flüge mit motorgetriebenen Luftfahrzeugen (Quelle DFS).

Alle Luftfahrzeuge senden den gleichen Code (Gruppencode) aus und geben sich dadurch als Gruppe der nach VFR fliegenden Luftfahrzeuge zu erkennen. Um welches Luftfahrzeug es sich im einzelnen handelt, ist nicht ersichtlich (weitere Erläuterungen hierzu siehe Band 3 „Funknavigation" der Privatpiloten Bibliothek).

Für Luftnotfälle sind die folgenden Transponder-Codes international festgelegt:

- 7500 Entführung
- 7600 Funkausfall
- 7700 Notfall.

Diese Codes dürfen selbstverständlich ohne Aufforderung der Flugsicherung geschaltet werden.

Zusammenfassung

Der Transponder darf generell nur auf Anordnung der Flugsicherung geschaltet werden, ausgenommen:

- Code 0022 für VFR-Flüge oberhalb 5.000 ft MSL / 3.500 ft GND
- Code 0021 für VFR-Flüge in/unterhalb 5.000 ft MSL / 3.500 ft GND (Empfehlung)
- Spezielle Codes für Luftnotfälle

Rechtsgrundlage: Bekanntmachung der DFS

Kontroll- und Übungsaufgaben

1. Hauptaufgabe der Flugsicherung ist die Durchführung der Flugverkehrskontrolle. Welche Flüge werden überwiegend kontrolliert?

2. Was ist der Unterschied zwischen einem kontrollierten Flugplatz und einem unkontrollierten Flugplatz?

3. Wo befinden sich die einzelnen Kontrollstellen der DFS Deutsche Flugsicherung GmbH?

4. Der Fluginformationsdienst und der Flugberatungsdienst geben beide Hinweise und Informationen an die Piloten zur sicheren Durchführung von Flügen. Worin besteht der wesentliche Unterschied zwischen beiden Diensten?

5. Wo findet man die Funkfrequenzen, über die man FIS rufen kann?

6. Ein Pilot wohnt in Flensburg und möchte sich bei der für ihn zuständigen Flugberatungsstelle telefonisch beraten lassen. Welche Flugberatungsstelle ist für ihn zuständig?

7. Ein Pilot plant einen VFR-Flug von Aachen nach Tunis. Er möchte sich über die luftrechtlichen Regelungen und Bedingungen in Tunesien informieren. Kann ihm der Flugberatungsdienst weiterhelfen?

8. Welche Kontrollstellen der Flugsicherung führen den Flugalarmdienst aus?

9. Ein Pilot hat versäumt, sich vor dem Flug über den zu schaltenden Transponder-Code bei VFR-Flügen zu informieren. Er ruft daher während des Fluges FIS und bittet um Erläuterung der Transponderschaltung. Wird FIS diese Auskunft erteilen?

10. Sie möchten Dresden ATIS abhören. Wo finden Sie die Frequenz?

Kapitel 9
Luftraumordnung

Einführung

Nach § 1 Luftverkehrsgesetz (LuftVG) ist die Benutzung des Luftraums durch Luftfahrzeuge frei, soweit sie nicht durch dieses Gesetz und durch die zu seiner Durchführung erlassenen Rechtsvorschriften beschränkt wird.

Die hohe Luftverkehrsdichte und die unterschiedlichen Interessen der Luftverkehrsteilnehmer erfordern in der Tat eine Vielzahl von Beschränkungen bzw. Regelungen, um das Neben- und Miteinander der verschiedenen Luftverkehrsteilnehmer zu ermöglichen und die Sicherheit im Luftraum zu gewährleisten.

Ein wichtiges Mittel zur Regelung des Luftverkehrs ist die Festlegung einer Luftraumordnung, insbesondere die Einteilung des Luftraums in verschiedene Klassen. Sie wird im wesentlichen geprägt durch den Grad der Mischung zwischen Flügen nach den Instrumentenflugregeln (IFR-Flüge) und Flügen nach den Sichtflugregeln (VFR-Flüge).

Um Zusammenstöße zwischen den kontrollierten IFR-Flügen und den meist unkontrollierten VFR-Flügen zu vermeiden, müssen bei der Durchführung von VFR-Flügen bestimmte, in den Sichtflugregeln festgelegte Mindestsichten und Abstände von Wolken eingehalten werden.

Luftraumordnung und Sichtflugregeln stehen also in unmittelbarem Zusammenhang. Beide sind Bestandteil der Luftverkehrs-Ordnung (LuftVO) und bilden zusammen mit den anderen Vorschriften in der LuftVO die Luftverkehrsregeln.

Zusammenfassung

Luftraumordnung
- ist ein wesentliches Mittel zur Regelung des Luftverkehrs,
- ist beschrieben in den §§ 10 und 11 LuftVO und den dazu veröffentlichten Bekanntmachungen,
- wird vom Bundesministerium für Verkehr festgelegt.

Fluginformationsgebiete

Ein Fluginformationsgebiet (engl. Flight Information Region, FIR) ist ein Luftraum, in dem für alle Luftverkehrsteilnehmer Fluginformationsdienst (engl. Flight Information Service, FIS) und Flugalarmdienst (engl. Alerting Service) zur Verfügung stehen.

Der deutsche Luftraum ist eingeteilt in:

5 Fluginformationsgebiete
(engl. Flight Information Region, FIR)
- Berlin FIR
- Bremen FIR
- Düsseldorf FIR
- Frankfurt FIR
- München FIR

3 Obere Fluginformationsgebiete (engl. Upper Flight Information Region, UIR)
- Berlin UIR
- Hannover UIR
- Rhein UIR.

Die 5 Fluginformationsgebiete erstrecken sich vom Erdboden (engl. Ground, GND) bis Flugfläche 245 (engl. Flight Level, FL), die 3 Oberen Fluginformationsgebiete von FL 245 nach oben unbegrenzt (engl. Unlimited, UNL).

Abb. 12: Fluginformationsgebiete (FIR) in Deutschland.

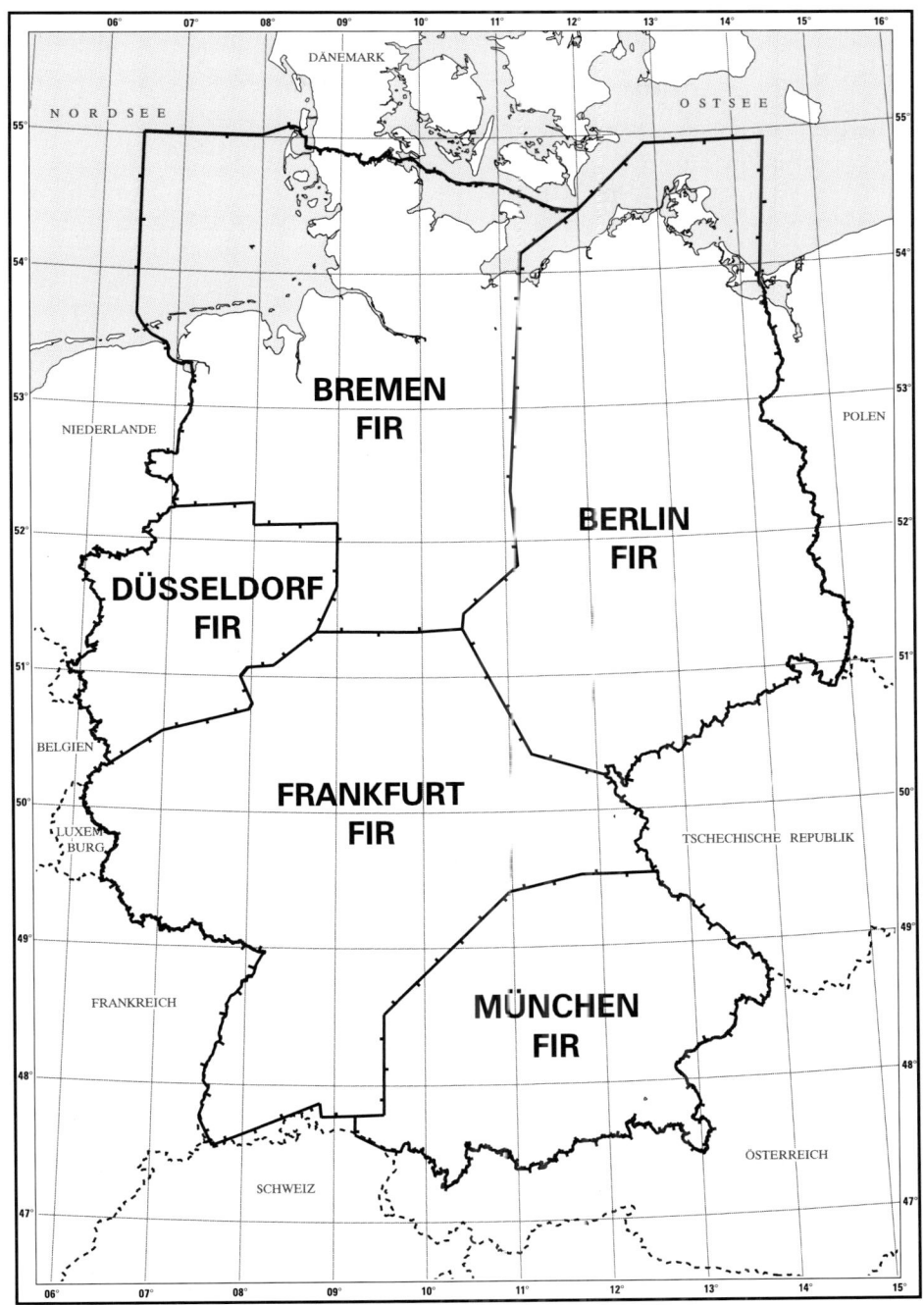

Alle Mitgliedsstaaten der ICAO haben über ihrem Territorium ein oder mehrere Fluginformationsgebiete eingerichtet, so auch die an Deutschland angrenzenden Staaten. In der Regel sind die seitlichen Grenzen von Fluginformationsgebieten mit den Landesgrenzen identisch. Es gibt jedoch auch Ausnahmen. So erstrecken sich z.B. kleine Teile der französischen und schweizerischen Fluginformationsgebiete über deutsches Hoheitsgebiet.

Die seitlichen und vertikalen Begrenzungen der Fluginformationsgebiete und die Sprechfunkfrequenzen, über die der Pilot den Fluginformationsdienst rufen kann, sind im Luftfahrthandbuch und auf den Luftfahrtkarten veröffentlicht.

Zusammenfassung

Fluginformationsgebiet/Flight Information Region (FIR)
- Ein Luftraum, in dem für alle Luftverkehrsteilnehmer Fluginformationsdienst (FIS) und Flugalarmdienst durchgeführt wird.
- Untergrenze: GND
- Obergrenze: FL 245 bzw. UNL

Rechtsgrundlage § 10 LuftVO, Bekanntmachung des BMV

Kontrollierter Luftraum

Innerhalb der Fluginformationsgebiete gibt es kontrollierten und unkontrollierten Luftraum. Der Luftraum, in dem die Flugsicherung Flugverkehrskontrolle (engl. Air Traffic Control, ATC) ausübt, wird als kontrollierter Luftraum bezeichnet (engl. Controlled Airspace). Innerhalb des kontrollierten Luftraums werden alle Flüge nach den Instrumentenflugregeln (IFR-Flüge) durch den Flugverkehrskontrolldienst kontrolliert und gestaffelt, d.h. so geführt, daß zwischen den einzelnen Luftfahrzeugen immer ausrei-

chender Sicherheitsabstand vorhanden ist. Flüge nach den Sichtflugregeln (VFR-Flüge) unterliegen dagegen nur in einigen Teilen des kontrollierten Luftraums der Flugverkehrskontrolle.

Aufgrund der großen Luftverkehrsdichte über der Bundesrepublik Deutschland ist der größte Teil des Luftraumes innerhalb der FIRs und UIRs als kontrollierter Luftraum festgelegt. Lediglich in einem kleinen Bereich über der Nordsee sowie im unteren Höhenband ist der Luftraum unkontrolliert. Im unkontrollierten Luftraum (engl. Uncontrolled Airspace) wird kein Flugverkehrskontrolldienst durchgeführt.

Der kontrollierte Luftraum erstreckt sich generell von 2.500 ft GND bis nach oben unbegrenzt. Im Bereich der von der Flugsicherung kontrollierten Flugplätze ist die Untergrenze des kontrollierten Luftraums in Stufen auf 1.700 ft GND und 1.000 ft GND abgesenkt. Im Bereich der unmittelbar um die kontrollierten Flugplätze liegenden Kontrollzonen reicht die Untergrenze bis zum Erdboden.

Kontrollzonen (engl. Control Zone, CTR) sind besondere Teile des kontrollierten Luftraums. Sie dienen vor allem dem Schutz des nach Instrumentenflugregeln an- und abfliegenden Luftverkehrs an Flugplätzen.

Sie sind also nur um die Flugplätze herum eingerichtet, die über Instrumentenan- und abflugverfahren verfügen und von der Flugsicherung kontrolliert werden (kontrollierte Flugplätze).

Alle Flüge innerhalb von Kontrollzonen unterliegen der Flugverkehrskontrolle und bedürfen einer Flugverkehrskontrollfreigabe durch die Flugsicherung.

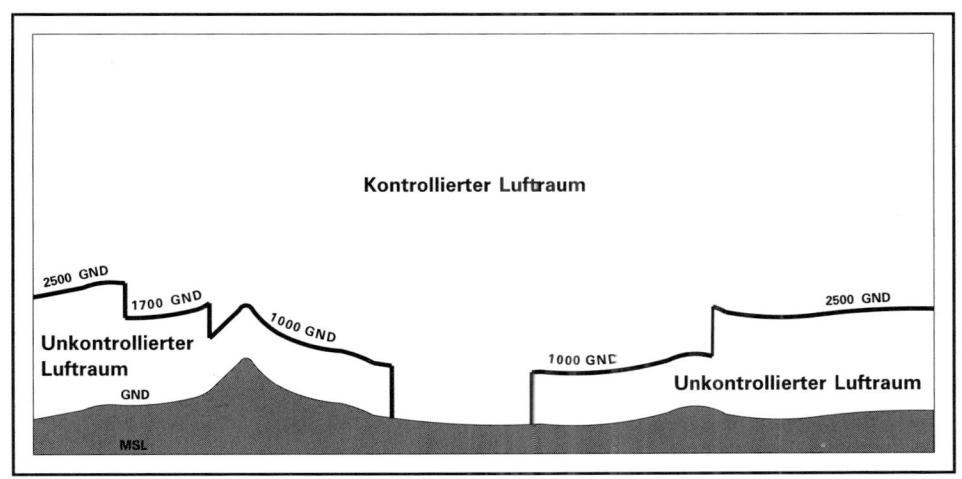

Abb. 13: Der Luftraum ist in kontrollierten und unkontrollierten Luftraum eingeteilt.

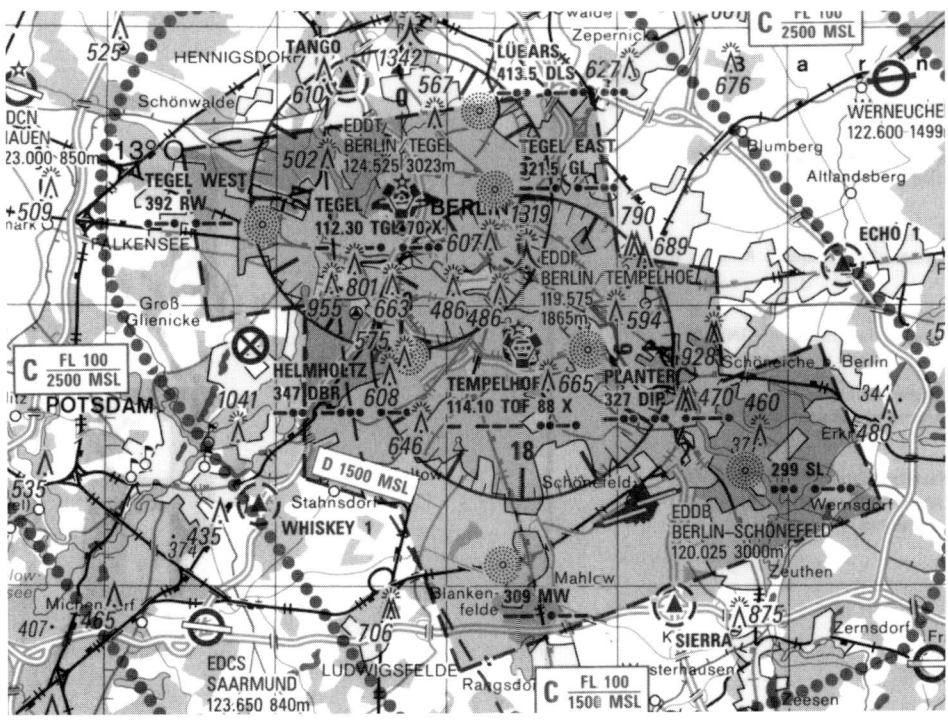

Abb. 14: Kontrollzone Berlin, dargestellt auf der Luftfahrtkarte ICAO 1:500.000. Die Angabe „1.500 MSL" gibt die Kontrollzonenobergrenze an (Quelle DFS).

Kontrollzonen beginnen am Boden (engl. Ground, GND) und erstrecken sich bis zu einer Höhe von etwa 1.000 bis 2.500 ft GND, je nach Art und Umfang des Flugverkehrs. Die Obergrenzen werden allerdings nicht in ft GND sondern in ft MSL veröffentlicht. Das erleichtert den Piloten die Bestimmung der beim Überflug einer Kontrollzone zu beachtenden Flughöhe.

Die seitliche Ausdehnung einer Kontrollzone richtet sich nach der Lage der Start- und Landebahnen und nach den festgelegten An- und Abflugwegen. Die Breite beträgt in den meisten Fällen mindestens 6 NM, die Länge reicht von nur 6 NM bis zu über 15 NM. Liegen mehrere kontrollierte Flugplätze in enger Nachbarschaft, dann kann es zu einer Zusammenlegung mehrerer Kontrollzonen zu einer großen gemeinsamen Kontrollzone kommen, wie es das Beispiel Berlin in Abb. 14 zeigt. Die Kontrollzone Berlin überdeckt die drei Berliner Verkehrsflughäfen Tegel, Tempelhof und Schönefeld.

Bestimmte Bereiche des kontrollierten Luftraums wurden früher als Kontrollbezirk (engl. Control Area, CTA) und Nahverkehrsbereich (engl. Terminal Area, TMA) bezeichnet. Im Zuge der Einführung der Luftraumklassen im Jahr 1993 wurden diese Bezeichnungen in Deutschland abgeschafft. Im Ausland werden sie noch teilweise verwendet.

Zusammenfassung

Kontrollierter Luftraum/Controlled Airspace
- Luftraum, in welchem Flugverkehrskontrolle durchgeführt wird
- Flächendeckend über dem gesamten Bundesgebiet
- Untergrenzen: GND (in Kontrollzonen), 1.000 ft GND, 1.700 ft GND, 2.500 ft GND
- Obergrenze: Unbegrenzt

Kontrollzone/Control Zone (CTR)
- Besonderer Teil des kontrollierten Luftraums um Flugplätze mit Flugverkehrskontrolle
- Untergrenze: GND
- Obergrenze: ca. 1.000 ft bis 2.500 ft GND (festgelegt in ft MSL)

Unkontrollierter Luftraum/Uncontrolled Airspace
- Luftraum ohne Flugverkehrskontrolle
- Unterhalb des kontrollierten Luftraums, kleiner Teil über der Nordsee

Rechtsgrundlage § 10 LuftVO, Bekanntmachung des BMV

Luftraumklassifizierung

Durch die Einteilung des Luftraums in kontrollierten Luftraum und unkontrollierten Luftraum wird nur festgelegt, in welchen Teilen des Luftraums die Flugsicherung Flugverkehrskontrolle ausübt (und in welchen nicht).

Welche Flüge im Luftraum überhaupt gestattet sind, für welche Flüge Flugverkehrskontrolle durchgeführt wird und unter welchen Bedingungen in welche Teile des Luftraums eingeflogen werden darf, wird erst durch die Einteilung des Luftraums in verschiedene Luftraumklassen festgelegt.

Gemäß ICAO kann man den Luftraum in insgesamt 7 verschiedene Klassen, bezeichnet mit Buchstaben von A bis G, einteilen. Luftraum Klasse A bis E ist kontrollierter, Klasse F und G unkontrollierter Luftraum.

unkontrollierter Luftraum
Kontrollierte Luft...

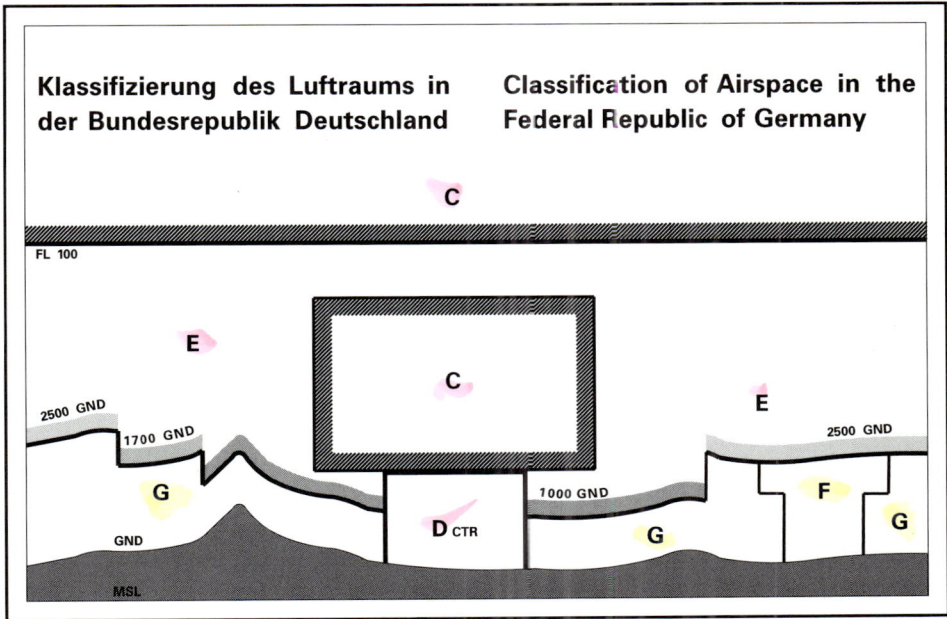

Klassifizierung des Luftraums in der Bundesrepublik Deutschland

Classification of Airspace in the Federal Republic of Germany

Abb. 15: Luftraumklassifizierung in Deutschland.

Luftraum Klasse A ist IFR-Flügen vorbehalten, im Luftraum Klasse B bis G sind IFR-Flüge und VFR-Flüge gestattet.

Für VFR-Flüge sind in den verschiedenen Lufträumen bestimmte Mindestwetterbedingungen festgelegt (siehe Kapitel 10 „Sichtflugregeln").

Für die einzelnen Luftraumklassen gelten folgende Bedingungen:

Luftraum Klasse A
- IFR-Flüge erlaubt, VFR-Flüge nicht erlaubt;
- Staffelung aller Flüge durch Flugverkehrskontrolle;

Lufraum Klasse B
- IFR- und VFR-Flüge erlaubt;
- Staffelung aller Flüge durch Flugverkehrskontrolle;

- Mindestwetterbedingungen für VFR-Flüge vorgeschrieben;

Luftraum Klasse C
- IFR- und VFR-Flüge erlaubt;
- Staffelung IFR-Flüge/IFR-Flüge und IFR-Flüge/VFR-Flüge durch Flugverkehrskontrolle;
- Verkehrsinformationen an VFR-Flüge über andere VFR-Flüge, Ausweichempfehlungen auf Anfrage;
- Mindestwetterbedingungen für VFR-Flüge vorgeschrieben;

Luftraum Klasse D
- IFR- und VFR-Flüge erlaubt;
- Staffelung IFR-Flüge/IFR-Flüge durch Flugverkehrskontrolle;
- Verkehrsinformationen an IFR-Flüge über VFR-Flüge, Ausweichempfehlungen auf Anfrage;

- Verkehrsinformationen an VFR-Flüge über IFR-Flüge und andere VFR-Flüge;
- Mindestwetterbedingungen für VFR-Flüge vorgeschrieben;

Luftraum Klasse E
- IFR- und VFR-Flüge erlaubt;
- Staffelung IFR-Flüge/IFR-Flüge durch Flugverkehrskontrolle;
- ansonsten Verkehrsinformationen, soweit möglich;
- Mindestwetterbedingungen für VFR-Flüge vorgeschrieben;

Luftraum Klasse F
- IFR- und VFR-Flüge erlaubt;
- Staffelung IFR-Flüge/IFR-Flüge soweit möglich durch Flugverkehrsberatungsdienst;
- Mindestwetterbedingungen für VFR-Flüge vorgeschrieben;

Luftraum Klasse G
- IFR- und VFR-Flüge erlaubt, jedoch im deutschen Luftraum abweichend von ICAO nur VFR-Flüge erlaubt;
- keine Staffelung;
- Mindestwetterbedingungen für VFR-Flüge vorgeschrieben.

Von den 7 möglichen Luftraumklassen werden in Deutschland zur Zeit nur die Klassen C, D und E für den kontrollierten Luftraum und F und G für den unkontrollierten Luftraum wie folgt angewendet:

Luftraum Klasse C
- Der gesamte kontrollierte Luftraum in und oberhalb FL 100, mit Ausnahme eines Bereiches entlang der Alpen, dort beginnt der Luftraum C erst in FL 130.
- Lufträume (unter/bis FL 100) in der Umgebung der großen internationalen Verkehrsflughäfen (z.Z. Berlin, Bremen, Düsseldorf, Frankfurt, Hamburg, Hannover, Köln/Bonn, München, Stuttgart).

Sie erstrecken sich vertikal von der Obergrenze der jeweils darunter liegenden Kontrollzone bis maximal FL 100. Die seitliche Ausdehnung ist, abhängig vom Verkehrsaufkommen und den festgelegten IFR-An- und Abflugverfahren, verschieden groß gestaltet.

Luftraum Klasse D
- Alle Kontrollzonen (Im Ausland werden sie z.T. auch als Luftraum Klasse C eingestuft, z.B. Kontrollzone Twenthe an der niederländisch-deutschen Grenze).

Luftraum Klasse E
- Der gesamte kontrollierte Luftraum unter FL 100 (bzw. unter FL 130 im Alpenbereich), soweit nicht als Klasse C (Bereich um die großen internationalen Verkehrsflughäfen) oder Klasse D (Kontrollzonen) klassifiziert.

Luftraum Klasse F
- Unkontrollierter Luftraum um bestimmte unkontrollierte Flugplätze mit IFR-Verkehr (z.B. Schwäbisch Hall).
- Unkontrollierter Luftraum über einem Teil der Nordsee.

Luftraum Klasse G
- Der gesamte unkontrollierte Luftraum unterhalb Luftraum Klasse E und F (außerhalb von Kontrollzonen).

Nach der deutschen Luftraumklassifizierung können Flüge nach Sichtflugregeln (VFR-Flüge) im unkontrollierten (F, G) und im kontrollierten Luftraum (C, D, E) durchgeführt werden. Für den Einflug in die Lufträume Klasse E, F und G ist keine besondere Genehmigung nötig, allerdings müssen die Mindestwetterbedingungen gegeben sein. Für die Lufträume C und D sind vor dem Einflug eine Flugverkehrskontrollfreigabe von der Flugsicherung einzuholen und zusätzliche Bedingungen einzuhalten (s. Kapitel 10).

VFR-Flüge

- sind in allen in Deutschland festgelegten Luftraumklassen (C, D E, F, G) erlaubt, vorausgesetzt, die Sichtflugregeln (Mindestwetterbedingungen) können eingehalten werden,
- erfordern in Lufträumen Klasse C und D eine Flugverkehrskontrollfreigabe,
- werden in Lufträumen Klasse C zu IFR-Flügen gestaffelt.

Rechtsgrundlage § 10 LuftVO, Anlage 4 und 5 zur LuftVO, Bekanntmachung des BMV

Luftsperrgebiete

Ein Luftsperrgebiet (engl. Prohibited Area) ist ein Luftraum, für den absolutes Durchflugverbot besteht. Obwohl die Luftverkehrs-Ordnung (LuftVO) die Möglichkeit der Einrichtung eines Luftsperrgebietes vorsieht, wurde in Deutschland davon bislang kein Gebrauch gemacht. Andere Staaten haben dagegen Luftsperrgebiete, meist aus militärischen Gründen oder aus Gründen der nationalen Sicherheit, eingerichtet.

Luftsperrgebiete werden mit dem Buchstaben „P" (für „Prohibited") gekennzeichnet. Ein deutsches Luftsperrgebiet würde mit der Kennung ED-P und einer Nummer bezeichnet werden.

Zusammenfassung

Luftsperrgebiet/Prohibited Area (ED-P)
- Ein Luftraum, der nicht durchflogen werden darf.
- In Deutschland ist z.Z. kein Luftsperrgebiet festgelegt.

Rechtsgrundlage § 26 LuftVG, § 11 LuftVO

Gebiete mit Flugbeschränkungen

Zum Schutz des Luftverkehrs vor besonderen Gefahren im Luftraum, aber auch zum Schutz von besonderen Einrichtungen am Boden sind in Deutschland, wie auch in anderen Staaten, eine große Anzahl von Gebieten mit Flugbeschränkungen (engl. Restricted Area) eingerichtet worden. In den meisten Flugbeschränkungsgebieten finden militärische Übungen (z.B. Schießen, Fallschirmabsprünge, Übungsflüge) statt.

Die seitlichen und vertikalen Begrenzungen der Gebiete richten sich nach Art und Umfang dieser Aktivitäten und sind daher sehr unterschiedlich. So gibt es z.B. Flugbeschränkungsgebiete mit einer Obergrenze von nur 2.000 ft MSL, aber auch solche mit einer Obergrenze bis zu 60.000 ft MSL.

Gebiete mit Flugbeschränkungen dürfen nur durchflogen werden, soweit es die Beschränkungen zulassen. In der Praxis heißt dies, daß die meisten Flugbeschränkungsgebiete während ihrer Aktivierung nicht durchflogen werden können (Ausnahmen siehe Luftfahrthandbuch). Da am Wochenende viele militärische Aktivitäten ruhen, sind zahlreiche Flugbeschränkungsgebiete nur für den Zeitraum von Montag bis Freitag eingerichtet worden.

Deutsche Flugbeschränkungsgebiete werden mit der von der ICAO zugeteilten Kennung „ED", dem Buchstaben „R" für „Restricted" (beschränkt) und einer Nummer bezeichnet, z.B. ED-R 74 (siehe Abb. 16). Dabei sind den einzelnen Bundesländern Gruppen von Nummern so zugeordnet worden, daß die Nummern der Flugbeschränkungsgebiete von Nord nach Süd größer werden.

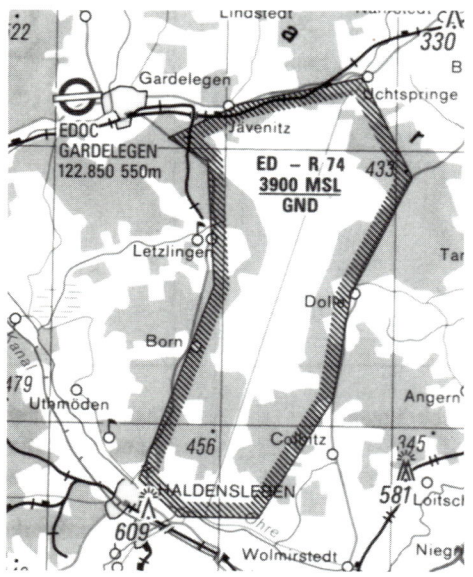

Abb. 16: Gebiet mit Flugbeschränkung, dargestellt auf der Luftfahrtkarte ICAO 1:500.000. Das hier gezeigte Gebiet ED-R 74 reicht von GND bis 3.900 ft MSL (Quelle DFS).

Einige Flugbeschränkungsgebiete sind mit der Abkürzung „TRA" besonders gekennzeichnet, z.B. ED-R202(TRA). Die Abkürzung „TRA" steht für „Temporary Reserved Airspace" und bezeichnet ein Flugbeschränkungsgebiet, in dem von Montag bis Freitag Übungsflüge mit militärischen Jets durchgeführt werden.

Zusammenfassung

Gebiet mit Flugbeschränkung/Restricted Area (ED-R)
- Ein Luftraum, der nur durchflogen werden darf, soweit es die Beschränkungen zulassen.

Rechtsgrundlage § 26 LuftVG, § 11 LuftVO, Bekanntmachung des BMV

Gefahrengebiete

Gefahrengebiete (engl. Danger Area) entsprechen vom Charakter her einem Gebiet mit Flugbeschränkung. Auch in ihnen finden militärische Übungen (vorwiegend Schießen - Boden/Luft, Luft/Boden, Luft/Luft - Luftkampfübungen) statt. Sie liegen aber ausschließlich außerhalb des Hoheitsgebietes der Bundesrepublik Deutschland über der Nord- und Ostsee.

Der Durchflug durch ein Gefahrengebiet kann aus luftrechtlichen Gründen nicht verboten werden, ein Durchflug ist aber ohne Frage mit erheblichen Gefahren verbunden. Es empfiehlt sich daher, die im Luftfahrthandbuch veröffentlichten Aktivierungszeiten zu beachten.

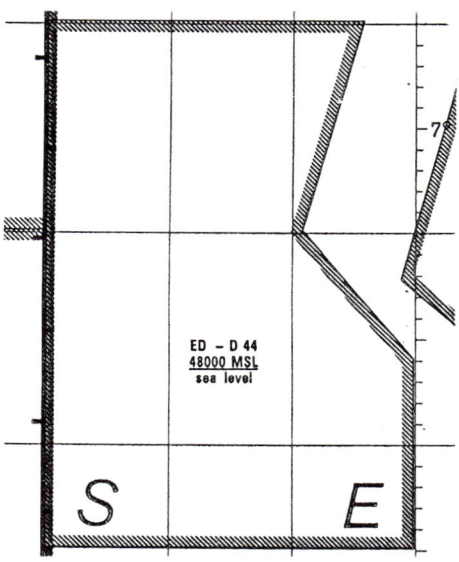

Abb. 17: Gefahrengebiet, dargestellt auf der Luftfahrtkarte ICAO 1:500.000. Das hier gezeigte Gebiet ED-D 44 liegt über der Nordsee und reicht von Meeresspiegel (engl. Sea Level) bis 48.000 ft MSL (Quelle DFS).

Auch ist vor Einflug in ein Gefahrengebiet mit den im Luftfahrthandbuch genannten Stellen bzw. mit dem Fluginformationsdienst (FIS) Kontakt aufzunehmen.

Ein deutsches Gefahrengebiet wird mit der Kennung ED-D (D für Danger/Gefahr) und einer Nummer bezeichnet, z.B. ED-D 44 (Abb. 17).

Zusammenfassung

Gefahrengebiet/Danger Area (ED-D)
- Ein Luftraum, für den zwar kein Durchflugverbot besteht, der Durchflug aber mit erheblichen Gefahren verbunden ist.

Rechtsgrundlage § 29 LuftVG, Bekanntmachung der DFS

Segelflug- beschränkungsgebiete

Zur Vermeidung von Zusammenstößen bzw. Annäherungen zwischen Segelflugzeugen und an- und abfliegenden Luftfahrzeugen ist der Segelflugbetrieb um die Verkehrsflughäfen Nürnberg und Stuttgart durch dort eingerichtete Segelflugbeschränkungsgebiete (engl. Glider Restriction Area) eingeschränkt. Innnerhalb der Segelflugbeschränkungsgebiete ist der Segelflugbetrieb (bis auf wenige Ausnahmen für den örtlichen Segelflug) untersagt.

Die Untergrenzen der beiden Segelflugbeschränkungsgebiete sind verschieden hoch, die Obergrenzen einheitlich auf FL 100 festgelegt. Die Segelflugbeschränkungsgebiete gelten nur tagsüber, also von 30 Minuten vor Sonnenaufgang (engl. Sunrise, SR) bis 30 Minuten nach Sonnenuntergang (engl. Sunset, SS).

Zusammenfassung

Segelflugbeschränkungsgebiet/Glider Restriction Area
- Ein Luftraum, in dem der Segelflugbetrieb eingeschränkt ist.

Rechtsgrundlage § 10 LuftVO, Bekanntmachung der DFS

Identifizierungszone

Entlang der Grenzen zu Polen und Tschechien besteht eine sogenannte Identifizierungszone (engl. Identification Zone). Sie erstreckt sich vom Erdboden bis nach oben unbegrenzt und soll eine Identifizierung von Luftfahrzeugen im grenzüberschreitenden Verkehr ermöglichen.

Zivile, mit Transponder ausgerüstete Luftfahrzeuge mit einer wahren Eigengeschwindigkeit (engl. True Airspeed, TAS) von weniger als 150 kt dürfen nach den Sichtflugregeln (VFR) ohne Beschränkungen in die Identifizierungszone einfliegen.

Zusammenfassung

Identifizierungszone/Identification Zone
- Luftraum entlang der Grenzen zu Polen und Tschechien zur Identifikation von grenzüberschreitenden Luftverkehr
- Untergrenze: GND
- Obergrenze: Unbegrenzt

Rechtsgrundlage § 11 LuftVO, Bekanntmachung des BMV

Flugplatzverkehrszone

Eine Flugplatzverkehrszone (engl. Aerodrome Traffic Zone, ATZ) ist ein um einen Flugplatz oder um mehrere Flugplätze gemeinsam zum Schutz des Flugplatzverkehrs festgelegter Luftraum. Luftverkehrsteilnehmer, welche an einem mit einer ATZ geschützten Flugplatz nicht landen wollen, sollen die ATZ um- bzw. überfliegen. Mit der Einrichtung einer ATZ ist keine Flugverkehrskontrolle verbunden.

In Deutschland ist seit vielen Jahren keine ATZ mehr eingerichtet worden. Auch im Ausland ist diese Art Luftraum nur selten zu finden.

Zusammenfassung

Flugplatzverkehrszone/Aerodrome Traffic Zone (ATZ)
● Ein Luftraum zum Schutz des Flugplatzverkehrs.
● In Deutschland ist z.Z. keine ATZ festgelegt.

Rechtsgrundlage § 22 LuftVO

Gebiete mit besonderen Aktivitäten

Ein Gebiet mit besonderen Aktivitäten (engl. Special Activitiy Area) ist ein vorübergehehend festgelegter Luftraum, in dem außergewöhnliche Sichtflugaktivitäten stattfinden wie z.B. militärische Übungen, Luftfahrtveranstaltungen oder Segelflugwettbewerbe. Nicht an diesen Aktivitäten teilnehmende Piloten sollten diese Gebiete meiden.

Zusammenfassung

Gebiet mit besonderen Aktivitäten/Special Activity Area
● Vorübergehend festgelegter Luftraum für besondere Sichtflugaktivitäten.

Rechtsgrundlage § 29 LuftVG, Bekanntmachung der DFS

Flugverkehrsstrecken

Zur Durchführung von IFR-Flügen sind innerhalb des kontrollierten Luftraums eine Vielzahl von Flugverkehrsstrecken (engl. Air Traffic Services Routes, abgekürzt: ATS-Routes) sowie An- und Abflugverfahren festgelegt. Das gesamte Streckennetz ist auf der Streckenkarte 1:1.000.000 sowie auf den IFR-An- und Abflugkarten im Luftfahrthandbuch dargestellt.

Für VFR-Flüge sind keine Flugverkehrsstrecken festgelegt bzw. vorgeschrieben, d.h., VFR-Flüge können sich unter Beachtung der Sichtflugregeln und der anderen Luftverkehrsregeln im Luftraum „frei" bewegen. Allerdings wird verlangt, daß bei VFR-Flügen im Luftraum Klasse C oberhalb FL 100 und bei VFR-Flügen bei Nacht im kontrollierten Luftraum der Flug entlang der veröffentlichten Flugverkehrsstrecken geplant und nach Möglichkeit auch durchgeführt wird.

Bei VFR-Flügen an kontrollierten Flugplätzen sind die festgelegten Sichtan- und -abflugverfahren, an unkontrollierten Flugplätzen die festgelegten Platzrunden zu befolgen (siehe Kapitel 12). Diese sind auf den im Luftfahrthandbuch AIP VFR für die einzelnen Flugplätze veröffentlichten Karten dargestellt.

Zusammenfassung

Flugverkehrsstrecken gelten nur für IFR-Flüge.

Ausnahmen:
- VFR-Flüge im Luftraum Klasse C in/oberhalb FL 100
- VFR-Flüge bei Nacht im kontrollierten Luftraum

Tiefflug

Tagtiefflug

Tiefflüge (engl. Military Low Level Flights) mit militärischen Strahlflugzeugen (Jets) können tagsüber über dem gesamten Hoheitsgebiet der Bundesrepublik Deutschland stattfinden (beinahe flächendeckend).

Sie werden überwiegend nach Sichtflugregeln durchgeführt und sind an keine festen Strecken gebunden.

Für Tagtiefflüge wird vor allem der Luftraum zwischen 1.500 und 1.000 ft GND, in geringem Umfang bis hinunter auf 500 ft und 250 Ft GND genutzt.

Militärische Tiefflüge am Tage unterhalb 1.500 ft GND werden durchgeführt:

- von Montag bis Freitag (ausgenommen Feiertage) von 30 Minuten vor Sonnenaufgang (SR-30), jedoch nicht vor 0600 UTC (0500 UTC, Sommerzeit), bis 30 Minuten nach Sonnenuntergang (SS+30), jedoch nicht nach 1600 UTC (1500 UTC, Sommerzeit)
- im unkontrollierten Luftraum Klasse G bei einer Flugsicht von mindestens 5 km und 500 ft Abstand von Wolken
- im kontrollierten Luftraum Klasse E sowie im unkontrollierten Luftraum Klasse F nach den dort geltenden Sichtflugregeln

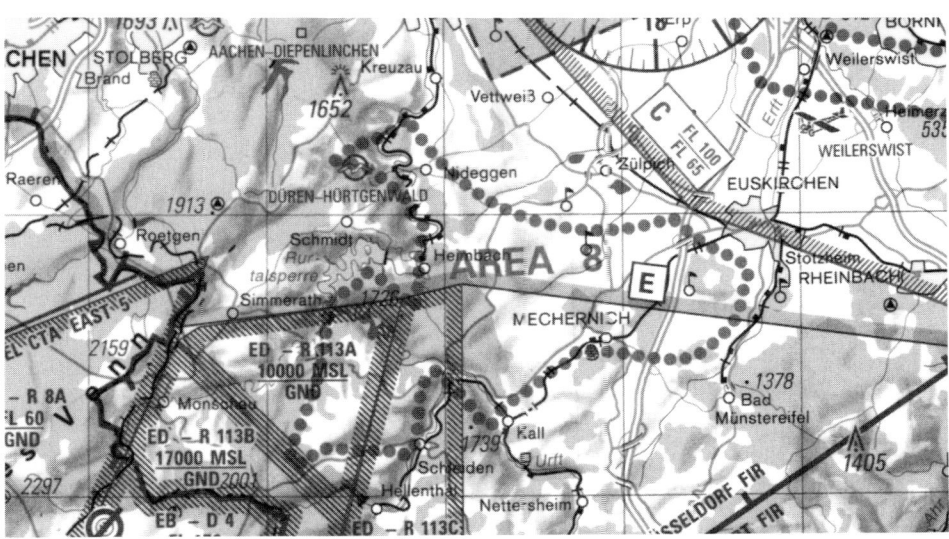

Abb. 18: 250 ft - Tieffluggebiet (hier Area 8), dargestellt auf der Luftfahrtkarte ICAO 1:500.000 (Quelle DFS).

Tagtiefflüge in einer Mindestflughöhe von 250 ft GND werden nur in den auf der ICAO-Luftfahrtkarte 1:500.000 dargestellten 250 ft-Tieffluggebieten (engl. 250 ft- Low Flying Areas) zu folgenden Zeiten durchgeführt:

● 0800 UTC (0700 UTC, Sommerzeit) bis 1130 UTC (1030 UTC, Sommerzeit) und
● 1230 UTC (1130 UTC, Sommerzeit) bis 1600 UTC (1500 UTC, Sommerzeit).

Dabei werden die Tieffluggebiete wie folgt genutzt:

● montags Tieffluggebiet 1 (Blatt Hannover)
● dienstags Tieffluggebiet 2 (Blatt Hannover)
● mittwochs Tieffluggebiet 3 (Blatt Hannover)
● donnerstags Tieffluggebiet 5 (Blatt Hamburg)
● freitags Tieffluggebiet 6 (Blatt Hamburg)

Die Tieffluggebiete 7 und 8 werden bis auf weiteres nicht genutzt.

Im Zusammenhang mit militärischen Übungen sind Abweichungen von den oben genannten Tiefflugbereichen und Zeiten möglich. Diese werden rechtzeitig veröffentlicht (NfL, AIP-SUP, VFR-Bulletin).

Nachttiefflug

Nachttiefflüge finden nicht flächendeckend, sondern auf definierten Nachttiefflugstrecken (engl. Night Low Level Routes) in festgelegten Flughöhen bei allen Wetterlagen statt.

Zusätzlich werden unterhalb der Nachttiefflugstrecken sogenannte Konturflüge in 1.000 ft GND durchgeführt. Die Zeiten für Nachttiefflüge sind wie folgt festgelegt:

● Montag bis Freitag (ausgenommen Feiertage) von 30 Minuten nach Sonnenuntergang bis Mitternacht (2300 UTC bzw. 2200 UTC während der Sommerzeit).

Tiefflugschutzzonen

Zum Schutz des Flugplatzverkehrs hat das Luftwaffenamt an besonders hoch frequentierten Flugplätzen Schutzzonen eingerichtet.

Diese haben in der Regel eine Ausdehnung von 2 NM um den Flugplatzbezugspunkt und eine Obergrenze von 1.500 ft GND. Sie dürfen von militärischen Jets nicht durchflogen werden.

Tiefflugschutzzonen können je nach Bedarf ständig, periodisch (beispielsweise nur im Sommer) oder zeitlich befristet eingerichtet sein.

Eine Liste der eingerichteten Schutzzonen ist im Luftfahrthandbuch AIP VFR zu finden.

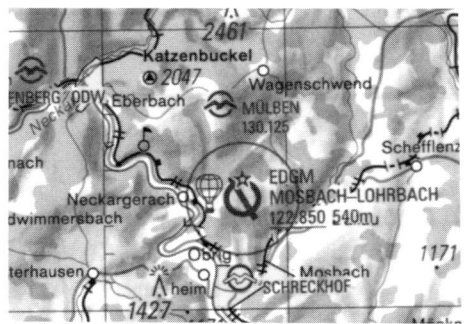

Abb. 19: Tiefflugschutzzone (hier um den Verkehrslandeplatz Mosbach-Lohrbach), dargestellt auf der Luftfahrtkarte ICAO 1:500.000 (Quelle DFS).

Zusammenfassung

Tagtiefflug
- Montag - Freitag
- 1.500 ft - 1.000 ft GND (500 ft GND) flächendeckend
- 250 ft GND in Tieffluggebieten

Nachttiefflug
- Montag - Freitag (bis Mitternacht)
- auf festgelegten Nachttiefflugstrecken
- zusätzlich Konturflüge in 1.000 ft GND

Rechtsgrundlage Bekanntmachung des BMV

Zeitliche Wirksamkeit von Lufträumen

Die kontrollierten als auch die unkontrollierten Lufträume sind meistens als permanente Lufträume eingerichtet worden, d.h., sie gelten täglich 24 Stunden (abgekürzte Schreibweise „H24").

Da an einigen, meist militärischen Flugplätzen der IFR-Flugbetrieb am Wochenende ruht, werden (abweichend von der H24-Regelung) die dazugehörigen Kontrollzonen und die sie umgebenden Lufträume Klasse E von 1.000 ft bzw. 1.700 ft GND bis 2.500 ft GND ebenfalls am Wochenende deaktiviert. Der Luftraum ist dann unkontrolliert (Luftraum Klasse G), und es gelten bis zum darüberliegenden Luftraum Klasse E die geringeren Mindestwetterbedingungen für VFR-Flüge (vgl. Abb. 22). Zu beachten ist jedoch, daß eine außerplanmäßige Aktivierung bzw. Deaktivierung dieser Lufträume jederzeit möglich ist. Sie wird in der Regel mit NOTAM bzw. in den Ergänzungen zum Luftfahrthandbuch (AIP SUP) bekanntgemacht. Eine ähnliche Regelung gilt auch für Lufträume Klasse F in der Umgebung von unkontrollierten Flugplätzen, da der Luftraum F nur wirksam ist, wenn IFR-An- und Abflüge an diesen Flugplätzen stattfinden.

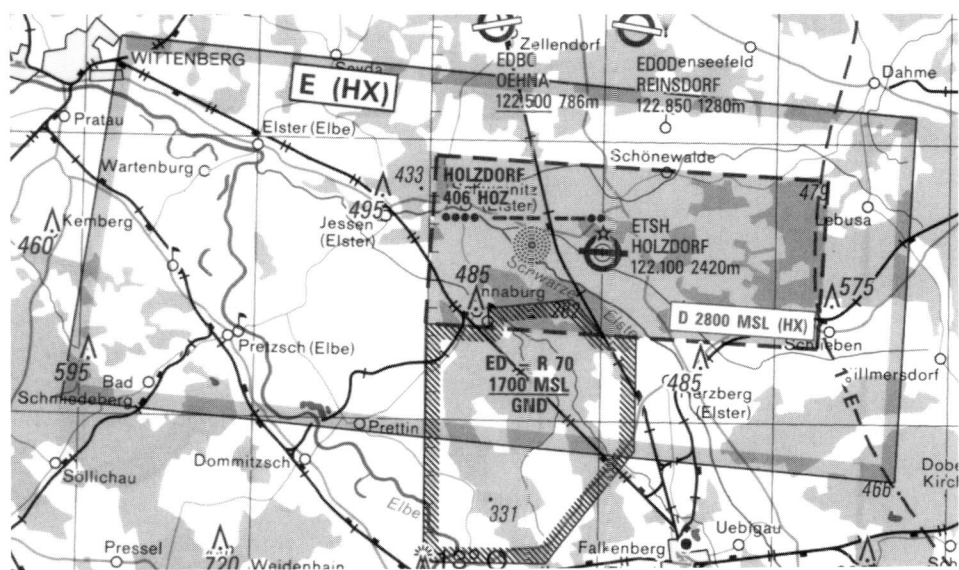

Abb. 20: HX-Lufträume Klasse D und E (hier um den Militärflugplatz Holzdorf), dargestellt auf der Luftfahrtkarte ICAO 1:500.000 (Quelle DFS).

127

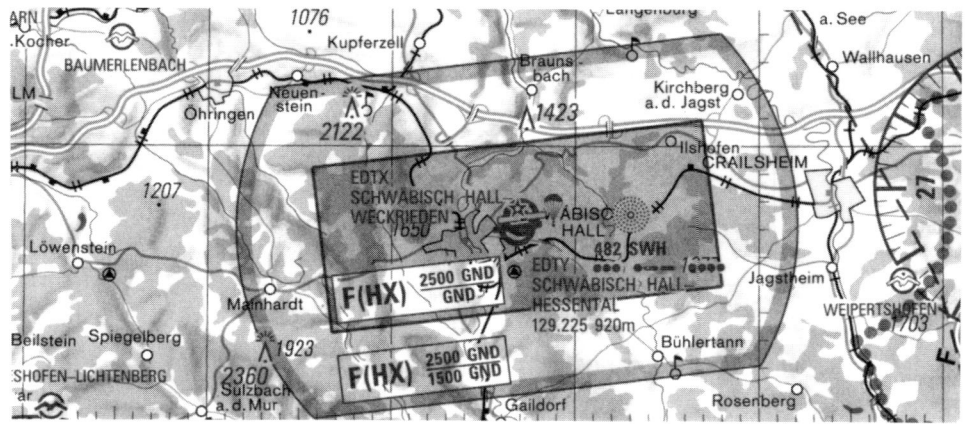

Abb. 21: Luftraum Klasse F (hier um den Verkehrslandeplatz Schwäbisch-Hall), dargestellt auf der Luftfahrtkarte ICAO 1:500.000. Da der Luftraum F nur aktiv ist, wenn IFR-An-/-Abflüge stattfinden, ist er mit der Abkürzung "HX" gekennzeichnet (Quelle DFS).

Damit der Pilot die Lufträume (D, E, F), die nicht ständig wirksam sind, erkennt, werden diese auf den Luftfahrtkarten mit den Buchstaben „HX" besonders gekennzeichnet. Außerdem sind im Luftfahrthandbuch, Teil RAC, die einzelnen Aktivierungszeiten der Lufträume veröffentlicht. Piloten sollen sich vor Einflug in mit „HX" markierte Lufträume beim zuständigen Fluginformationsdienst oder bei den Bodenfunkstellen der betreffenden zivilen Flugplätze über den aktuellen Status dieser Lufträume informieren. Piloten, die auf diese Überprüfung verzichten, haben solche Lufträume als aktiv zu betrachten.

Da die meisten militärischen Aktivitäten am Wochenende ruhen, sind viele der festgelegten Flugbeschränkungsgebiete (ED-Rs) und Gefahrengebiete (ED-Ds) nur für den Zeitraum von Montag bis Freitag eingerichtet worden. Anders als bei den oben genannten HX-Lufträumen können diese ohne weitere Nachfrage außerhalb der im Luftfahrthandbuch veröffentlichten Zeiten durchflogen werden.

Sollte aus bestimmten Gründen die Aktivierung eines Flugbeschränkungs- oder Gefahrengebietes über die im Luftfahrthandbuch veröffentlichten Zeiten hinaus erforderlich werden (z.B. wegen einer militärischen Übung), so wird dies der Luftfahrt rechtzeitig bekanntgegeben.

Auch innerhalb der festgelegten Betriebszeiten der ED-Rs und ED-Ds finden nicht immer Aktivitäten statt. Piloten können sich über den Fluginformationsdienst (FIS) bzw. über die im Luftfahrthandbuch bei den einzelnen Gebieten angegebenen Stellen über die Aktivitäten informieren und im Einzelfall eine Freigabe zum Durchflug anfordern (weitere Einzelheiten hierzu siehe Luftfahrthandbuch).

Abb. 22: Bei Deaktivierung der HX-Lufträume Klasse D, E oder F gelten die Regeln des Luftraums Klasse G bis zum darüberliegenden Luftraum Klasse E (Quelle DFS).

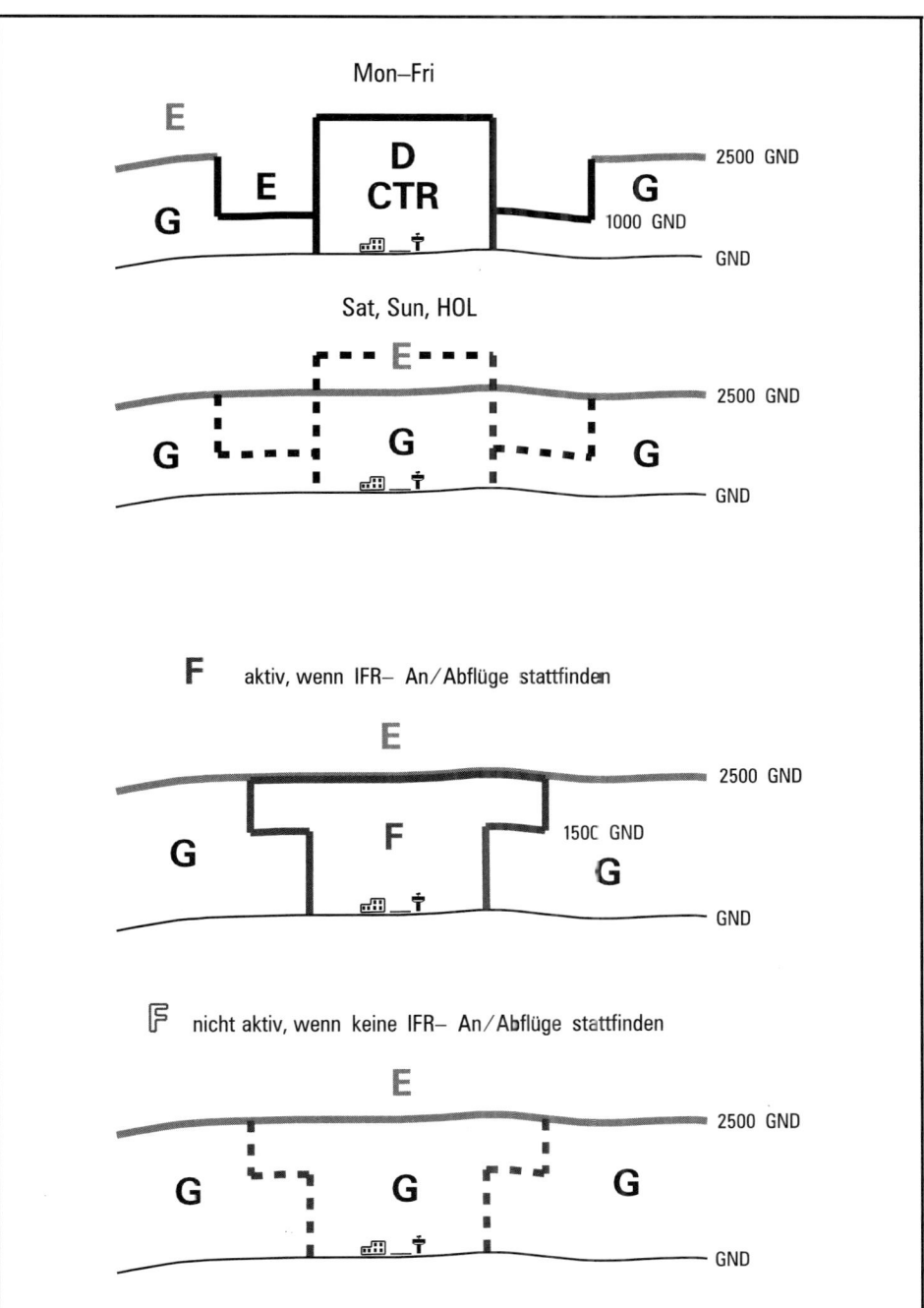

129

Zusammenfassung

HX-Lufträume
- Einige Kontrollzonen
- Teile von Luftraum Klasse E unter 2.500 ft GND
- Luftraum Klasse F um unkontrollierte Flugplätze

HX-Lufträume sind nicht permanent aktiv. Nachfrage über Deaktivierung bei FIS bzw. entsprechender Bodenfunkstelle erforderlich.

Viele ED-Rs/ED-Ds sind am Wochenende nicht aktiv. Sie können dann ohne Nachfrage durchflogen werden.

Rechtsgrundlage Bekanntmachungen des BMV und der DFS

Darstellung der Lufträume

Alle hier genannten Lufträume wie Fluginformationsgebiete, kontrollierte und unkontrollierte Lufträume, Flugbeschränkungsgebiete usw. sind im Luftfahrthandbuch im Detail beschrieben (Name, seitliche/vertikale Begrenzungen, zeitliche Wirksamkeit, Beschränkungen) und auf den entsprechenden Luftfahrtkarten, vor allem auf der Luftfahrtkarte ICAO 1:500.000 und der Streckenkarte 1:1.000.000, dargestellt.

Da der kontrollierte Luftraum Klasse E grundsätzlich in 2.500 ft GND beginnt, werden auf den Karten nur die Teile des kontrollierten Luftraums besonders hervorgehoben, die abweichende Untergrenzen haben. So sind die Lufträume Klasse E, die in 1.000 ft GND beginnen, mit einem roten Band, die in 1.700 ft GND beginnen, mit einem blauen Band umrandet dargestellt. Kontrollzonen, als besondere Teile des kontrollierten Luftraums, werden durch rote Rasterflächen auffällig markiert. Kontrollierte Lufträume Klasse C um internationale Verkehrsflughäfen sind durch eine grüne Umrandung gekennzeichnet. Lufträume Klasse F um unkontrollierte Flugplätze werden durch blaue Umrandung und blaue Rasterflächen besonders hervorgehoben.

Damit kein Zweifel über die Klassifizierung des jeweiligen Luftraums besteht, sind die einzelnen kontrollierten Lufträume zusätzlich mit Buchstaben entsprechend den Luftraumklassen versehen. Soweit erforderlich stehen bei den einzelnen Lufträumen die festgelegten Unter- und Obergrenzen sowie die Rufzeichen der Bodenfunkstellen.

Flugbeschränkungsgebiete und Gefahrengebiete werden auf Luftfahrtkarten mit blau schraffiertem Band umrandet dargestellt und enthalten Angaben über Bezeichnung (z.B. ED-R 21) sowie über Unter- und Obergrenzen.

Die Luftfahrtkarte ICAO 1:500.000 zeigt zusätzlich die 250 ft-Tieffluggebiete (rote Punkt-Linie) mit Angabe der Nummer (z.B. „Area 3") und darüber hinaus die um einige Flugplätze festgelegten Tiefflugschutzzonen (roter Kreis).

Das Nachttiefflugstrecken-System ist nur auf der Streckenkarte 1:1.000.000 dargestellt.

Zusammenfassung

- Alle bei VFR-Flügen bis FL 100 zu beachtenden Lufträume sind auf der Luftfahrtkarte ICAO 1:500.000 sowie auf anderen Sichtflugkarten (z.B. Sichtanflugkarten) dargestellt.
- Zusätzliche Angaben zu den Lufträumen, soweit sie für die Durchführung von VFR-Flügen von Interesse sind, befinden sich im Luftfahrthandbuch AIP VFR.

Kontroll- und Übungsaufgaben

1. Wer legt in Deutschland Lufträume für die Luftfahrt fest?

2. Welche Bedeutung hat ein Fluginformationsgebiet für die Durchführung von VFR-Flügen?

3. Was versteht man unter dem kontrollierten Luftraum?

4. Warum hat man für den kontrollierten Luftraum verschiedene Untergrenzen (2.500 ft, 1.700 ft, 1.000 ft, GND) festgelegt?

5. Woran erkennt man auf der Luftfahrtkarte ICAO 1:500.000 die verschiedenen Untergrenzen des kontrollierten Luftraums Klasse E?

6. In Deutschland sind VFR-Flüge im kontrollierten (C, D, E) und unkontrollierten Luftraum (F, G) erlaubt. Stimmt diese Aussage?

7. In welchen Lufträumen (Klassen) kann man VFR-Flüge durchführen, ohne mit der Flugsicherung (Flugverkehrskontrolle) Kontakt aufnehmen zu müssen?

8. Kontrollzonen dienen vor allem dem Schutz des an- und abfliegenden nach IFR operierenden Luftverkehrs. Sie werden also im allgemeinen um die Flugplätze herum eingerichtet, welche für Instrumentenflugbetrieb zugelassen sind. In Deutschland gibt es eine Ausnahme. Welche?

9. In welchem Luftraum sind VFR-Flüge „unter sich"?

10. In und oberhalb FL 100 ist Luftraum Klasse C festgelegt, mit Ausnahme des Luftraums entlang der Alpen: dort beginnt der Luftraum Klasse C erst in FL 130. Warum?

11. Worin liegt der wesentliche Unterschied zwischen einem Flugbeschränkungsgebiet (ED-R) und einem Gefahrengebiet (ED-D)?

12. Am Wochenende sind die meisten ED-Rs nicht aktiv. Stimmt diese Aussage?

13. Ein Pilot möchte innerhalb der veröffentlichten Aktivierungszeit eines Flugbeschränkungsgebietes in dieses einfliegen, um dort im Auftrag einer Firma Luftbildaufnahmen zu machen. Unter welchen Bedingungen ist ein Einflug möglich?

14. Es wird immer wieder behauptet, militärischer Tiefflug würde tagsüber auf bestimmten Strecken durchgeführt werden. Stimmt diese Behauptung?

15. In welchem Höhenband wird militärischer Tiefflug tagsüber hauptsächlich durchgeführt?

16. Mit welchen Luftfahrzeugen wird militärischer Tiefflug durchgeführt?

17. Erklären Sie die Abkürzung „HX".

18. Warum ist es wichtig, sich vor Einflug in einen mit „HX" gekennzeichneten Luftraum über den aktuellen Status dieses Luftraums zu informieren?

19. Auf der Luftfahrtkarte ICAO 1:500.000 sind nur die Lufträume bis FL 100 dargestellt. Warum?

20. Sie wollen sich im Detail über die verschiedenen Lufträume informieren (Namen, Koordinaten, Unter-/Obergrenze, zeitliche Wirksamkeit, Ausnahmen usw.). Wo finden Sie alle Luftraum-Informationen?

Kapitel 10
Sichtflugregeln

Mindestwetterbedingungen

Die Sichtflugregeln (engl. Visual Flight Rules, VFR) beschreiben die Höhenmessereinstellungen, die Reiseflughöhen und insbesondere die Mindestwerte für Sicht, Abstand von Wolken und Hauptwolkenuntergrenze, die beim Fliegen nach Sicht eingehalten werden müssen. Die Größe dieser Mindestwerte richtet sich vor allem nach dem Grad der Mischung zwischen VFR- und IFR-Verkehr, der Art der Flugverkehrskontrolle und der Flughöhe. So sind im unkontrollierten Luftraum Klasse G die Mindestwerte sehr niedrig (Flugsicht mind. 1,5 km), da dort nur Sichtflüge durchgeführt werden dürfen, während im kontrollierten Luftraum durch die Mischung von IFR- und VFR-Verkehr sehr viel höhere Werte (Flugsicht 5 km oder mehr) erforderlich sind.

Bei der Sicht (engl. Visibility) unterscheidet man gemäß Luftverkehrs-Ordnung zwischen Flugsicht, Bodensicht und Erdsicht. Flugsicht (engl. Flight Visibility) ist die Sicht in Flugrichtung aus dem Führerraum eines im Flug befindlichen Luftfahrzeuges. Bodensicht (engl. Ground Visibility) ist die Sicht auf einem Flugplatz, wie sie von einer amtlich dazu beauftragten Person festgestellt wird. Unter Erdsicht (engl. Visual Contact to the Ground) versteht man die Sicht aus dem Luftfahrzeug, bei der die Erdoberfläche zu sehen ist. Während die Bestimmung bzw. Schätzung der Flugsicht und die Einhaltung der Erdsicht in der Verantwortung des Piloten liegt, wird die Bodensicht vom Deutschen Wettterdienst (DWD) bzw. von einer von ihm beauftragten Person bestimmt.

Abstände von Wolken werden als Abstände in horizontaler (engl. lateral) und vertikaler (engl. vertical) Richtung definiert. Sie müssen, wie die Flugsicht, vom Piloten geschätzt werden.

Ist die Einhaltung eines Wolkenabstandes nicht erforderlich, so verwendet man den Begriff „Frei von Wolken" (engl. Clear of Clouds), d.h., der Pilot kann mit seinem Luftfahrzeug bis an die Wolken heranfliegen, darf diese aber nicht berühren. Der Einflug in Wolken ist für VFR-Flüge nicht gestattet.

Der Begriff Hauptwolkenuntergrenze gilt nur für Kontrollzonen. Hauptwolkenuntergrenze (engl. Ceiling) ist die Untergrenze der niedrigsten Wolkenschicht über Grund oder Wasser, die mehr als die Hälfte des Himmels bedeckt und unterhalb von 20.000 ft (6.000 m) liegt. Sie wird ebenfalls vom Deutschen Wetterdienst (DWD) bzw. von einer von ihm beauftragten Person bestimmt.

Für die in Deutschland festgelegten Lufträume der Klassen C bis G gelten die folgenden Mindestwetterbedingungen:

Luftraum Klasse C
- Flugsicht 5 km unterhalb FL 100, 8 km in und oberhalb FL 100
- Abstand von Wolken vertikal 1.000 ft (300 m), horizontal 1,5 km

Luftraum Klasse D
- Flugsicht 5 km unterhalb FL 100, 8 km in und oberhalb FL 100
- Abstand von Wolken vertikal 1.000 ft (300 m), horizontal 1,5 km

Kontrollzone als Luftraum Klasse D
- Flugsicht 5 km
- Bodensicht 5 km
- Hauptwolkenuntergrenze 1.500 ft (450 m)
- Frei von Wolken

Luftraum Klasse E
- Flugsicht 8 km
- Abstand von Wolken vertikal 1.000 ft (300 m), horizontal 1,5 km

Luftraum Klasse F
- Flugsicht 5 km unterhalb FL 100, 8 km in und oberhalb FL 100
- Abstand von Wolken vertikal 1.000 ft (300 m), horizontal 1,5 km

Luftraum Klasse G
- Flugsicht 1,5 km
- Dauernde Erdsicht
- Frei von Wolken

Ausnahmen für Flüge von Drehflüglern, Luftschiffen und Ballonfahrten:
- Flugsicht 800 m
- Dauernde Erdsicht
- Frei von Wolken
- Rechtzeitiges Erkennen von Hindernissen muß möglich sein.

Das Bundesministerium für Verkehr (BMV) kann andere Mindestwerte für Sicht, Abstand von Wolken und Hauptwolkenuntergrenze festlegen, soweit die öffentliche Sicherheit und Ordnung, insbesondere die Sicherheit des Luftverkehrs dadurch nicht beeinträchtigt werden. In der Tat hat der BMV zur Erleichterung der Verkehrsabwicklung an kontrollierten Flugplätzen bei vielen Kontrollzonen die Mindestwerte herabgesetzt.

Wetterverhältnisse, bei denen die oben festgelegten Werte für Sicht, Abstand von Wolken und Hauptwolkenuntergrenze erreicht oder überschritten werden, nennt man Sichtwetterbedingungen (engl. Visual Meteorological Conditions, VMC). Wetterverhältnisse, bei denen diese Werte nicht erreicht werden bzw. unterschritten werden, nennt man Instrumentenwetterbedingungen (engl. Instrument Meteorological Conditions, IMC). Sind in einem Luftraum die Sichtwetterbedingungen nicht gegeben (man sagt: "Es herrscht IMC"), können dort keine Flüge nach den Sichtflugregeln durchgeführt werden. Unterhalb einer Flugsicht von 5 km sind VFR-Flüge im kontrollierten Luftraum nicht mehr möglich (Ausnahme Kontrollzone), für VFR-Flüge im unkontrollierten Luftraum liegt die Grenze bei einer Flugsicht von 1,5 km (bzw. 800 m).

Durch die festgelegten Werte für Sicht, Wolkenabstand und Hauptwolkenuntergrenze sind also dem Sichtflug eindeutig wetterbedingte Grenzen gesetzt. Ein VFR-Flug sollte nur dann angetreten oder zum Zielflugplatz fortgesetzt werden, wenn nach den letzten Informationen die vorgeschriebenen Wetterminima für VFR-Flüge auf der Flugstrecke erfüllt sind.

Zusammenfassung

Flugsicht (engl. Flight Visibility): Sicht in Flugrichtung aus dem Führerraum eines im Flug befindlichen Luftfahrzeuges.

Bodensicht (engl. Ground Visibility): Von einer amtlich beauftragten Person festgestellte Sicht am Flugplatz.

Erdsicht (engl. Visual Contact to the Ground): Sicht aus dem Luftfahrzeug, bei der die Erdoberfläche zu sehen ist.

Hauptwolkenuntergrenze (engl. Ceiling): Untergrenze der niedrigsten Wolkenschicht über Grund oder Wasser, die mehr als die Hälfte des Himmels bedeckt und unterhalb von 20.000 ft (6.000 m) liegt.

Flugsicht:
1,5 km Luftraum G
5 km Lufträume (unter FL 100) C, D, F
8 km Lufträume (in/oberhalb FL 100) C, D, F;
Luftraum E

Erdsicht:
Luftraum G

Frei von Wolken:
Luftraum G

Abstand von Wolken (1.000 ft, 1,5 km):
Lufträume C, D, E, F

Für Kontrollzonen gelten besondere Mindestwetterbedingungen!

Rechtsgrundlage § 28 LuftVO

VFR-Flüge in Kontrollzonen

In Kontrollzonen gelten, wie weiter oben dargestellt, je nach Festlegung die Mindestwetterbedingungen für den Luftraum Klasse C oder D sowie weitere zusätzliche Bedingungen für Bodensicht und Hauptwolkenuntergrenze. In Deutschland werden Kontrollzonen grundsätzlich als Luftraum D festgelegt, d.h. in der Kontrollzone gelten die Mindestwetterbedingungen für Luftraum D, allerdings mit der Ausnahme, daß frei von Wolken geflogen werden darf. Zusätzlich ist eine Bodensicht von mindestens 5 km und eine Hauptwolkenuntergrenze von mindestens 1.500 ft (450 m) einzuhalten.

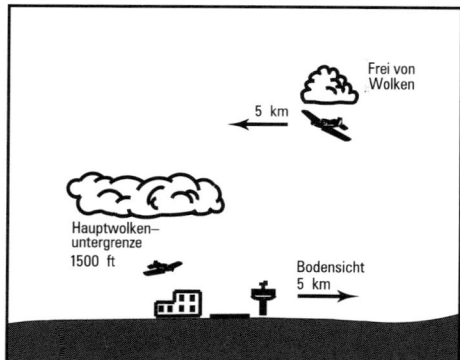

Abb. 23: Sichtwetterbedingungen in der Kontrollzone (Quelle DFS).

Andere Staaten legen je nach Erfordernis Kontrollzonen als Luftraum C oder D fest. So ist z.B. die Kontrollzone Twenthe an der deutsch/niederländischen Grenze als Luftraum C definiert. Damit für die Piloten klar zu erkennen ist, welche Minima in einer Kontrollzone gelten, sind auf den Luftfahrtkarten die dargestellten Kontrollzonen mit dem Buchstaben C bzw. D gekennzeichnet.

Sind die für eine Kontrollzone festgelegten Mindestwerte für Sicht (Flugsicht und Bo-

densicht), Abstand von Wolken und Hauptwolkenuntergrenze nicht gegeben, so dürfen nach Sichtflugregeln betriebene Luftfahrzeuge nur dann auf einem in der Kontrollzone gelegenen Flugplatz starten, landen oder in die Kontrollzone einfliegen, wenn die zuständige Flugverkehrskontrollstelle hierzu eine Flugverkehrskontrollfreigabe für einen Sonderflug nach Sichtflugregeln (engl. Special-VFR-Flight) erteilt hat. Voraussetzungen für die Erteilung einer Flugverkehrskontrollfreigabe für einen Sonder-VFR-Flug sind:

- die Verkehrsverhältnisse lassen einen Sonder-VFR-Flug zu
- die Bodensicht liegt nicht unter 1.500 m, für Hubschrauber nicht unter 800 m
- die Hauptwolkenuntergrenze beträgt mindestens 500 ft

Bei einem Sonder-VFR-Flug sind die Sichtflugminima wie im Luftraum Klasse G einzuhalten.

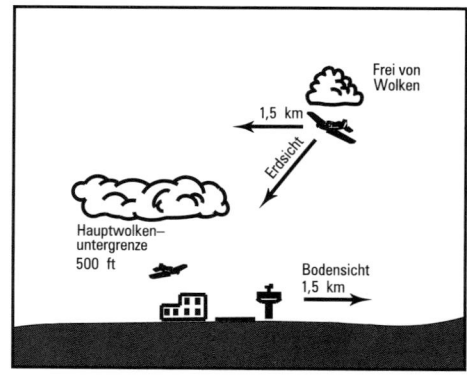

Abb. 24: Sichtwetterbedingungen für Sonder-VFR-Flüge in Kontrollzonen.

Liegen die Mindestwerte für Bodensicht und/oder Hauptwolkenuntergrenze nicht vor, wird eine Flugverkehrskontrollfreigabe für einen Sonder-VFR-Flug nur gegeben, wenn der Pilot zum Ausdruck bringt, daß er eine

Ausnahmegenehmigung zum Unterschreiten der entsprechenden Mindestwerte besitzt (nicht erforderlich bei Such- und Rettungsflügen, Polizeiflügen und bestimmten militärischen Flügen).

Auf keinen Fall darf die Sicherheitsmindesthöhe unterschritten werden, es sei denn, der Pilot besitzt eine Ausnahmegenehmigung zum Unterschreiten dieser Höhe.

Da die Sichtverhältnisse bei einem Sonder-VFR-Flug im allgemeinen schlecht sind, werden aus Sicherheitsgründen Sonder-VFR-Flüge von der Flugsicherung untereinander und von IFR-Flügen gestaffelt. Dies kann dazu führen, daß abweichend von den veröffentlichten Sichtan- und -abflugverfahren andere Kurse und Flughöhen zugewiesen werden.

An den internationalen Verkehrsflughäfen wird über ATIS (Automatic Terminal Information Service/Automatische Ausstrahlung von Lande- und Startinformationen) u.a. das aktuelle Flugplatzwetter einschließlich Sichtwerte und Wolkenuntergrenzen auf festgelegten UKW-Frequenzen ausgestrahlt.

Der Pilot ist so in der Lage, sich bereits vor Einflug in eine Kontrollzone über das aktuelle Wetter zu informieren und zu beurteilen, ob die Kontrollzone „VMC" oder „IMC" ist und ob er eine Flugverkehrskontrollfreigabe für einen Sonder-VFR-Flug zu erwarten hat.

Zusammenfassung

VFR-Flüge in Kontrollzonen (D)
- Flugsicht 5 km
- Bodensicht 5 km
- Hauptwolkenuntergrenze 1.500 ft (450 m)
- Frei von Wolken

Sonder-VFR-Flüge in Kontrollzonen
- Flugsicht 1,5 km (Hubschrauber, Luftschiffe, Ballone 800 m und rechtzeitiges Erkennen von Hindernissen)
- Bodensicht 1,5 km (Hubschrauber 800 m)
- Dauernde Erdsicht
- Hauptwolkenuntergrenze 500 ft
- Frei von Wolken
Zusätzlich:
- Verkehrsverhältnisse lassen Sonder-VFR-Flug zu
- Flugverkehrskontrollfreigabe für Sonder-VFR-Flug

Rechtsgrundlage § 28 LuftVO, Bekanntmachung der DFS

VFR-Flüge über Wolkendecken

Flüge nach Sichtflugregeln über Wolkendecken sind grundsätzlich möglich. Voraussetzungen hierzu sind:

- die Flughöhe beträgt mindestens 1.000 ft (300 m) über Grund oder Wasser
- die Flugsicht und der Abstand von Wolken nach den Werten für den Luftraum der Klasse E können eingehalten werden
- der Pilot ist in der Lage, den beabsichtigten Flugweg einzuhalten
- der Anflug zum Zielflugplatz und die Landung ist bei Flugverhältnissen gewährleistet, bei denen nach Sichtflugregeln geflogen werden darf
- der Pilot hat die Berechtigung zur Ausübung des Flugfunkverkehrs

Für VFR-Flüge über Wolkendecken müssen Flugzeuge, Drehflügler und Motorsegler mit einem VOR-Navigationsgerät oder einem automatischen Funkpeilgerät (ADF) für die NDB-Navigation ausgerüstet sein (siehe Kapitel 6).

Zusammenfassung

VFR-Flüge über Wolkendecken
- Flughöhe mindestens 1.000 ft (300 m) GND
- Flugsicht 8 km
- Abstand von Wolken vertikal 1.000 ft (300 m), horizontal 1,5 km
- Flugweg bis zur Landung nach VFR
- Sprechfunkzeugnis (mind. BZF II)
Zusätzlich:
- VOR- oder ADF-Ausrüstung

Rechtsgrundlage § 32 LuftVO, § 4 FSAV

VFR-Flüge bei Nacht

In Deutschland dürfen Flüge nach Sichtflugregeln nicht nur am Tage, sondern auch bei Nacht durchgeführt werden. Für VFR-Flüge bei Nacht gelten die gleichen Sichtflugregeln wie für VFR-Flüge am Tage.

Allerdings müssen bei Nacht noch einige zusätzliche Bedingungen erfüllt sein. So ist bei VFR-Nachtflügen im kontrollierten Luftraum ein Flugplan aufzugeben, eine Flugverkehrskontrollfreigabe einzuholen und der Flug entlang der veröffentlichten Flugverkehrsstrecken durchzuführen (siehe Bestimmungen im Luftfahrthandbuch AIP VFR).

Das Luftfahrzeug muß mit einem ADF- bzw. VOR-Gerät sowie einem Transponder ausgerüstet sein (siehe Kapitel 6) und der Pilot muß die Berechtigung für VFR-Nachtflüge besitzen, wenn der Flug über die Flugplatzumgebung hinausführt (siehe Kapitel 7). Als Nacht gilt der Zeitraum zwischen einer halben Stunde nach Sonnenuntergang (engl. Sunset, SS) und einer halben Stunde vor Sonnenaufgang (engl. Sunrise, SR).

Zusammenfassung

VFR-Flüge bei Nacht
- gleiche Sichtflugregeln wie am Tage
- zusätzlich ggf. Flugplan, Flugverkehrskontrollfreigabe, Nachtflugberechtigung, ADF- oder VOR-Ausrüstung, Transponder, Instrumentenbeleuchtung

Nacht: SS+30 bis SR-30

Rechtsgrundlage § 33 LuftVO

Höhenmessereinstellung und Reiseflughöhen

Bei VFR-Flügen in und unterhalb einer Höhe von 5.000 ft MSL oder in und unterhalb einer Höhe von 2.000 ft GND (der höhere Wert ist maßgebend) ist der Höhenmesser auf den QNH-Wert des zur Flugstrecke nächstgelegenen zivilen Flugplatzes mit Flugverkehrskontrollstelle (Turm/Tower) einzustellen, wenn der Flug über die Umgebung des Startflugplatzes hinausführt. Oberhalb der o.a. Höhe ist der Höhenmesser auf 1.013,2 hPa einzustellen (Standard-Höhenmessereinstellung, engl. Standard Altimeter Setting). Für IFR-Flüge gilt eine ähnliche Regelung. So werden IFR- und VFR-Flüge im gleichen Luftraum weitestgehend mit gleicher Höhenmessereinstellung durchgeführt.

Der QNH-Wert ist der an einem Flugplatz gemessene Luftdruck, umgerechnet auf mittlere Meereshöhe (engl. Mean Sea Level, MSL) unter der Annahme, daß an und unterhalb des Flugplatzes die Temperaturverhältnisse der ICAO-Standardatmosphäre (engl. ICAO Standard Atmosphere, ISA) herrschen.

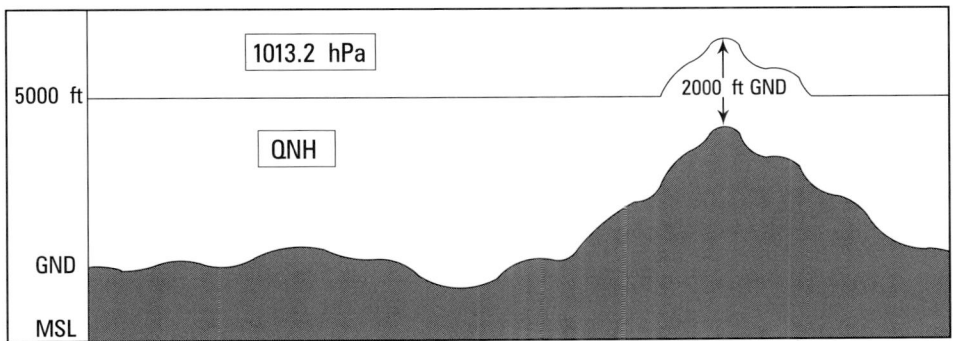

Abb. 25: Höhenmessereinstellung für VFR-Flüge.

Ein auf QNH eingestellter Höhenmesser zeigt also die Höhe über Meeresspiegel (MSL) an. Allerdings stimmt die angezeigte Höhe über MSL nur in unmittelbarer Nähe des Flugplatzes, für den das QNH errechnet wurde.

Je weiter man sich vom Flugplatz entfernt, desto ungewisser wird der am Höhenmesser angezeigte Abstand zu MSL sein, da im jeweils überflogenen Gebiet veränderte Druck- und Temperaturverhältnisse vorhanden sein können.

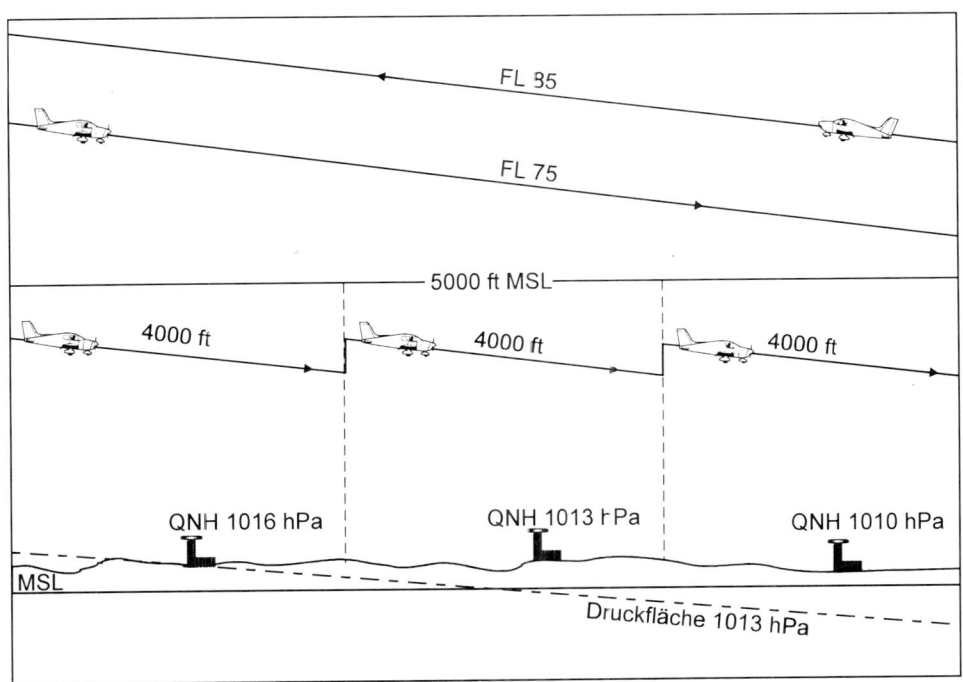

Abb. 26: Fliegen nach QNH und 1013 hPa.

Deshalb ist es bei einem Überlandflug erforderlich, den Höhenmesser jeweils auf den am nächstgelegenen zivilen, kontrollierten Flugplatz gemessenen QNH-Wert einzustellen , d.h. das QNH immer wieder zu aktualisieren (siehe Beispiel in Abb. 26).

Nur so ist sichergestellt, daß der Fehler zwischen der wahren Höhe und der am Höhenmesser angezeigten Höhe nicht zu groß wird.

Durch die QNH-Einstellung in geringen Flughöhen ist es möglich, die Flughöhe über der Erdoberfläche (GND) relativ genau zu bestimmen und die vorgeschriebenen Hindernisfreiheiten und Sicherheitsmindesthöhen einzuhalten. In größeren Flughöhen spielt ein exakter Bezug zu MSL keine so große Rolle mehr. Deshalb wird dort der Höhenmesser grundsätzlich nur auf den Standard-Luftdruck 1.013,2 hPa eingestellt.

Die am Höhenmesser dann angezeigte Flughöhe wird als Flugfläche (engl. Flight Level, FL) bezeichnet.

Flugflächen sind vom Piloten nicht beliebig wählbar. Vielmehr ist die Flugfläche einzuhalten, die nach den Regeln über Halbkreis-Flughöhen (engl. Semi Circular Cruising Levels) dem jeweiligen mißweisenden Kurs über Grund (mwK, engl. Magnetic Track, MT) entspricht.

Die Regel über Halbkreis-Flughöhen legt fest, daß bei VFR-Flügen mit einem MT von 000° bis 179° (erster Halbkreis der Kompaßrose) die Flugflächen FL 55, FL 75, FL 95 usw., bei einem MT von 180° bis 359° (zweiter Halbkreis der Kompaßrose) die Flugflächen FL 65, 85, 105 usw. zu benutzen sind. Wie in Abb. 27 zu sehen, liegen die für IFR-Flüge festgelegten Halbkreis-Flughöhen genau zwischen den VFR-Höhen.

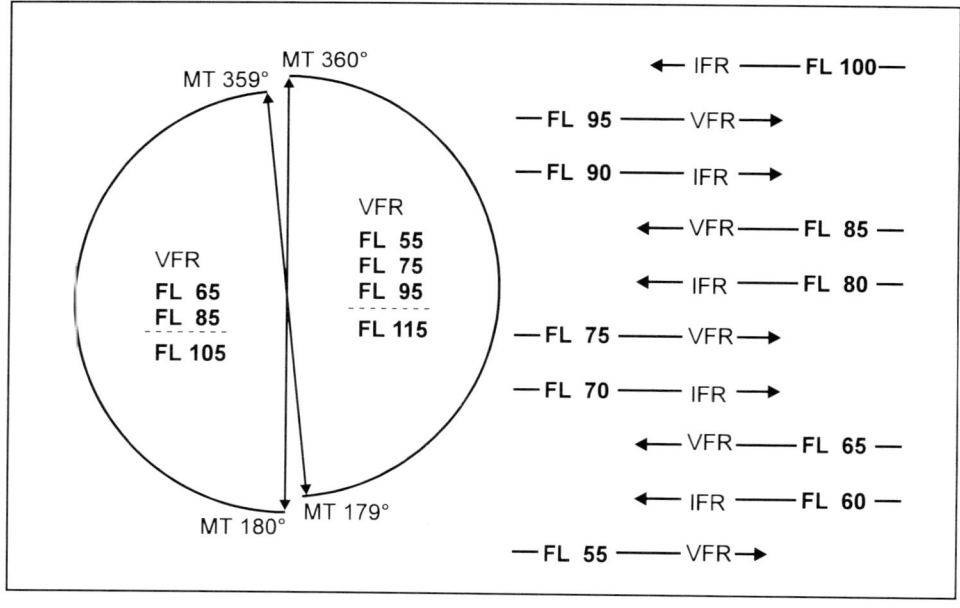

Abb. 27: Halbkreisflughöhen.

Durch dieses System von festgelegten Flugflächen werden Luftfahrzeuge auf Gegenkurs quasi gestaffelt (Höhenstaffelung): VFR-
Flüge zu VFR-Flügen und IFR-Flüge zu
IFR-Flügen mit 1.000 ft Abstand, VFR-Flüge zu IFR-Flüge mit 500 ft Abstand.

Die Halbkreisflughöhen-Regel gilt nicht,
wenn sich das Luftfahrzeug im Steig- oder
Sinkflug befindet oder die oben für VFR-
Flüge genannten Werte für Flugsicht und
Abstand von Wolken in der entsprechenden Flugfläche nicht eingehalten werden
können.

Im Luftraum der Klasse C sind die von der
zuständigen Flugverkehrskontrollstelle zugewiesenen Flughöhen einzuhalten.

_____

Zusammenfassung

Höhenmessereinstellung für VFR-Überlandflüge
- QNH-Wert, in/unterhalb 5.000 ft MSL bzw.
  in/unterhalb 2.000 ft GND (der höhere Wert
  ist maßgebend),
- 1.013,2 hPa, oberhalb 5.000 ft MSL bzw.
  oberhalb 2.000 ft GND (der höhere Wert ist
  maßgebend).

Flugflächen (Flight Levels, FL)
- Flächen konstanten Luftdrucks, die auf den
  Druckwert 1.013,2 hPa bezogen und durch
  bestimmte Druckabstände von anderen
  Druckflächen gestaffelt werden.

Halbkreis-Flughöhen (Semi-Circular Cruising
Levels)
- Reiseflughöhen, die nach der jeweiligen
  Hälfte der Kompaßgradeinteilung, in welcher
  der mißweisende Kurs über Grund liegt,
  bestimmt werden.

Rechtsgrundlage § 31 LuftVO, Anlage 3 zur
LuftVO, Bekanntmachung der DFS
_____

Abweichungen

Grundsätzlich sind Flüge nach den Sichtflugregeln (VFR-Flüge) so durchzuführen,
daß die oben beschriebenen Mindestwerte
für Flugsicht und Abstand von Wolken
nicht unterschritten werden. Können in einem Luftraum die Mindestwerte nicht eingehalten werden, so darf in den Luftraum
nicht eingeflogen werden bzw. der Luftraum muß sofort verlassen werden. Es
sind dann in diesem Luftraum nur noch
Flüge nach den Instrumentenflugregeln
(IFR-Flüge) möglich.

Abweichungen von den Sichtflugregeln sind
nur erlaubt bei Flügen im Such- und Rettungsdienst oder bei Flügen zur Hilfeleistung bei einer Gefahr für Leib und Leben
einer Person.

_____

Zusammenfassung

- Aus Gründen der Sicherheit sind die Sicht-
  flugregeln strikt einzuhalten.
- Abweichungen sind nur erlaubt bei SAR-
  Flügen und Personen-Hilfsflügen.

Rechtsgrundlage § 34 LuftVO
_____

Ergänzende Regelungen für VFR-Flüge im Luftraum Klasse C

Für VFR-Flüge im Luftraum Klasse C gelten über die oben genannten Sichtflugregeln hinaus eine Reihe von zusätzlichen
Bedingungen. So sind für VFR-Flüge in
diesem Luftraum nur berechtigt:

- Privatflugzeugführer, Privathubschrauberführer und Motorseglerführer, die eine IFR- oder CVFR-Berechtigung besitzen

- Luftfahrzeugführer im Besitz einer höherwertigen Erlaubnis
- Luftfahrzeugführer mit vergleichbaren militärischen Erlaubnissen

Die Luftfahrzeuge müssen zusätzlich ausgerüstet sein mit:

- Kurskreisel
- Wendezeiger oder künstlichem Horizont
- Variometer
- UKW-Sprechfunkgerät
- VOR-Empfänger
- Transponder für Modi A und C (oder mit Modus S)

Haben Piloten von nicht-motorgetriebenen Luftfahrzeugen keine der vorgeschriebenen Berechtigungen, oder sind die Luftfahrzeuge nicht entsprechend ausgerüstet, werden Freigaben zum Einflug in den Luftraum Klasse C nur in Ausnahmefällen erteilt.

Sprechfunkverkehr wird in englischer und deutscher Sprache, im Luftraum in und oberhalb FL 100 nur in englischer Sprache durchgeführt. Dabei sind die veröffentlichten Sprechgruppen für VFR-Flüge im Luftraum Klasse C anzuwenden (siehe AIP, Teil COM).

VFR-Flüge werden von IFR-Flügen gestaffelt, eine Verpflichtung zur Staffelung von VFR-Flügen untereinander besteht nicht. Piloten von VFR-Flügen erhalten lediglich Verkehrsinformationen über andere VFR-Flüge und auf Anfrage Ausweichempfehlungen.

Freigaben für VFR-Flüge werden nur erteilt, sofern die Verkehrslage und die Flugsicherungskapazität es gestatten. Kann der Pilot eine Freigabe aus Wettergründen oder aus anderen Gründen nicht einhalten, hat er rechtzeitig eine geänderte Freigabe einzuholen.

Im Interesse eines flüssigen Verkehrsablaufs kann die zuständige Flugverkehrskontrollstelle den Flug auf eine andere als die beantragte Flugstrecke/Flughöhe freigeben. Die beantragte/zugewiesene Flughöhe kann von den Halbkreisflughöhen abweichen.

Für VFR-Flüge im Luftraum Klasse C unter FL 100 in der Umgebung von Verkehrsflughäfen gilt außerdem:

- Freigaben für örtliche Flüge (z.B. Segelflüge) an Flugplätzen unterhalb des Luftraums Klasse C richten sich nach einer Betriebsbestimmung der zuständigen Flugverkehrskontrollstelle, sofern diese Stelle ein solches Verfahren für vertretbar hält.
- VFR-Flüge von öffentlichem Interesse (z.B. Foto- und Vermessungsflüge) sind bei der zuständigen Flugverkehrskontrollstelle im voraus anzumelden und mit dieser abzustimmen.
- Mit der zuständigen Flugverkehrskontrollstelle ist Sprechfunkverbindung wie folgt aufzunehmen:
  - spätestens 5 Minuten vor Einflug in den Luftraum C,
  - beim Abflug von einem Flugplatz unterhalb dieses Luftraums sobald wie möglich nach dem Start.
- Folgende Flugdaten sind in nachstehender Reihenfolge zu übermitteln:
  - Luftfahrzeugkennung
  - Luftfahrzeugmuster
  - Position
  - Flugstrecke
  - Flughöhe bzw. Flugfläche

Die Flugverkehrskontrollstellen unterrichten die Piloten über Einflug in den und Ausflug aus dem Luftraum Klasse C.

Für VFR-Flüge im Luftraum Klasse C in und oberhalb FL 100 gilt zusätzlich:

- Mit dem zuständigen Fluginformations-
dienst (FIS) ist rechtzeitig vor Einflug in
den Luftraum C Sprechfunkverbindung
aufzunehmen. Dabei sind folgende
Flugdaten in der nachstehenden Rei-
henfolge zu übermitteln:
  - Luftfahrzeugkennung
  - Luftfahrzeugmuster
  - Geschwindigkeit
  - Position
  - Zielflugplatz
  - Flugstrecke (bezogen auf Funknavi-
    gationsanlagen)
  - Flugfläche
- Führt der VFR-Flug durch mehrere
Fluginformationsgebiete, ist der Flug
generell auf den veröffentlichten Flugverkehrsstrecken zu planen, um einen
reibungslosen Datenaustausch zwischen den betroffenen Flugverkehrskontrollstellen zu gewährleisten.
- Flüge zur Erfüllung von Luftverteidi-
gungsaufgaben, die von einer Radar-
führungsstelle der Luftverteidigung oder
der zuständigen Flugverkehrskontrollstelle geführt werden, sind auf der
Grundlage entsprechender Vereinba-
rungen von diesen Regelungen ausgenommen.

Zusammenfassung

Achtung: Für VFR-Flüge im Luftraum Klasse C
gelten zusätzliche Bedingungen, insbesondere
- CVFR-Berechtigung,
- VOR- und Transponder-Ausrüstung,
- Flugverkehrskontrollfreigabe,
- spezielle Sprechfunkverfahren,
- im Luftraum C in/oberhalb FL 100 nur englischer Sprechfunk.

Rechtsgrundlage Bekanntmachung der DFS

Kontroll- und Übungsaufgaben

1. Der Luftraum Klasse E beginnt in 2.500 ft
GND, darunter befindet sich bis zum Erdboden Luftraum Klasse G. Die Untergrenze einer geschlossenen Wolkendecke liegt
bei 2.800 ft GND. Bis zu welcher Höhe
kann man im Luftraum Klasse G nach
VFR fliegen?

2. Der Luftraum Klasse E beginnt in 1.700 ft
GND, darunter befindet sich bis zum Erdboden Luftraum Klasse G. Die Untergrenze einer geschlossenen Wolkendecke liegt
bei 2.800 ft GND. Bis zu welcher Höhe
kann man im Luftraum Klasse E nach VFR
fliegen?

3. Eine Wolkenschicht liegt in 3.000 ft
GND (Obergrenze), eine zweite Wolkenschicht liegt darüber in 6.000 ft GND
(Untergrenze). Darf man zwischen diesen
beiden Wolkenschichten nach VFR
durchfliegen?

4. Grundsätzlich gilt, daß die Wettermin-
destbedingungen für den kontrollierten
Luftraum höher sind als für den unkontrollierten Luftraum. Der unkontrollierte Luftraum der Klasse F hat abweichend von
diesem Grundsatz relativ hohe Minima.
Warum?

5. Ein Sonder-VFR-Flug ist in der Tat ein
Sonderfall. Warum hat man diese Möglichkeit für VFR-Flüge in Kontrollzonen
geschaffen?

6. Sie hören Frankfurt ATIS ab. Über die
Wolkenbedeckung wird folgende Aussage
gemacht: „ ... scattered 3.000 ft, broken
5.000 ft, overcast 20.000 ft ... " (scattered
= 1 bis 4/8, broken = 5 bis 7/8, overcast
8/8 Wolkenbedeckung). In welcher Höhe
liegt die Hauptwolkenuntergrenze?

7. VFR-Flug in FL 65 im kontrollierten Luftraum. Ist für diesen Flug Erdsicht vorgeschrieben?

8. Darf man mit einem Segelflugzeug über einer Wolkendecke fliegen?

9. Der Höhenmesser ist auf den QNH-Wert des nächstgelegenen zivilen Flugplatzes mit Flugverkehrskontrolle einzustellen.
a) Woher weiß man, welcher Flugplatz zivil und kontrolliert ist?
b) Muß man jedesmal den Turm/Tower ansprechen, um das aktuelle QNH zu erfragen oder gibt es andere Möglichkeiten?

10. VFR-Flug in 1.500 ft GND über dem südlichen Schwarzwald (Elevation rund 4.000 ft MSL). Auf welchen Luftdruckwert muß der Höhenmesser eingestellt sein?

11. VFR-Flug auf MT 270° oberhalb von 5.000 ft MSL bzw. 2.000 ft GND. Welche Halbkreisflughöhen kann man fliegen?

12. VFR-Flug oberhalb von 5.000 ft MSL bzw. 2.000 ft GND. Am Kurskreisel lesen Sie einen mißweisenden Steuerkurs (mwSK, engl. Magnetic Heading, MH) von 185° ab, der Luvwinkel (L, engl. Wind Correction Angle, WCA) beträgt +10°. Welche Flugflächen können Sie nach der Halbkreisflughöhenregel wählen?

13. Worin liegt der Sinn für die Festlegung von Halbkreisflughöhen?

14. In und unterhalb von 5.000 ft MSL bzw. in und unterhalb von 2.000 ft GND - der höhere Wert ist maßgebend - sind für VFR-Flüge keine Halbkreisflughöhen vorgeschrieben. Ist diese Aussage richtig?

15. Sie fliegen nach VFR in FL 65. Ihnen kommt ein anderes nach VFR fliegendes Flugzeug entgegen. Es ist zu erkennen, daß das andere Flugzeug etwas höher fliegt. Mit welchem Höhenabstand wird Sie das andere Flugzeug vermutlich überfliegen?

16. Am Höhenmesser lesen Sie 5.500 ft ab und meinen, Sie würden in Flugfläche 55 fliegen. Sie entdecken plötzlich, daß Sie bei Passieren der Flughöhe 5.000 ft MSL vergessen hatten, auf den Standard-Luftdruck umzustellen und der Höhenmesser noch auf den aktuellen QNH-Wert 996 hPa eingestellt ist. Sie wählen nun in der Druck-Korrekturskala den Wert 1.013 hPa ein. Was zeigt der Höhenmesser nun an?

17. Grundsätzlich gilt, daß die vorgeschriebenen Halbkreisflughöhen einzuhalten sind. Gibt es Ausnahmen zu dieser Vorschrift?

18. Sie haben gerade Ihren PPL gemacht. Können Sie mit der Erlaubnis für Privatflugzeugführer in den Luftraum Klasse C einfliegen?

19. Die zusätzlichen Bedingungen für den Luftraum Klasse C lassen keine Abweichungen von den Sichtflugregeln zu, auch nicht bei Funkausfall. Stimmt diese Aussage?

20. Im Luftraum Klasse C um die Verkehrsflughäfen ist Sprechfunkverkehr in englischer und deutscher Sprache möglich, im Luftraum Klasse C oberhalb FL 100 nur in englischer Sprache. Warum?

Kapitel 11
Flugregeln im Überblick

Allgemeines

Grundsätzlich sind in allen in Deutschland festgelegten Luftraumklassen (C, D, E, F, G) sowohl IFR-Flüge als auch VFR-Flüge erlaubt. Allerdings werden aufgrund der unterschiedlichen Flugleistungen der eingesetzten Luftfahrzeuge und der unterschiedlichen Flugziele die Lufträume verschieden stark genutzt. IFR-Flüge finden vor allem im Luftraum Klasse C oberhalb FL 100 sowie für die Durchführung von An- und Abflug im Luftraum Klasse E und C oberhalb der kontrollierten Flugplätze und innerhalb der Kontrollzonen (Luftraum D) statt. VFR-Flüge dagegen werden beinahe ausschließlich im Luftraum unter FL 100 durchgeführt, insbesondere im kontrollierten Luftraum Klasse E und im unkontrollierten Luftraum Klasse G.

Für die Durchführung von VFR-Flügen gilt das sogenannte Prinzip „Sehen und gesehen werden", d.h., der Pilot muß den Luftraum beobachten, andere Luftfahrzeuge und Hindernisse selbst erkennen und diesen zur Vermeidung von Zusammenstößen rechtzeitig ausweichen. Voraussetzungen hierfür sind ausreichende Sicht und entsprechender Wolkenabstand, wie sie in den Sichtflugregeln festgelegt sind. Je stärker der Grad der Mischung zwischen IFR- und VFR-Flügen, um so strengere Anforderungen werden an die Mindestwetterbedingungen gestellt. Flugverkehrskontrolle auch für VFR-Flüge wird nur dort erforderlich, wo das Prinzip „Sehen und gesehen werden" zur Aufrechterhaltung der Sicherheit im Luftraum allein nicht mehr ausreicht, wie in den Lufträumen Klasse C und D (Kontrollzonen).

Damit das sichere und rechtzeitige Ausweichen von sich begegnenden Luftfahrzeugen gewährleistet ist, gibt es für IFR-

und VFR-Flüge unter FL 100 eine Geschwindigkeitsbeschränkung von 250 kt IAS (Indicated Airspeed, angezeigte Geschwindigkeit). Bestimmte militärische Flüge sind von dieser Beschränkung ausgenommen.

Zusammenfassung

- VFR-Flüge sind in allen in Deutschland festgelegten Luftraumklassen möglich.
- Je stärker der Grad der Mischung zwischen IFR- und VFR-Flügen, desto höhere Anforderungen werden an die Sichtwetterbedingungen und die Einbindung auch von VFR-Flügen in die Flugverkehrskontrolle gestellt.

VFR-Flüge im Luftraum Klasse G

In Deutschland sind im Luftraum Klasse G, abweichend von der ICAO-Regel, die im Luftraum Klasse G auch IFR-Flüge zuläßt, nur VFR-Flüge erlaubt. Die Anforderungen an Mindestsicht und Wolkenabstand sind entsprechend gering: Flugsicht 1,5 km, für Drehflügler, Ballone und Luftschiffe sogar nur 800 m, Wolken dürfen nicht berührt werden. Eine Flugverkehrskontrolle findet nicht statt (unkontrollierter Luftraum), es steht lediglich der Fluginformationsdienst (und damit auch der Flugalarmdienst) zur Verfügung.

Der unkontrollierte Luftraum Klasse G befindet sich ausschließlich unterhalb der Lufträume Klasse E und F. Er reicht vom Erdboden (engl. Ground, GND) bis 1.000 ft, 1.700 ft und 2.500 ft GND.

Auch wenn im Luftraum Klasse G nur VFR-Flüge mit meist langsam fliegenden Luftfahrzeugen durchgeführt werden, so müssen die Piloten die Augen offen halten und auf anderen Luftverkehr, von Montag bis Freitag zusätzlich auf militärischen Tiefflug, achten. Militärische Tagtiefflüge finden allerdings erst bei Wetterbedingungen statt, welche die Einhaltung einer Flugsicht von 5 km und eines Wolkenabstandes von 500 ft zulassen.

Zusammenfassung

Luftraum Klasse G
- unterhalb Luftraum Klasse E und F (außerhalb von Kontrollzonen)
- nur VFR-Flüge erlaubt
- VMC-Minima: Flugsicht 1,5 km (800 m), frei von Wolken
- keine Flugverkehrskontrolle
- auf militärischen Tagtiefflug besonders achten

VFR-Flüge im Luftraum Klasse F

Der unkontrollierte Luftraum Klasse F stellt eine Besonderheit dar, da in diesem Luftraum IFR-Flüge ohne Kontrolle durch die Flugsicherung durchgeführt werden können. In Deutschland wurde dieser Luftraumtyp, abgesehen von einem Gebiet über der Nordsee, bislang nur um einige wenige unkontrollierte Flugplätze mit geringem IFR-Verkehrsaufkommen eingerichtet.

Der Luftraum Klasse F beginnt am Boden und reicht bis zur Untergrenze des kontrollierten Luftraums Klasse E (max. 2.500 ft GND). Die seitliche Ausdehnung richtet sich nach den festgelegten IFR-Verfahren. Zum Schutz des IFR-Verkehrs gelten für VFR-Flüge erhöhte Minima: 5 km Flugsicht und 1,5 km/1.000 ft Wolkenabstand. Sind diese Mindestwetterbedingungen gegeben, können Piloten ohne weitere Bedingungen nach VFR in diesen Luftraum einfliegen.

An Flugplätzen mit Luftraum Klasse F findet nur sehr vereinzelt IFR-Verkehr statt. Deshalb wird der Luftraum jeweils nur für den kurzen Zeitraum, in dem ein IFR-An- bzw. -Abflug erfolgt, aktiviert. Ansonsten ist der Luftraum unkontrollierter Luftraum Klasse G und es gelten dann die Sichtwetterbedingungen für die Luftraumklasse G bis zur jeweiligen Untergrenze des darüberliegerden Luftraums Klasse E.

Die um bestimmte Flugplätze herum festgelegten Lufträume Klasse F sind auf Luftfahrtkarten mit „HX" gekennzeichnet, um die Piloten darauf aufmerksam zu machen, daß sie nicht ständig wirksam sind. Über den aktuellen Status (aktiv, nicht aktiv) informiert die entsprechende Bodenfunkstelle („INFO") des betreffenden Flugplatzes und der Fluginformationsdienst.

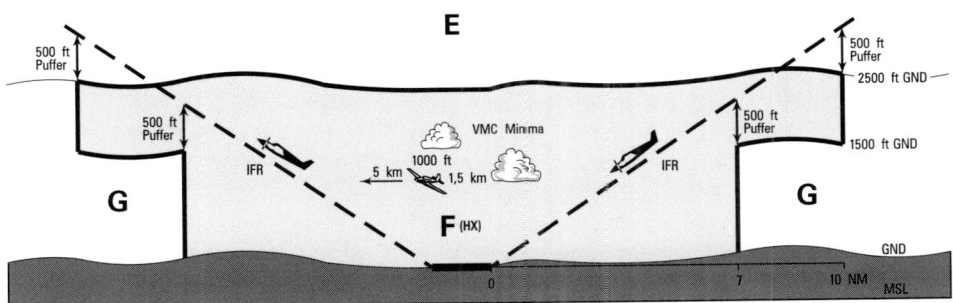

Abb. 28: Sichtflugregeln im Luftraum Klasse F um einen unkontrollierten Flugplatz mit IFR-Flugbetrieb (Quelle DFS).

Zusammenfassung

Luftraum Klasse F (HX)
- um unkontrollierte Flugplätze mit geringem IFR-Verkehr
- Untergrenze: Erdboden, Obergrenze max. 2.500 ft GND
- IFR- und VFR-Flüge erlaubt
- VMC-Minima: Flugsicht 5 km, Wolkenabstand 1,5 km/1.000 ft
- keine Flugverkehrskontrolle
- nur aktiv während IFR-An- und Abflügen
- über aktiv/nicht aktiv informiert „INFO" des betreffenden Flugplatzes und der Fluginformationsdienst

VFR-Flüge im Luftraum Klasse E

Der Luftraum Klasse E erstreckt sich - außerhalb der Lufträume Klasse C und D - flächendeckend über das gesamte Bundesgebiet von 2.500 ft GND bzw. im Bereich der kontrollierten Flugplätze von 1.000 ft GND und 1.700 ft GND bis FL 100 (Alpenbereich FL 130). IFR-Flüge werden in diesem Luftraum von der Flugsicherung kontrolliert. Für VFR-Flüge ist keine Flugverkehrskontrolle vorgesehen und die Aufnahme einer Sprechfunkverbindung mit einer Kontrollstelle und die Einholung einer Flugverkehrskontrollfreigabe sind nicht erforderlich. Allein entscheidend für einen VFR-Flug im Luftraum Klasse E ist, daß die Mindestwetterbedingungen - Flugsicht 8 km, Wolkenabstand 1,5 km/1.000 ft - eingehalten werden können.

Das sichere Nebeneinander von kontrollierten IFR-Flügen und unkontrollierten VFR-Flügen im gleichen Luftraum kann nur funktionieren, wenn die nach VFR fliegenden Piloten die vorgeschriebenen Sichtflugregeln einschließlich der Halbkreisflughöhen strikt einhalten, den Luftraum inten-

siv beobachten und den Transponder auf den vorgeschriebenen Code einstellen. Sind die Sichtwetterbedingungen (VMC) nicht gegeben, dann haben VFR-Flüge den Luftraum Klasse E sofort zu verlassen bzw. Piloten dürfen in diesen Luftraum nicht nach VFR einfliegen.

In von IFR-Verkehr intensiv genutzten Gebieten, also vor allem im Luftraum oberhalb der kontrollierten Flugplätze, wird empfohlen, mit FIS Kontakt aufzunehmen. Der Fluginformationsdienst übt zwar keine Flugverkehrskontrolle aus und staffelt nicht zu anderem Luftverkehr, er kann aber auf anderen Luftverkehr aufmerksam machen und ggf. wichtige Verkehrshinweise geben. Im unteren Bereich des Luftraums Klasse E mit Untergrenze 1.000 ft GND ist auf militärischen Tagtiefflug (bis 1.500 ft GND) zu achten. Dieser findet im kontrollierten Luftraum unter Anwendung der für diesen Luftraum festgelegten Sichtflugregeln statt.

Einige Lufträume der Klasse E mit Untergrenze 1.000 ft GND und 1.700 ft GND sind wie die Lufträume Klasse F auf den Luftfahrtkarten mit „HX" gekennzeichnet. Sie werden mit den zugehörigen Kontrollzonen meist am Wochenende deaktiviert. Es gelten dann in diesen Bereichen bis 2.500 ft GND Obergrenze die geringeren Sichtwetterbedingungen der Luftraumklasse G.

Zusammenfassung

Luftraum Klasse E
- über dem gesamten Bundesgebiet außerhalb der Lufträume Klasse C und D
- Untergrenze: 1.000 ft GND/1.700 ft GND/2.500 ft GND, Obergrenze: FL 100 (Alpenbereich FL 130)
- IFR- und VFR-Flüge erlaubt
- VMC-Minima: Flugsicht 8 km, Wolkenabstand 1,5 km/1.000 ft
- Flugverkehrskontrolle nur für IFR-Flüge
- Staffelung IFR- zu IFR-Flüge

VFR-Flüge im Luftraum Klasse D

In Deutschland wird die Luftraumklasse D zur Zeit ausschließlich für Kontrollzonen eingesetzt. Grundsätzlich finden also in Kontrollzonen die für den Luftraum Klasse D unter FL 100 festgelegten VMC-Minima Anwendung. Allerdings wurde zur Erleichterung der Verkehrsabwicklung in Abweichung von der ICAO-Vorgabe auf die Festlegung eines Wolkenabstandes verzichtet, d.h. für deutsche Kontrollzonen gilt: Flugsicht 5 km, frei von Wolken.

Für die Durchführung von VFR-Flügen in Kontrollzonen sind nicht nur die vom Piloten einzuhaltenden Minima, sondern darüber hinaus die am Flugplatz gemessenen Werte für Bodensicht (mindestens 5 km) und Hauptwolkenuntergrenze (mindestens 1.500 ft GND) maßgebend. Sind diese Werte nicht gegeben, dann herrschen in der Kontrollzone Instrumentenwetterbedingungen (engl. Instrument Meteorological Conditions, IMC) und es sind nur Sonder-VFR-Flüge (engl. Special VFR-Flight) möglich.

In Kontrollzonen unterliegen auch VFR-Flüge der Flugverkehrskontrolle und für Einflug, Anflug, Landung und Abflug sind Flugverkehrskontrollfreigaben von der Flugplatzkontrollstelle (Turm/Tower) einzuholen. Staffelung findet allerdings nur zwischen IFR-Flügen sowie zwischen Sonder-VFR-Flügen und anderen Flügen statt. VFR-Flüge erhalten ansonsten lediglich Verkehrsinformationen über anderen Luftverkehr.

Viele Kontrollzonen sind am Wochenende (und Feiertagen) nicht aktiv und daher auf den Luftfahrtkarten mit der Kennung „HX" dargestellt. Während der Deaktivierung gelten die VMC-Minima der Luftraumklasse G. Vor Einflug in den deaktivierten Luftraum ist mit dem Fluginformationsdienst Kontakt aufzunehmen.

Zusammenfassung

Luftraum Klasse D (Kontrollzonen)
- IFR- und VFR-Flüge erlaubt
- VMC-Minima: Flugsicht 5 km, frei von Wolken, Bodensicht 5 km, Hauptwolkenuntergrenze 1.500 ft GND (für Sonder-VFR-Flüge geringere Minima)
- alle Flüge unterliegen der Flugverkehrskontrolle (Flugverkehrskontrollfreigabe einholen)
- Staffelung IFR- zu IFR-Flügen, IFR- zu Sonder-VFR-Flügen, Sonder-VFR- zu Sonder-VFR-Flügen
- Verkehrsinformationen an VFR-Flüge über anderen Luftverkehr

VFR-Flüge im Luftraum Klasse C

Oberhalb vom Luftraum Klasse E ab FL 100 (im Alpenbereich ab FL 130) befindet sich nur noch kontrollierter Luftraum Klasse C. Darüber hinaus wurden oberhalb einiger besonders verkehrsreicher Verkehrsflughäfen verschieden große Bereiche als Luftraum Klasse C eingestuft. Im Luftraum Klasse C gilt für VFR-Flüge Flugsicht 5 km (ab FL 100 8 km) und Wolkenabstand 1,5 km/1.000 ft.

Aufgrund der besonders hohen IFR-Verkehrsdichte in den Lufträumen Klasse C ist die Freizügigkeit des VFR-Verkehrs stark eingeschränkt und VFR-Flüge unterliegen der Flugverkehrskontrolle.

Zusätzlich sind eine Reihe von Bedingungen zu erfüllen wie u.a. besondere Pilotenausbildung, zusätzliche Luftfahrzeugausrüstung und Anwendung spezieller Sprechfunkgruppen.

Im Luftraum Klasse C werden IFR-Flüge zu anderen IFR- und VFR-Flügen gestaffelt. Eine Staffelung von VFR- zu VFR-Flügen ist nicht vorgeschrieben. Sie erfolgt nur, soweit es die Verkehrslage zuläßt.

Zusammenfassung

Luftraum Klasse C
- der gesamte Luftraum in/oberhalb FL 100 (Alpenbereich FL 130)
- bestimmte Lufträume um die großen internationalen Verkehrsflughäfen
- VMC-Minima: Flugsicht 5 km (unter FL 100) bzw. 8 km (in/oberhalb FL 100), Wolkenabstand 1,5 km/1.000 ft
- Flugverkehrskontrolle für IFR- und VFR-Flüge
- Staffelung IFR- zu IFR- und VFR-Flügen, keine Staffelung von VFR- zu VFR-Flügen, allerdings erhalten die Piloten von VFR-Flügen Verkehrsinformationen über andere Flüge

Abb. 29 (Spalten C bis G): Übersicht über die Sichtflugregeln und Verfahren in den verschiedenen Luftraumklassen des kontrollierten (Controlled Airspace) und unkontrollierten (Uncontrolled Airspace) Luftraums.

Kontrollierter Luftraum

C

Staffelung / Separation:
VFR von IFR / VFR from IFR

Dienst:
Flugverkehrskontrolle,
Verkehrsinformation VFR–Flüge / VFR–Flüge
(Ausweichempfehlung auf Anfrage)

Service:
Air traffic control,
Traffic information VFR flights / VFR flights
(Avoidance advice on request)

VMC Minima:

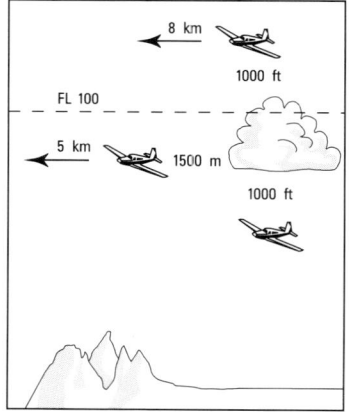

Geschwindigkeitsbeschränkung /
Speed Limitation:
250 kt IAS unter / below FL 100

Sprechfunkverkehr:
Dauernde Hörbereitschaft

Radio Communication:
Constant listening watch

Flugverkehrskontrollfreigabe:
Erforderlich

Air Traffic Control Clearance:
Required

Kontrollierter Luftraum

D

Staffelung / Separation:
Entfällt / Not provided

Dienst:
Verkehrsinformation über IFR–Flüge (Aus–weichempfehlung auf Anfrage),
Verkehrsinformation VFR–Flüge / VFR–Flüge

Service:
Traffic Information about IFR flights (Avoidance advice on request),
traffic information VFR flights / VFR flights

VMC Minima:

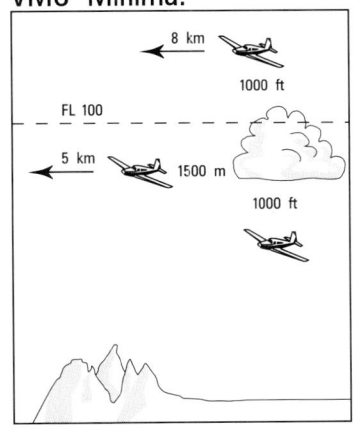

**Geschwindigkeitsbeschränkung /
Speed Limitation:**
250 kt IAS unter / below FL 100

Sprechfunkverkehr:
Dauernde Hörbereitschaft

Radio Communication:
Constant listening watch

Flugverkehrskontrollfreigabe:
Erforderlich

Air Traffic Control Clearance:
Required

Kontrollierter Luftraum

E

Staffelung / Separation:
Entfällt / Not provided

Dienst:
Verkehrsinformation soweit möglich

Service:
Traffic Information as far as practicable

VMC Minima:

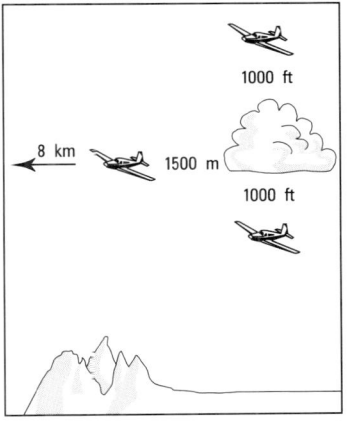

**Geschwindigkeitsbeschränkung /
Speed Limitation:**
250 kt IAS unter / below FL 100

Sprechfunkverkehr:
Nicht erforderlich

Radio Communication:
Not required

Flugverkehrskontrollfreigabe:
Nicht erforderlich

Air Traffic Control Clearance:
Not required

Unkontrollierter Luftraum

F

Staffelung/Separation:
Entfällt/Not provided

Dienst:
Fluginformationsdienst

Service:
Flight Information Service

VMC Minima:

8 km
1000 ft
FL 100
5 km
1500 m
1000 ft

**Geschwindigkeitsbeschränkung/
Speed Limitation:**
250 kt IAS unter/below FL 100

Sprechfunkverkehr:
Nicht erforderlich

Radio Communication:
Not required

Flugverkehrskontrollfreigabe:
Nicht erforderlich

Air Traffic Control Clearance:
Not required

Unkontrollierter Luftraum

G

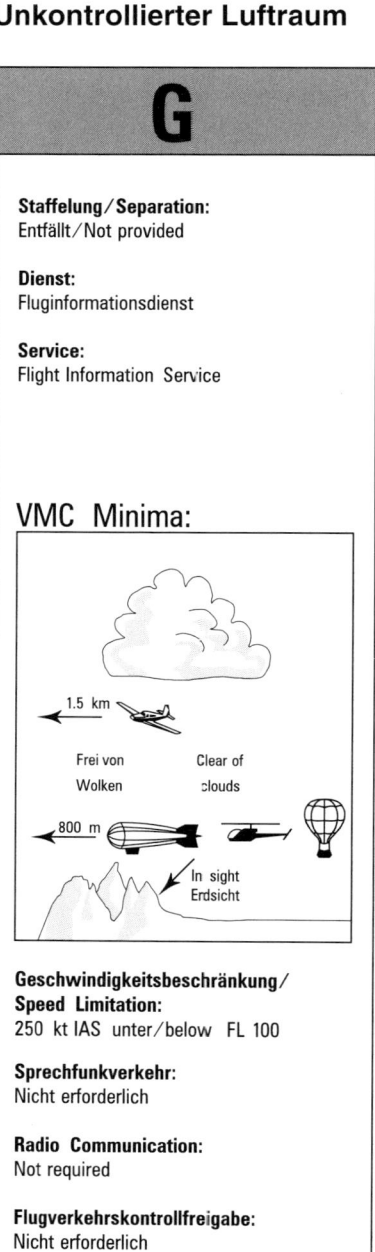

Staffelung/Separation:
Entfällt/Not provided

Dienst:
Fluginformationsdienst

Service:
Flight Information Service

VMC Minima:

1.5 km

Frei von   Clear of
Wolken   clouds

800 m

In sight
Erdsicht

**Geschwindigkeitsbeschränkung/
Speed Limitation:**
250 kt IAS unter/below FL 100

Sprechfunkverkehr:
Nicht erforderlich

Radio Communication:
Not required

Flugverkehrskontrollfreigabe:
Nicht erforderlich

Air Traffic Control Clearance:
Not required

Kontroll- und Übungsaufgaben

1. Es sind eine Wolken am Himmel, die Sichten liegen weit über 10 km. In welche Lufträume kann man ohne besondere Bedingungen nach VFR einfliegen?

2. VFR-Flüge werden im allgemeinen nach dem Prinzip „Sehen und gesehen werden" durchgeführt. Gilt dieses Prinzip auch für IFR-Flüge?

3. Werden IFR-Flüge im Luftraum Klasse F kontrolliert und gestaffelt?

4. In welchem Abstand muß man bei einem VFR-Flug eine Kontrollzone überfliegen?

5. Sie befinden sich auf einem VFR-Flug im Osten der Kontrollzone des militärischen Flugplatzes Ramstein. Ihnen kommt ein vom Flugplatz Ramstein abfliegendes Kampfflugzeug entgegen. Wer muß ausweichen?

6. Im Alpenbereich beginnt der Luftraum Klasse C erst in FL 130. Wo ist dieser Bereich genau beschrieben?

7. VFR-Flüge unterliegen in Lufträumen Klasse C und D der Flugverkehrskontrolle. Bedeutet Flugverkehrskontrolle auch automatisch Staffelung der Flüge untereinander?

8. Warum wird für die Durchführung von VFR-Flügen im Luftraum Klasse C eine bestimmte Qualifikation der Piloten und eine zusätzliche Ausrüstung der Luftfahrzeuge gefordert?

9. Dürfen VFR-Flüge auf den für IFR-Verkehr festgelegten Flugverkehrsstrecken durchgeführt werden?

10. Woher weiß man, in welchen (wenigen) Fällen andere Staaten von der ICAO-Luftraumklassifizierung abweichen?

Kapitel 12

Allgemeine Luftverkehrsregeln

Einführung

Die bei der Teilnahme am Luftverkehr zu beachtenden Regeln sind in der Luftverkehrs-Ordnung (LuftVO) und in den in Ergänzung dazu herausgegebenen Vorschriften und Bekanntmachungen festgelegt. Jeder Pilot muß diese Regeln kennen und befolgen. Sie bilden die Grundlage für die Sicherheit im Luftverkehr.

Dieses Kapitel behandelt alle Luftverkehrsregeln der LuftVO, soweit sie von den Privatpiloten, die nach den Sichtflugregeln fliegen, zu beachten sind. Der größte Teil der Regeln ist allerdings nicht auf Privatpiloten beschränkt, sondern gilt für jeden Luftfahrer, ob Pilot eines kleinen Privatflugzeuges oder eines großen Düsenverkehrsflugzeuges.

Breiten Raum in der LuftVO nehmen die Luftraumordnung, die Sichtflugregeln und die Instrumentenflugregeln ein. Luftraumordnung und Sichtflugregeln wurden bereits in den vorangegangenen Kapiteln ausführlich beschrieben. Die Instrumentenflugregeln werden hier nicht behandelt.

Wegen der besonderen Bedeutung der LuftVO für die Luftfahrt werden die Texte der einzelnen Paragraphen der Verordnung teilweise annähernd wörtlich wiedergegeben. Auch stimmt die Reihenfolge der einzelnen Abschnitte weitestgehend mit der Reihenfolge der Paragraphen überein.

Zusammenfassung

- Die Vorschriften der Luftverkehrs-Ordnung (LuftVO) bilden die Grundlage für die Sicherheit im Luftverkehr.
- Jeder Pilot muß die Regeln im Luftverkehr kennen und beachten.
- Der komplette Text der LuftVO ist im Luftfahrthandbuch veröffentlicht.

Grundregel für das Verhalten im Luftverkehr

Nach § 1 LuftVO gilt für das Verhalten im Luftverkehr folgende Grundregel:

„Jeder Teilnehmer am Luftverkehr hat sich so zu verhalten, daß Sicherheit und Ordnung im Luftverkehr gewährleistet sind und kein anderer gefährdet, geschädigt oder mehr als nach den Umständen unvermeidbar behindert oder belästigt wird.

Der Lärm, der bei dem Betrieb eines Luftfahrzeuges verursacht wird, darf nicht stärker sein, als es die ordnungsgemäße Führung oder Bedienung unvermeidbar erfordert.

Wer infolge des Genusses alkoholischer Getränke oder anderer berauschender Mittel oder infolge geistiger oder körperlicher Mängel in der Wahrnehmung der Aufgaben als Führer eines Luftfahrzeuges oder sonst als Mitglied der Besatzung behindert ist, darf kein Luftfahrzeug führen und nicht als anderes Besatzungsmitglied tätig werden."

Teilnehmer am Luftverkehr sind nicht nur Luftfahrzeugführer (Piloten), sondern auch alle anderen Personen, die in irgendeiner Weise am Luftverkehr teilnehmen wie z.B. Besatzungsmitglieder, Fallschirmspringer, Personen, die unbemannte Luftfahrzeuge in Betrieb nehmen (z.B. Modellflugzeuge), Personal, das auf den Bewegungsflächen eines Flugplatzes tätig ist (Einwinker, Wartungspersonal usw.), u.U. auch Fluggäste. Auch Personen, die Drachen steigen lassen, sind in diesem Sinne Teilnehmer am Luftverkehr. Für alle gilt, daß sie sich bei der Teilnahme am Luftverkehr nach den gegebenen Vorschriften und Weisungen richten müssen, um jede mögliche Gefährdung des Luftverkehrs weitestgehend auszuschließen. Sie haben alle Handlungen zu unterlassen, die eine Gefährdung oder Schädigung Dritter herbeiführen könnten.

Luftfahrzeuge verursachen Lärm, der für viele Menschen eine Belästigung ist. Zum Schutz der Bevölkerung vor Fluglärm muß sich daher jeder Pilot bemühen, soweit als möglich den Fluglärm zu reduzieren. Dies kann er dadurch erreichen, daß er das Luftfahrzeug ordnungsgemäß, d.h. nach den Angaben im Flughandbuch (Betriebshandbuch), bedient und sich nach den Luftverkehrsvorschriften und -regelungen richtet (z.B. nach dem Start möglichst schnell Höhe erreichen).

Es versteht sich wohl von selbst, daß ein Pilot ein Luftfahrzeug nicht führen darf, wenn er in der Wahrnehmung der Aufgaben als Führer eines Luftfahrzeuges behindert ist. Alkoholgenuß, ein in Gips gelegter Arm, schwere Grippe oder Fieber sind z.B. Gründe, die einen Piloten vorübergehend daran hindern, ein Luftfahrzeug zu fliegen. Alkohol und Fliegen verträgt sich nicht. Jeder Pilot sollte sich angewöhnen, 12 bis 24 Stunden vor dem Flug keinen Alkohol zu trinken.

Zusammenfassung

Grundregeln für das Verhalten im Luftverkehr
- Sicherheit und Ordnung gewährleisten
- Keinen anderen gefährden, behindern oder belästigen
- Kein Alkohol, keine Drogen
- Körperlich und geistig gesund
- Fluglärm vermeiden

Rechtsgrundlage § 1 LuftVO

Verantwortlicher Luftfahrzeugführer

Luftfahrzeuge sind während des Fluges und am Boden von einem verantwortlichen Luftfahrzeugführer (engl. Pilot-In-Command, PIC) zu führen. Sind mehrere Piloten an Bord, so ist verantwortlicher Luftfahrzeugführer, wer als solcher bestimmt ist. Die Bestimmung ist vom Luftfahrzeughalter oder seinem gesetzlichen Vertreter, bei einer juristischen Person (z.B. Verein) von dem vertretungsberechtigten Organ, zu treffen. Ist nicht festgelegt, wer der verantwortliche Luftfahrzeugführer ist, so ist derjenige verantwortlich, der das Luftfahrzeug von dem Sitz des ersten Luftfahrzeugführers aus führt. Bestehen Zweifel, welcher der Sitz des ersten Luftfahrzeugführers ist, entscheiden die Bestimmungen des Betriebshandbuches für das Luftfahrzeug.

Der verantwortliche Luftfahrzeugführer hat das Entscheidungsrecht über die Führung des Luftfahrzeuges. Er hat die während des Fluges, bei Start und Landung und beim Rollen aus Gründen der Sicherheit notwendigen Maßnahmen zu treffen. Darüber hinaus hat er dafür zu sorgen, daß die luftverkehrsrechtlichen Vorschriften sowie die Vorschriften über den Betrieb von Luftfahrzeugen sowie die in Ausübung der Luftaufsicht zur Durchführung des Fluges ergangenen Vorschriften eingehalten werden. Dies gilt unabhängig davon, ob der verantwortliche Luftfahrzeugführer das Luftfahrzeug selbst bedient oder nicht, es sei denn, es ist etwas anderes vorgeschrieben.

Viele Luftfahrzeuge lassen sich vom linken wie auch vom rechten vorderen Sitz aus steuern (Doppelsteuerung), und im Flughandbuch ist meist nicht festgelegt, welcher Sitz für den ersten Luftfahrzeugführer vorgesehen ist. Fliegen zwei Piloten mit einem Luftfahrzeug mit Doppelsteuerung, so ist nicht immer offensichtlich, wer das Luftfahrzeug letztlich als verantwortlicher Luftfahrzeugführer fliegt. Es empfiehlt sich daher, allein schon aus haftungsrechtlichen Gründen, vorher festzulegen (u.U. sogar schriftlich), wer das Luftfahrzeug verantwortlich führt.

Bei Übungsflügen, die im Rahmen der Ausbildung in Begleitung oder unter Aufsicht eines Fluglehrers durchgeführt werden, gilt selbstverständlich der Fluglehrer als der verantwortliche Luftfahrzeugführer (siehe hierzu Kapitel 7).

Zusammenfassung

- Es gibt nur **einen** verantwortlichen Piloten an Bord eines Luftfahrzeuges.
- Der verantwortliche Pilot hat das alleinige Entscheidungsrecht.
- Achtung: Im Zweifelsfall vor einem Flug festlegen, wer der verantwortliche Pilot ist.

Rechtsgrundlage §§ 2 und 3 LuftVO

Flugvorbereitung

Jeder Pilot hat die Pflicht, vor einem Flug eine sorgfältige Flugvorbereitung (engl. Flight Preparation) durchzuführen. Dabei hat er sich insbesondere mit allen Unterlagen und Informationen, die für die sichere Durchführung des Fluges von Bedeutung sind, vertraut zu machen (z.B. Luftfahrtkarten, AIP, NOTAM usw.).

Außerdem hat er sich davon zu überzeugen, daß sich das Luftfahrzeug und die Ladung in verkehrssicherem Zustand befinden, die zulässige Flugmarge nicht überschritten wird, die vorgeschriebenen Ausweise (z.B. Lufttüchtigkeitszeugnis, Eintragungsschein,

Luftfahrerschein usw.) vorhanden sind und die erforderlichen Angaben über den Flug im Bordbuch, soweit dies zu führen ist, eingetragen werden.

Führt ein Flug über die Umgebung des Startflugplatzes hinaus, so hat sich der Pilot zusätzlich über die verfügbaren Flugwettermeldungen und -vorhersagen zu unterrichten (Flugwetterberatung).

Ein Flug führt dann über die Umgebung eines Flugplatzes hinaus, wenn der Pilot den Verkehr in der Platzrunde nicht mehr einsehen kann. Man nennt einen solchen Flug Überlandflug (engl. Cross-country Flight).

Vor einem Flug, für den ein Flugplan zu übermitteln ist, muß darüber hinaus eine Flugberatung bei einer Flugberatungsstelle (AIS) eingeholt werden.

Das Luftaufsichts-Personal hat das Recht nachzuprüfen, ob der Pilot den Flug ordnungsgemäß vorbereitet hat und ob die vorgeschriebenen Ausweise, insbesondere die Scheine und Zeugnisse für die Besatzung und das Luftfahrzeug, mitgeführt werden.

Der Pilot hat dieser Prüfung stattzugeben.

Zusammenfassung

Flugvorbereitung
- Vertrautmachen mit allen erforderlichen Unterlagen und Informationen, z.B. Luftverkehrsvorschriften, Luftfahrthandbuch, Luftfahrtkarten, VFR-Bulletin, Flughandbuch usw.
- Luftfahrzeug und Ladung in verkehrssicherem Zustand, z.B. Vorflugkontrolle gemäß Checklist im Flughandbuch, Schwerpunktberechnung
- Vorgeschriebene Ausweise an Bord
  - Lufttüchtigkeitszeugnis
  - Nachprüfschein
  - Eintragungsschein
  - Genehmigungsurkunde zur Einrichtung und zum Betrieb einer Luftfunkstelle
  - Bescheinigung über Haftpflichtversicherung
  - Flughandbuch
  - Bordbuch
  - Flugbuch
  - Luftfahrerschein
  - Flugfunkzeugnis, wenn nicht im Luftfahrerschein eingetragen
  - ggf. Lärmzeugnis
- ggf. Eintragungen ins Bordbuch vornehmen
- bei Überlandflug zusätzlich Wetterberatung
- bei flugplanpflichtigem Flug zusätzlich Flugberatung bei der zuständigen Flugberatungsstelle (AIS)

Rechtsgrundlage §§ 3a und 24 LuftVO

Anwendung der Flugregeln

Der Betrieb eines Luftfahrzeuges richtet sich nach den allgemeinen Luftverkehrsregeln der LuftVO, die Führung des Luftfahrzeuges zusätzlich nach den Sichtflugregeln (VFR) oder den Instrumentenflugregeln (IFR).

Nach Sichtflugregeln darf nur geflogen werden, wenn die im Kapitel 10 für den Einzelfall beschriebenen Werte für Sicht, Abstand von Wolken sowie Höhe der Hauptwolken-

untergrenze erreicht oder überschritten werden. Werden die in den Sichtflugregeln festgelegten Mindestwetterbedingungen nicht erreicht, so muß nach den Instrumentenflugregeln geflogen werden, ausgenommen Sonder-VFR-Flüge in Kontrollzonen.

Zusammenfassung

Es müssen beachtet werden:
- Allgemeine Luftverkehrsregeln
Zusätzlich
- Sichtflugregeln (VFR) oder
- Instrumentenflugregeln (IFR).

Rechtsgrundlage § 4 LuftVO

Anzeige von Flugunfällen und sonstigen Störungen

Störungen beim Betrieb eines Luftfahrzeuges hat der Luftfahrzeughalter dem Luftfahrt-Bundesamt (LBA) innerhalb von drei Tagen schriftlich anzuzeigen. Störungen sind:

- Flugunfälle, bei denen eine Person getötet oder schwer verletzt worden ist oder ein Luftfahrzeug einen schweren Schaden erlitten oder verursacht hat
- Bedrohung von Besatzungsmitgliedern während des Fluges
- Ausfall eines Mitgliedes der Flugbesatzung durch gesundheitliche Störungen während des Fluges
- Feuer oder Explosion beim Betrieb eines Luftfahrzeuges
- Funktionsstörungen und Schäden an Steuerungsanlagen (einschließlich Flügelklappen und sonstigen aerodynamischen Einrichtungen)
- Schäden an Triebwerken, die zu einem Triebwerkswechsel führen
- Abkommen von Start- oder Landebahnen einschließlich Zukurz- oder Zuweitkommen

- unkontrollierte Fluglagen
- besondere meteorologische Phänomene wie extrem starke Turbulenz, extreme Vereisung, statische Aufladung und Blitzeinschläge in das Luftfahrzeug
- Störungen in der Ausrüstung des Luftfahrzeuges oder an Bodenanlagen, die zum Abbruch eines Landeanfluges führen
- Schäden an tragenden Bauteilen, die die Festigkeit der Zelle beeinträchigen können
- Zusammenstöße mit Vögeln
- Zusammenstöße von Luftfahrzeugen und gefährliche Begegnungen zwischen Luftfahrzeugen
- sonstige Störungen, deren Bekanntwerden der Flugunfallverhütung dienlich sein kann, z.B. Notlandungen

Störungen bei dem Betrieb eines Luftfahrzeugs, bei denen eine Person getötet oder schwer verletzt worden ist oder ein Luftfahrzeug einen schweren Schaden erlitten oder verursacht hat, hat der Luftfahrzeugführer, bei dessen Behinderung ein anderes Besatzungsmitglied oder, sofern keine dieser Personen dazu in der Lage ist, der Halter des Luftfahrzeuges unbeschadet der Anzeigepflicht unverzüglich der nächst erreichbaren Polizeidienststelle zur Weiterleitung an folgende Stellen anzuzeigen:

- Luftfahrtbehörde des Landes
- Luftfahrt-Bundesamt
- Nächste Flugsicherungsdienststelle

Hat sich die Störung auf einem Flugplatz oder in der unmittelbaren Nähe eines Flugplatzes ereignet, so kann die Anzeige auch bei der Luftaufsichtsstelle erstattet werden, die sie an die Polizei weiterleitet. Bei einem schweren Flugunfall mit einem deutschen Luftfahrzeug im Ausland ist die Anzeige unmittelbar an das Luftfahrt-Bundesamt zu erstatten.

Unbeschadet der Sofortanzeige bei schweren Störungen muß der Luftfahrzeughalter innerhalb von drei Tagen dem Luftfahrt-Bundesamt eine schriftliche Störungsmeldung zusenden. Als schwere Verletzung gilt eine Verletzung, die

- einen Krankenhausaufenthalt von mehr als 48 Stunden erforderlich macht,
- Knochenbrüche zur Folge hat, mit Ausnahme einfacher Brüche von Fingern, Zehen oder der Nase,
- schwere Blutungen, Nerven-, Muskel- oder Sehnenschäden zur Folge hat,
- an inneren Organen entsteht oder
- zu Verbrennungen zweiten oder dritten Grades oder von mehr als fünf Prozent der Körperoberfläche führt.

Als schwerer Schaden am Luftfahrzeug gilt eine Beschädigung, die den Festigkeitsverband der Zelle, die Flugleistungen oder die Flugeigenschaften nachteilig beeinflußt und die normalerweise eine größere Instandsetzung oder das Auswechseln des betreffenden Bauteils erforderlich macht. Ausgenommen sind Motorausfälle, auf Triebwerke beschränkte Schäden, verformte Verkleidungen oder Hauben, eingebeulte Beplankungen, kleine Löcher in der Beplankung, Rollschäden an Propellerblättern, Schäden an Bereifung, Motorzubehörteilen, Bremsen oder Flügelspitzen. Als schwerer Drittschaden gilt ein Schaden von mehr als 1.000 DM.

Schriftliche Anzeigen über Störungen, für die bereits eine Sofortanzeige erstattet worden ist, sollen auf einem vom LBA herausgegebenen Formblatt erfolgen. Die Vordrucke können vom LBA und den Luftaufsichtsstellen bezogen werden. Die übrigen schriftlichen Anzeigen können ohne besondere Form erfolgen.

Zur Vereinfachung der Anzeige von gefährlichen Begegnungen zwischen Luftfahrzeugen genügt es, wenn diese Anzeigen nur bei der Flugsicherung (DFS) erstattet werden. Die Flugsicherung wird diese Anzeigen, soweit erforderlich, an das LBA weiterleiten (weitere Erläuterungen hierzu siehe Luftfahrthandbuch).

Zusammenfassung

- Flugunfälle und sonstige Störungen beim Betrieb von Luftfahrzeugen hat der Luftfahrzeughalter dem LBA innerhalb von 3 Tagen schriftlich anzuzeigen.
- Zusätzlich sind Flugunfälle, bei denen eine Person getötet oder schwer verletzt worden ist oder ein Luftfahrzeug einen schweren Schaden erlitten oder verursacht hat, unverzüglich der nächst erreichbaren Polizeidienststelle zur Weiterleitung an die Landesluftfahrtbehörde, das Luftfahrt-Bundesamt und die nächste Flugsicherungsdienststelle anzuzeigen.
- Die Anzeigepflicht gilt auch bei Flugunfällen bzw. Störungen deutscher Luftfahrzeuge im Ausland!
- Meldungen über gefährliche Begegnungen zwischen Luftfahrzeugen sind unmittelbar der Flugsicherung zuzuleiten.

Rechtsgrundlage § 5 LuftVO, Bekanntmachungen des BMV und der DFS

Sicherheitsmindesthöhe

Sicherheitsmindesthöhe (engl. Minimum Safe Height) ist die Höhe, bei der weder eine unnötige Lärmbelästigung noch im Falle einer Notlandung eine unnötige Gefährdung von Personen und Sachen zu befürchten ist; sie beträgt, ausgenommen bei Start und Landung,

- über Städten, anderen dichtbesiedelten Gebieten und Menschenansammlungen mindestens 1.000 ft (300 m) über dem höchsten Hindernis in einem Umkreis von 600 m,

- in allen übrigen Fällen mindestens 500 ft (150 m) über Grund oder Wasser.

Segelflugzeuge können die Höhe von 500 ft (150 m) auch unterschreiten, wenn die Art ihres Betriebes dies notwendig macht und eine Gefahr für Personen und Sachen nicht zu befürchten ist. Brücken und ähnliche Bauten sowie Freileitungen und Antennen dürfen nicht unterflogen werden.

Die einzuhaltende Sicherheitsmindesthöhe kann im Einzelfall sehr viel höher als 500 ft bzw. 1.000 ft liegen. Sie ergibt sich nicht nur allein aus der Art des überflogenen Geländes (besiedelt, nicht besiedelt), sondern auch aus Art, Leistung und Eigenschaft des Luftfahrzeuges (z.B. einmotorig, mehrmotorig, Gleitwinkel nach Triebwerksausfall usw.) sowie den aktuellen Wetterbedingungen. Die Erfahrung zeigt, daß bei Flügen über ausgedehnten Siedlungsgebieten (große Städte) im allgemeinen eine Sicherheitsmindesthöhe von 2.000 ft und mehr erforderlich ist. Um Fluglärm zu vermeiden, sollte man grundsätzlich möglichst hoch fliegen.

Für Flüge zu besonderen Zwecken kann die örtlich zuständige Luftfahrtbehörde des Landes Ausnahmen zur Sicherheitsmindesthöhe zulassen.

Zusammenfassung

Sicherheitsmindesthöhe
- 500 ft GND außerhalb von Städten, dichtbesiedelten Gebieten, Menschenansammlungen
- 1.000 ft über höchsten Hindernis im Umkreis von 600 m über Städten, dichtbesiedelten Gebieten, Menschenansammlungen
- Ausnahmen für Start und Landung, Segelflugzeuge
- Kein Unterfliegen von Brücken, Freileitungen, Antennen

Rechtsgrundlage § 6 LuftVO

Mindesthöhe bei Überlandflügen

Überlandflüge nach Sichtflugregeln mit motorgetriebenen Luftfahrzeugen sind in einer Höhe von mindestens 2.000 ft (600 m) über Grund oder Wasser durchzuführen, soweit nicht aus Sicherheitsgründen eine größere Höhe einzuhalten ist. Überlandflüge in einer geringeren Höhe dürfen unter Beachtung der o.a. Vorschriften zur Sicherheitsmindesthöhe angetreten oder durchgeführt werden, wenn die Einhaltung sonstiger Vorschriften und Festlegungen nach der LuftVO, insbesondere die Einhaltung der Luftraumordnung, der Sichtflugregeln oder von Flugverkehrskontrollfreigaben (z.B. bei Einflug in eine Kontrollzone), eine geringere Höhe erfordert.

Zusammenfassung

Mindesthöhe bei VFR-Überlandflügen
* 2.000 ft GND
* Ausnahmen möglich zur Einhaltung von Luftraumordnung, Sichtflugregeln, Flugverkehrskontrollfreigaben

Rechtsgrundlage § 6 LuftVO

Abwerfen von Gegenständen

Das Abwerfen oder Ablassen von Gegenständen oder sonstigen Stoffen aus oder von Luftfahrzeugen ist verboten. Dies gilt nicht für Ballast in Form von Wasser (z.B. vom Segelflugzeug aus) oder feinem Sand (z.B. vom Ballon aus), für Treibstoffe, Schleppseile, Schleppbanner und ähnliche Gegenstände, wenn sie an Stellen abgeworfen werden, an denen eine Gefahr für Personen oder Sachen nicht besteht.

Die örtlich zuständige Luftfahrtbehörde des Landes kann Ausnahmen von diesem Verbot zulassen, wenn eine Gefahr für Personen oder Sachen nicht besteht (z.B. Versprühen von Schädlingsbekämpfungsmitteln aus der Luft).

Zusammenfassung

* Abwerfen von Gegenständen aus Luftfahrzeugen ist im allgemeinen verboten!
* Ausnahmen: Wasser, Sand, Treibstoff, Schleppseile usw.

Rechtsgrundlage § 7 LuftVO

Kunstflüge

Für Kunstflüge (engl. Acrobatic Flights) gelten folgende Bedingungen:

* Kunstflüge dürfen nur bei Flugverhältnissen, bei denen nach Sichtflugregeln (VMC) geflogen werden darf, durchgeführt werden.
* Kunstflüge dürfen nur mit ausdrücklicher Zustimmung aller Insassen des Luftfahrzeuges ausgeführt werden.
* Kunstflüge in Höhen von weniger als 1.500 ft (450 m) sowie über Städten, anderen dichtbesiedelten Gebieten, Menschenansammlungen und Flughäfen sind verboten. Die örtlich zuständige Luftfahrtbehörde des Landes kann im Einzelfall Ausnahmen zulassen.
* Kunstflüge bedürfen, soweit sie in der Umgebung von Flugplätzen ohne Flugverkehrskontrollstelle (unkontrollierte Flugplätze) durchgeführt werden, der Zustimmung der Luftaufsichtsstelle.
* Für Kunstflüge im kontrollierten Luftraum und über Flugplätzen mit Flugverkehrskontrollstelle (kontrollierte Flugplätze) hat der Pilot der zuständigen Flugverkehrskontrollstelle einen Flug-

plan zu übermitteln und eine Flugverkehrskontrollfreigabe einzuholen.

Für die Duchführung von Kunstflügen bedarf der Pilot einer Kunstflugberechtigung
(siehe Kapitel 7); außerdem muß das Luftfahrzeug für die Durchführung von Kunstflügen ausgerüstet und zugelassen sein
(siehe Kapitel 6).

Zusammenfassung

Kunstflüge
- nur in Sichtwetterbedingungen (VMC)
- mit Zustimmung aller Insassen
- nicht unter 1.500 ft GND
- nicht über Städten, dichtbesiedelten Gebieten, Menschenansammlungen, Flughäfen
- in Umgebung von unkontrollierten Flugplätzen: Zustimmung der Luftaufsicht
- im kontrollierten Luftraum, über kontrollierten
  Flugplätzen: Flugplan, Flugverkehrskontrollfreigabe
- zusätzlich Kunstflugberechtigung, für Kunstflug zugelassenes Luftfahrzeug

Rechtsgrundlage §§ 8, 25 und 26 LuftVO

Schlepp- und Reklameflüge

Reklameflüge mit geschleppten Gegenständen (z.B. Banner) bedürfen der Erlaubnis
der Luftfahrtbehörde des Landes, in dem
der Antragsteller seinen Wohnsitz oder
Sitz hat. Die Erlaubnis darf nur erteilt werden, wenn

- der Luftfahrzeugführer die Schleppberechtigung nach der Verordnung über
  Luftfahrtpersonal besitzt;
- das Luftfahrzeug mit einem Barogra-
  phen zur Feststellung der Flughöhen
  während des Fluges ausgerüstet ist
  (dies gilt nicht für Arbeitsflüge von
  Drehflüglern);
- bei dem beantragten Flug nicht mehr

als drei Luftfahrzeuge im Verband fliegen, wobei der Abstand zwischen dem
geschleppten Gegenstand des voran-
fliegenden Luftfahrzeuges und dem
nachfolgenden Luftfahrzeug sowie zwischen den Luftfahrzeugen mindestens
60 m betragen muß;
- die Haftpflichtversicherung das Schleppen von Gegenständen ausdrücklich
  miteinschließt.

Die o.a. Vorschriften finden auf das Schleppen von Gegenständen zu anderen als
Reklamezwecken sinngemäß Anwendung.

Das Schleppen von Segelflugzeugen bedarf
nicht der Erlaubnis; es genügt die Schleppberechtigung nach der Luftverkehrs-Zulassungs-Ordnung in Verbindung mit der Verordnung über Luftfahrtpersonal. Die Erlaubnisbehörde kann aus Gründen der öffentlichen Sicherheit oder Ordnung, vor allem zur
Verhinderung von Lärmbelästigungen, bei
der Genehmigung von Schlepp- oder Rekla-
meflügen Auflagen machen, z.B. durch Festlegung einer höheren Sicherheitsmindesthöhe und durch zeitliche Beschränkungen.

Reklameflüge, bei denen die Reklame nur
in der Beschriftung des Luftfahrzeuges besteht, bedürfen keiner Erlaubnis. Flüge zur
Reklame mit akustischen Mitteln sind verboten. Weitere Regelungen zu Reklame-
flügen, insbesondere zusätzlich zu beach-
tende Auflagen in den einzelnen Bundesländern, sind im Luftfahrthandbuch veröffentlicht.

Zusammenfassung

- Reklameflüge mit geschleppten Gegenständen sind erlaubnispflichtig!

Rechtsgrundlage § 9 LuftVO, Bekanntmachung
des BMV

Uhrzeit und Maßeinheiten

Im Luftverkehr wird weltweit die Koordinierte Weltzeit (engl. Universal Time Coordinated, UTC) verwendet. Die Koordinierte Weltzeit ist eine Kombination aus der Weltzeit und der Internationalen Atomzeit.

Sie entspricht der Mittleren Ortszeit am Nullmeridian (Greenwich-Meridian). Der Zeitunterschied zwischen UTC und der Mitteleuropäischen Zeit, MEZ (engl. Central European Time, CET), beträgt eine Stunde, zwischen UTC und der Mitteleuropäischen Sommerzeit, MESZ (engl. Central European Summer Time, CEST), zwei Stunden (weitere Erläuterungen siehe Band 2 „Flugnavigation" der Privatpiloten Bibliothek).

Weiterhin werden in der Luftfahrt die folgenden Maßeinheiten angewendet:

- Für Zwecke der Navigation: Seemeilen (engl. Nautical Miles, NM)
- Für kurze Entfernungsangaben, insbes. für Entfernungsangaben auf Flugplätzen: Meter
- Höhen über NN, geographische Höhen und Höhen über Grund: Fuß (engl. Feet, ft)
- Horizontale Geschwindigkeit einschl. Windgeschwindigkeit: Knoten (engl. Knots, kt)
- Vertikale Geschwindigkeit: Fuß je Minute (engl. Feet per Minute, ft/min)
- Windrichtung für Landung und Start: Grad mißweisend
- Windrichtung außer für Start und Landung: Grad rechtweisend
- Sicht einschl. Landebahnsicht: Kilometer oder Meter
- Höhenmessereinstellung: Hektopascal
- Temperatur: Grad Celsius
- Masse: Kilogramm

Zusammenfassung

- Uhrzeit: UTC
- Entfernungen: NM, m, ft
- Geschwindigkeiten: kt, ft/min
- Windrichtung: rechtw., mißw. (Landung, Start)
- Luftdruck: hPa
- Temperatur: °C
- Masse: kg

Rechtsgrundlage § 9a LuftVO, Bekanntmachung der DFS

Vermeidung von Zusammenstößen

Piloten haben zur Vermeidung von Zusammenstößen zu Luftfahrzeugen sowie zu anderen Fahrzeugen und sonstigen Hindernissen einen ausreichenden Abstand einzuhalten.

Unbeschadet der Einhaltung der Sicherheitsmindesthöhe ist im Fluge, ausgenommen bei Start und Landung, zu einzelnen Bauwerken oder anderen Hindernissen ein Mindestabstand von 150 m einzuhalten. Dies gilt nicht für Segelflugzeuge und bemannte Freiballone. Für sonstige Luftfahrzeuge kann die zuständige Luftfahrtbehörde des Landes im Einzelfall Ausnahmen zulassen.

Die Verpflichtung, zur Vermeidung von Zusammenstößen ausreichenden Abstand und im Fluge zu einzelnen Bauwerken und Hindernissen einen Mindestabstand von 150 m einzuhalten, gilt auch dann, wenn eine Flugverkehrskontrollstelle tätig ist; d.h. der Flugverkehrslotse kann den Piloten von dieser Verpflichtung nicht befreien.

Luftfahrzeuge dürfen im Verband nur nach vorangegangener Vereinbarung der Piloten geflogen werden. Werden Verbandsflüge unter Kontrolle der Flugsicherung durchgeführt, so werden die zu einem Verband gehörenden Luftfahrzeuge bei der Erteilung von Flugverkehrskontrollfreigaben und bei der Erstellung von Staffelung als ein Luftfahrzeug betrachtet. Der Verbandsführer und die dem Verband zugehörenden Piloten sind dafür verantwortlich, daß die erforderlichen Sicherheitsabstände innerhalb des Verbandes aufrechterhalten bleiben.

Zusammenfassung

Zur Vermeidung von Zusammenstößen in der Luft und am Boden ausreichenden Sicherheitsabstand gegenüber Luftfahrzeugen, Fahrzeugen, Hindernissen einhalten.
- Mindestabstand zu Hindernissen/Bauwerken 150 m (Ausnahmen: Start/Landung, Segelflugzeuge, Freiballone).

Rechtsgrundlage § 12 LuftVO, Bekanntmachung der DFS

Ausweichregeln

Luftfahrzeuge im Gegenflug

Luftfahrzeuge, die sich im Gegenflug einander nähern, haben, wenn die Gefahr eines Zusammenstoßes besteht, nach rechts auszuweichen.

Sich kreuzende Luftfahrzeuge

Kreuzen sich die Flugrichtungen zweier Luftfahrzeuge in nahezu gleicher Höhe, so hat das Luftfahrzeug, das von links kommt, auszuweichen (siehe Abb. 31). Jedoch haben stets auszuweichen:

- motorgetriebene Luftfahrzeuge, die schwerer als Luft sind, den Luftschiffen, Segelflugzeugen und Ballonen;
- Luftschiffe den Segelflugzeugen und Ballonen;
- Segelflugzeuge den Ballonen;
- motorgetriebene Luftfahrzeuge den Luftfahrzeugen, die andere Luftfahrzeuge oder Gegenstände erkennbar schleppen.

Motorsegler, deren Motor nicht in Betrieb ist, gelten bei Anwendung der Ausweichregeln als Segelflugzeuge.

Überholen von Luftfahrzeugen

Überholt ein Luftfahrzeug ein anderes, so hat das überholende Luftfahrzeug, auch wenn es steigt oder sinkt, den Flugweg des anderen zu meiden und seinen Kurs nach rechts zu ändern (siehe Abb. 32). Ein Luftfahrzeug überholt ein anderes, wenn es sich dem anderen von rückwärts in einer Flugrichtung nähert, die einen Winkel von weniger als 70° zu der Flugrichtung des anderen bildet.

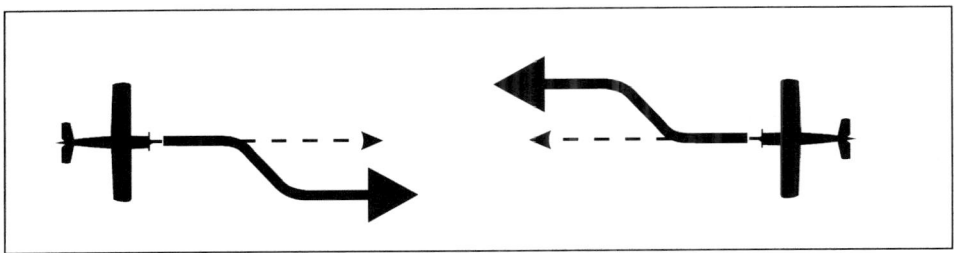

Abb. 30: Luftfahrzeuge im Gegenflug haben nach rechts auszuweichen.

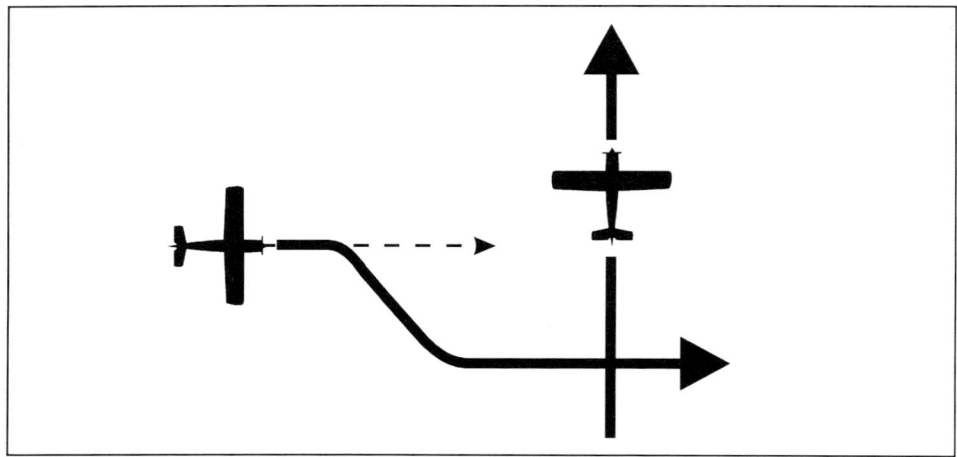

Abb. 31: Bei sich kreuzenden Luftfahrzeugen hat das von rechts kommende Luftfahrzeug Vorflugrecht.

Bei Nacht ist dieses Verhältnis der Flugrichtungen zueinander anzunehmen, wenn die vorgeschriebenen roten und grünen Positionslichter des Luftfahrzeuges nicht gesehen werden können.

Landende Luftfahrzeuge

Da landende Luftfahrzeuge im allgemeinen in der Bewegungsfreiheit eingeschränkt sind (geringe Fluggeschwindigkeit, Bodennähe), ist Luftfahrzeugen im Endanflug und landenden Luftfahrzeugen stets auszuweichen.

Von mehreren einen Flugplatz gleichzeitig zur Landung anfliegenden Luftfahrzeugen, die schwerer als Luft sind, hat das höher fliegende dem tiefer fliegenden Luftfahrzeug auszuweichen.

Jedoch haben motorgetriebene Luftfahrzeuge, die schwerer als Luft sind (z.B. Flugzeuge, Motorsegler), anderen Luftfahrzeugen (z.B. Segelflugzeuge, Ballone) immer auszuweichen, d.h. auch wenn ein anfliegendes Segelflugzeug höher fliegt, muß das tiefer anfliegende Motorflugzeug ausweichen.

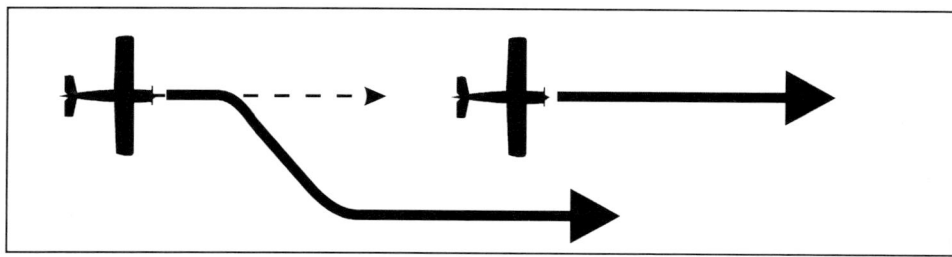

Abb. 32: Ein Luftfahrzeug hat ein anderes Luftfahrzeug rechts zu überholen.

166

Ein tiefer fliegendes Luftfahrzeug darf ein anderes Luftfahrzeug, das sich im Endteil des Landeanfluges befindet, nicht unterschneiden oder überholen.

Startendes Luftfahrzeug

Ein Luftfahrzeug darf erst dann starten, wenn keine Gefahr eines Zusammenstoßes besteht.

In seiner Manövrierfähigkeit behindertes Luftfahrzeug

Ein Luftfahrzeug hat einem anderen Luftfahrzeug, das erkennbar in seiner Manövrierfähigkeit behindert ist, auszuweichen.

Verhalten beim Ausweichen

Ein Luftfahrzeug, das nach den Ausweichregeln nicht auszuweichen oder seinen Kurs zu ändern hat, muß - um nicht den Piloten des anderen Luftfahrzeuges zu irritieren - seinen Kurs und seine Geschwindigkeit beibehalten, bis eine Zusammenstoßgefahr ausgeschlossen ist.

Die Vorschriften über die Ausweichregeln entbinden die beteiligten Piloten nicht von ihrer Verpflichtung, so zu handeln, daß ein Zusammenstoß vermieden wird.

Ein Luftfahrzeug, das einem anderen Luftfahrzeug ausweichen oder dessen Flugweg meiden und seinen Kurs ändern muß, darf das andere Luftfahrzeug nur in einem Abstand überfliegen, unterfliegen oder vor diesem vorbeifliegen, der eine Gefährdung oder Behinderung dieses Luftfahrzeuges ausschließt.

Zusammenfassung

- Gegenflug: nach rechts ausweichen
- Kreuzender Flug: rechts hat Vorflugrecht
- Überholen: rechts überholen
- Landung: landendes Luftfahrzeug hat Vorflugrecht
- Grundsatz: Manövrierfähigeres Luftfahrzeug hat dem weniger manövrierfähigen Luftfahrzeug auszuweichen.
- Achtung: Beim Überfliegen, Unterfliegen, Vorbeifliegen von Luftfahrzeugen stets großen Sicherheitsabstand einhalten!

Rechtsgrundlage § 13 LuftVO

Wolkenflüge mit Segelflugzeugen

Wolkenflüge mit Segelflugzeugen können von der Flugsicherung erlaubt werden, wenn die Sicherheit der Luftfahrt durch geeignete Maßnahmen (Festlegung von entsprechenden Auflagen) aufrechterhalten werden kann. Damit die Flugsicherung die geeigneten Maßnahmen rechtzeitig ergreifen kann, muß vor einem Wolken-Segelflug ein Flugplan aufgegeben und eine Flugverkehrskontrollfreigabe eingeholt werden (s. weiter unten). Außerdem ist für den Piloten eine Wolkenflugberechtigung und für das Segelflugzeug eine entsprechende Ausrüstung (3. DVO zur LuftBO) erforderlich. Ein Wolkenflug mit einem Segelflugzeug ist kein Flug nach Instrumentenflugregeln (IFR-Flug) im Sinne der LuftVO.

Zusammenfassung

Voraussetzung für Wolkensegelflug
- Erlaubnis der Flugsicherung
- Flugplan, Flugverkehrskontrollfreigabe
- zusätzlich Wolkenflugberechtigung, Ausrüstung

Rechtsgrundlage §§ 14, 25, 26 LuftVO, § 85 LuftPersV

Außenstarts und Außenlandungen

Starts und Landungen finden im Normalfall auf den dafür vorgesehenen Start- und Landebahnen der Flugplätze statt (Flugplatzzwang). Starts und Landungen von Luftfahrzeugen (Flugzeuge, Drehflügler, Luftschiffe, Motorsegler, Segelflugzeuge) außerhalb der für sie genehmigten Flugplätze, außerhalb der in der Flugplatzgenehmigung festgelegten Start- und Landebahnen, außerhalb der Flugplatz-Betriebsstunden oder innerhalb der Betriebsbeschränkungen für den Flugplatz bedürfen einer Außenstart- bzw. Außenlandegenehmigung der zuständigen Luftfahrtbehörde des Landes. Zusätzlich ist bei Starts und Landungen außerhalb der genehmigten Flugplätze die vorherige Zustimmung des Grundstückseigentümers, bei Außenstarts und Außenlandungen auf Flugplätzen die Zustimmung des Flugplatzunternehmers erforderlich.

Es ist also durchaus möglich, mit einem Motorflugzeug auf einem Segelfluggelände oder mit einem Hubschrauber auf einer Wiese zu landen. In beiden Fällen muß vorher eine Erlaubnis zur Durchführung einer Außenlandung und eines Außenstarts eingeholt werden. Diese Erlaubnis kann allgemein oder im Einzelfall erteilt, mit Auflagen verbunden und befristet sein.

Auch eine Landung nach Betriebsschluß des Flugplatzes ist eine Außenlandung und damit erlaubnispflichtig. Landet man nach Betriebsschluß ohne Erlaubnis, so ist dies eine ordnungswidrige Handlung, die mit einer Geldbuße geahndet werden kann.

Eine Erlaubnispflicht für eine Außenlandung besteht nicht, wenn der Ort der Landung infolge der Eigenschaft des verwendeten Luftfahrzeuges nicht vorherbestimmbar ist (z.B. bei Segelflugzeugen, Freiballonen). Außenlandungen von Segelflugzeugen und Motorseglern, die sich auf einem Überlandflug befinden, bedürfen keiner Erlaubnis.

Der Erlaubnis zur Außenlandung bedarf es (natürlich) auch nicht, wenn eine Notlandung (z.B. wegen Triebwerksausfall), eine Sicherheitslandung (z.B. wegen Treibstoffmangel) oder eine Landung zur Hilfeleistung bei Gefahr für Leib und Leben einer Person (z.B. Hubschrauberlandung zur Aufnahme von Unfallopfern) durchgeführt wird.

Während bei einer Sicherheitslandung und bei einer Landung zur Hilfeleistung ohne Erlaubnis wieder gestartet werden darf, ist ein Wiederstart nach einer Notlandung (wenn überhaupt möglich) erst nach Erlaubnis durch die Luftfahrtbehörde des Landes und Zustimmung des Grundstückseigentümers möglich.

Bei einer Außenlandung (eventuell auch bei einem Außenstart) kann u.U. erheblicher Schaden verursacht werden (z.B. Flurschaden bei einer Landung in einem Kornfeld). Für diesen Schaden kann der Grundstückseigentümer bzw. ein sonstiger Berechtigter Schadensersatz beanspruchen.

Aus diesem Grund ist die Besatzung des Luftfahrzeuges verpflichtet, dem Grundstückseigentümer oder einem anderen Berechtigten über Namen und Wohnsitz des Luftfahrzeughalters, des Luftfahrzeugführers sowie des Versicherers Auskunft zu geben. Nach Erteilung dieser Auskünfte darf der Grundstückseigentümer bzw. der Berechtigte den Abflug oder den Abtransport des Luftfahrzeuges nicht verhindern.

Zusammenfassung

- Außenlandung: Landung außerhalb eines für das Luftfahrzeug genehmigten Flugplatzes.
- Notlandung: Erzwungene Landung, da der eingetretene technische Schaden am Luftfahrzeug oder die Beeinträchtigung des Piloten einen Weiterflug zum nächsten Flugplatz unmöglich macht; Wiederstart nur mit Erlaubnis (Luftfahrtbehörde/Grundstückseigentümer) möglich.
- Sicherheitslandung: Vorsorgliche Außenlandung aus Gründen der Sicherheit (z.B. extreme Wetterverschlechterung); Wiederstart möglich.
- Landung zur Hilfeleistung: Außenlandung zur Hilfeleistung bei Gefährdung von Leib und Leben von Personen; Wiederstart möglich.

Rechtsgrundlage § 15 LuftVO, § 25 LuftVG

Vom Luftfahrzeug zu führende Lichter

Zusammenstoß-Warnlicht

Um das frühzeitige Erkennen von Luftfahrzeugen zu unterstützen, müssen Flugzeuge, Drehflügler und Luftschiffe mit einem oder mehreren Zusammenstoß-Warnlichtern (engl. Anti-Collision Lights) ausgerüstet sein. Diese sind als Blinklichter (meist rote Farbe) so einzurichten und anzubringen, daß sie möglichst aus allen Richtungen zwischen 30° über und 30° unter der Horizontalebene des betreffenden Luftfahrzeuges zu sehen sind, ohne die Sicht des Piloten und die Sichtbarkeit der Positionslichter zu beeinträchtigen. Die Art der Ausführung wird vom Luftfahrt-Bundesamt (LBA) bestimmt.

Bei Luftfahrzeugen, die mit Zusammenstoß-Warnlichtern ausgerüstet sind, müssen die Positionslichter als Dauerlichter eingerichtet sein.

Motorsegler, Segelflugzeuge und Freiballone sind mit einem oder mehreren Zusammenstoß-Warnlichtern oder an deren Stelle mit anderen Mitteln zu einer besseren Erkennbarkeit auszurüsten.

Weitere Einzelheiten hierzu sind im Luftfahrthandbuch bzw. in den entsprechenden Ausführungsbestimmungen des LBA zu finden.

Das Zusammenstoß-Warnlicht ist von in Betrieb befindlichen Luftfahrzeugen am Tage und in der Nacht zu führen, d.h., das Zusammenstoß-Warnlicht muß vor dem Anlassen des Triebwerkes eingeschaltet und nach dem Abstellen des Triebwerkes ausgeschaltet werden.

Positionslichter

Von Sonnenuntergang (engl. Sunset, SS) bis Sonnenaufgang (engl. Sunrise, SR) haben im Betrieb befindliche Luftfahrzeuge Positionslichter (engl. Position Lights) zu führen; sie dürfen keine Lichter führen, die mit diesen verwechselt werden können.

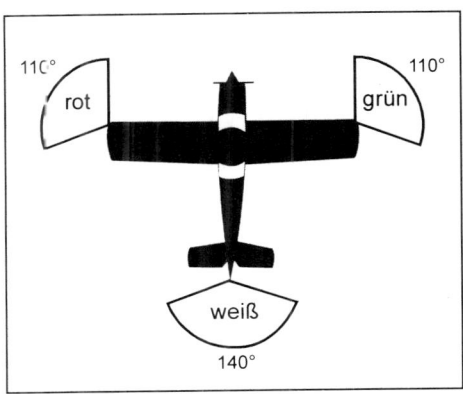

Abb. 33: Positionslichter.

Flugzeuge haben folgende Positionslichter zu führen:

169

ein rotes Licht, das unbehindert von genau voraus nach links über einen Winkel von 110° und nach oben und unten scheint;
- ein grünes Licht, das unbehindert von genau voraus nach rechts über einen Winkel von 110° und nach oben und unten scheint;
- ein weißes Licht, das unbehindert von genau nach hinten nach links und nach rechts über einen Winkel von jeweils 70° und nach oben und unten scheint.

Die Positionslichter dürfen entweder Dauerlichter oder Blinklichter sein. Bei Flugzeugen, die mit Zusammenstoß-Warnlichtern ausgerüstet sind, müssen die Positionslichter als Dauerlichter eingerichtet sein. Falls Blinklichter verwendet werden, dürfen zusätzlich folgende Lichter geführt werden:

- ein rotes Blinklicht am Heck, das in den Blinkpausen des weißen Lichtes am Heck leuchtet und/oder
- ein weißes Blinklicht, das aus allen Richtungen zu sehen ist und in den Blinkpausen der oben beschriebenen roten, grünen und weißen Positionslichter leuchtet (weitere Einzelheiten hierzu s. Luftfahrthandbuch bzw. entsprechende Ausführungsbestimmungen des LBA).

Durch die roten, grünen und weißen Positionslichter läßt sich die Flugzeug-Position bei Dunkelheit gut bestimmen. Kreuzt z.B. ein Flugzeug vor einem anderen den Flugweg, kann der Pilot anhand der Lichter sofort erkennen, ob das kreuzende Flugzeug von links oder rechts kommt: Rotes Positionslicht sichtbar, das Flugzeug kommt von rechts; grünes Positionslicht, das Flugzeug kommt von links. Dabei fungieren die Lichter zusätzlich wie eine Ampel: Rotes Positionslicht: Achtung, das andere Flugzeug hat Vorflugrecht; grünes Positionslicht, das eigene Flugzeug hat Vorflugrecht.

170

Zusammenfassung

Zusammenstoß-Warnlicht (Anti-Collision Light)
- meist rote Blinklichter
- während des Betriebes des Luftfahrzeuges einzuschalten

Positionslichter (Position Lights)
- Rot, linke Tragfläche
- Grün, rechte Tragfläche
- Weiß, Heck
- von SS bis SR einzuschalten

Rechtsgrundlage § 17 LuftVO, Anlage 1 zur LuftVO, Bekanntmachung des LBA

Gefahrenmeldungen

Piloten haben die Verpflichtung, Beobachtungen über Gefahren für den Luftverkehr - z.B. starke Vereisung, Ausfall einer Navigationsanlage, Vogelschwarm auf der Start- und Landebahn - unverzüglich der für sie zuständigen Flugverkehrskontrollstelle zu melden. Die Meldungen sollen alle Einzelheiten enthalten, die für die Gewährleistung der Sicherheit des Luftverkehrs wesentlich sind.

Kann die Meldung nicht unmittelbar über Sprechfunk erfolgen, so sollte sie sofort nach der Landung der zuständigen Flugverkehrskontrollstelle telefonisch weitergegeben werden. Diese leitet die Meldung an die dafür zuständigen Stellen (z.B. an die örtliche Flugwetterwarte) oder direkt an andere Piloten weiter.

Zusammenfassung

- Piloten haben Beobachtungen über Gefahren für den Luftverkehr unverzüglich der Flugsicherung zu melden.

Rechtsgrundlage § 20 LuftVO

Signale und Zeichen

Im Luftverkehr bedient man sich verschiedener Signale und Zeichen. Da heute die meisten Luftfahrzeuge mit Sprechfunkgeräten ausgerüstet sind, verlieren einige Signale und Zeichen immer mehr an Bedeutung. Besteht Sprechfunkverbindung, so haben, bis auf eine Ausnahme, Sprechfunkanweisungen der zuständigen Stelle Vorrang vor den Signalen und Zeichen.

Notsignale

Befindet sich ein Pilot in einer Notlage, so darf er jedes verfügbare Mittel benutzen, um sich bemerkbar zu machen, seinen Standort bekanntzugeben und Hilfe herbeizurufen.

Die folgenden, entweder zusammen oder einzeln gegebenen Notsignale bedeuten, daß schwere und unmittelbare Gefahr droht und daß sofortige Hilfe angefordert wird:

- ein durch Tastfunk oder auf andere Art gegebenes Signal, das aus der Gruppe SOS (im Morsecode ...- - -...) besteht
- ein durch Sprechfunk gegebenes Signal, das aus dem gesprochenen Wort „MAYDAY" besteht
- einzeln und in kurzen Zeitabständen abgefeuerte rotleuchtende Raketen oder Leuchtkugeln
- ein Leuchtfallschirm mit rotem Licht
- Transponderschaltung auf Code 7700

Beispiel für eine Notmeldung:
„MAYDAY MAYDAY MAYDAY
Erfurt Turm, DEFXQ, Motorausfall, versuche Erfurt zu erreichen, erbitte Feuerwehr an der Landebahn, Position nördlich Erfurt Flugplatz, Flughöhe 5.000 Fuß"

Dringlichkeitssignale

Die folgenden, entweder gemeinsam oder einzeln gegebenen Signale bedeuten, daß sich ein Luftfahrzeug in einer schwierigen Lage befindet, die es zur Landung zwingt, jedoch keine sofortige Hilfeleistung erfordert:

- wiederholtes Ein- und Ausschalten der Landescheinwerfer
- wiederholtes Ein- und Ausschalten der Positionslichter derart, daß sie nicht mit Positionslichtern, die als Blinklichter eingerichtet sind, verwechselt werden können

Die folgenden entweder gemeinsam oder einzeln gegebenen Signale bedeuten, daß ein Luftfahrzeug eine sehr dringende Meldung über die Sicherheit eines Wasserfahrzeuges, eines Luftfahrzeuges, eines anderen Fahrzeuges oder über Personen an Bord oder in Sicht abzugeben hat:

- ein durch Tastfunk oder auf andere Art gegebenes Signal, das aus der Gruppe XXX (im Morsecode -..- -..- - ..-) besteht
- ein durch Sprechfunk gegebenes Signal, das aus dem gesprochenen Wort „PANPAN" besteht

Beispiel für eine Dringlichkeitsmeldung:
„PANPAN PANPAN PANPAN
Frankfurt Turm, DENCG, Massenzusammenstoß auf der Autobahn A3 in Richtung Würzburg, Nähe Abfahrt Hanau, keine Polizei an der Unfallstelle"

Warnsignal

Ein Warnsignal besteht aus einer Folge vor Leuchtgeschossen, die in Abständen vor 10 Sekunden abgefeuert werden und von denen sich jedes in rote und grüne Lichter oder Sterne zerlegt.

Es zeigt dem Piloten an, daß er in einem Gefahrengebiet oder unbefugt in einem Gebiet mit Flugbeschränkung oder einem Luftsperrgebiet fliegt, oder im Begriff ist, in eines dieser Gebiete einzufliegen, und daß er die erforderlichen Vorsichtsmaßnahmen zu ergreifen hat. Warnsignale können entweder vom Boden oder von einem anderen Luftfahrzeug aus abgegeben werden.

Lichtsignale für den Flugplatzverkehr

Kann zwischen dem Turm auf dem Flugplatz und einem Luftfahrzeug im Flugplatzverkehr keine Sprechfunkverbindung hergestellt werden (z.B. wegen Ausfall des Sprechfunkgerätes), so besteht die Möglichkeit, vom Turm aus Freigaben und Anweisungen durch Lichtsignale dem Piloten zu übermitteln. Besteht Sprechfunkverbindung, haben die Anweisungen über Funk Vorrang vor den Lichtsignalen, mit Ausnahme der roten Feuerwerkskörper. Auf ein Luftfahrzeug im Flug gerichtete Lichtsignale haben die folgende Bedeutung:

- Grünes Dauersignal: Landung freigegeben.
- Rotes Dauersignal: Platzrunde fortsetzen, anderes Luftfahrzeug hat Vorflug
- Grünes Blinksignal: Zwecks Landung zurückkehren oder Anflug fortsetzen (Freigabe zum Landen und Rollen abwarten).
- Rotes Blinksignal: Nicht landen, Flugplatz unbenutzbar.
- Weißes Blinksignal: Auf diesem Flugplatz landen und zum Vorfeld rollen (Freigabe zum Landen und Rollen abwarten).
- Rote Feuerwerkskörper: Ungeachtet aller früheren Anweisungen und Freigaben zur Zeit nicht landen. Achtung: Dieses Signal hat Vorrang vor Anweisungen über Sprechfunk.

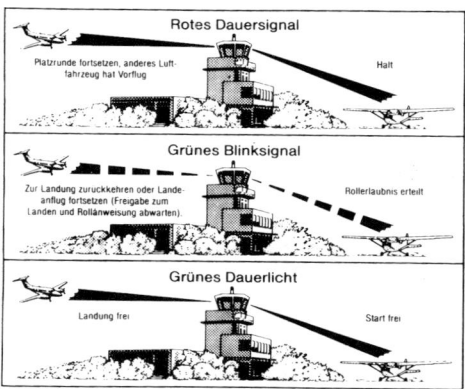

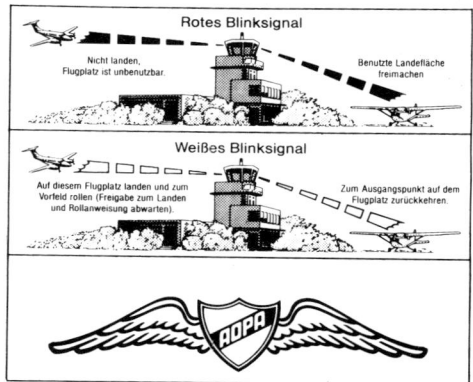

Abb. 34: Lichtsignale für den Flugplatzverkehr bei Ausfall der Sprechfunkverbindung (Quelle AOPA).

Empfängt ein Pilot die o.a. Lichtsignale, so hat er diese wie folgt zu bestätigen:

- Zwischen Sonnenaufgang und Sonnenuntergang (SR - SS) durch wechselweise Betätigung der Querruder, es sei denn, das Luftfahrzeug befindet sich im Quer- oder Endanflug zur Landung.
- Zwischen Sonnenuntergang und Sonnenaufgang (SS - SR) durch zweimaliges Ein- und Ausschalten der Landescheinwerfer oder der Positionslichter.

Auf ein Luftfahrzeug am Boden gerichtete Lichtsignale bedeuten:

- Grünes Dauersignal: Start freigegeben.
- Rotes Dauersignal: Halt
- Grünes Blinksignal: Rollerlaubnis erteilt
- Rotes Blinksignal: Benutzte Landefläche freimachen
- Weißes Blinksignal: Zum Ausgangspunkt auf dem Flugplatz zurückkehren

Empfängt ein Pilot diese o.a. Signale, hat er sie wie folgt zu bestätigen:

- Zwischen Sonnenaufgang und Sonnenuntergang (SR - SS) durch Bewegen der Querruder oder Seitenruder
- Zwischen Sonnenuntergang und Sonnenaufgang (SS - SR) durch zweimaliges Ein- und Ausschalten der Landescheinwerfer oder der Positionslichter

Bodensignale am Flugplatz

Auf den meisten Flugplätzen befindet sich ein Signalfeld (engl. Signal Area), in dem verschiedene, den Flugbetrieb betreffende Signale ausgelegt werden können. Die Signale sind so groß, daß sie beim Überflug über den Flugplatz gesehen werden können. Die Lage des Signalfeldes ist auf der Flugplatzkarte angegeben.

Neben den Signalen im Signalfeld werden einige Bodensignale auch außerhalb des Signalfeldes ausgelegt. Auch für die Bodensignale gilt, daß bei bestehender Sprechfunkverbindung Sprechfunkanweisungen der zuständigen Stelle Vorrang vor Bodensignalen haben (siehe Abb. 35).

Folgende Signale können im Signalfeld ausgelegt werden:

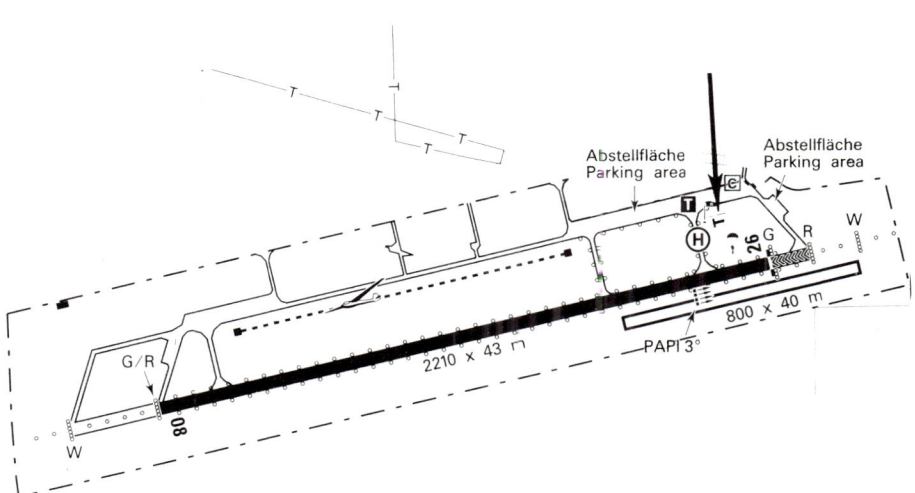

Abb. 35: Signalfläche an einem Flugplatz, auf der Flugplatzkarte dargestellt durch das Lande-T.

173

- **Landeverbot für längere Zeit:** Quadratisches rotes Feld mit zwei gelben Diagonalstreifen.

- **Besondere Vorsicht beim Landeanflug und bei der Landung (wegen des schlechten Zustandes des Rollfeldes oder aus anderen Gründen):** Quadratisches rotes Feld mit einem gelben Diagonalstreifen.

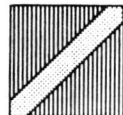

- **Zum Starten, Landen und Rollen nur Start- und Landebahnen und Rollbahnen benutzen:** Weiße Fläche in Form einer Hantel.

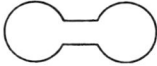

- **Zum Starten und Landen nur die Start- und Landebahnen benutzen; Rollbewegungen sind nicht auf Start- und Landebahnen oder Rollbahnen beschränkt:** Weiße Fläche in Form einer Hantel mit je einem schwarzen Streifen in den kreisförmigen Flächenteilen, wobei die Streifen im rechten Winkel zur Längsachse der Fläche liegen.

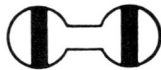

- **Richtungsänderungen nach rechts nach dem Start und vor der Landung:** Waagerecht ausgelegter und nach rechts abgewinkelter Pfeil in auffallender Farbe (Dieses Signal kann auch am Ende der Start- und Landebahn oder des Schutzstreifens ausgelegt werden).

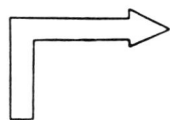

- **Getrennte Platzrunde für motorgetriebene Luftfahrzeuge und Segelflugzeuge; nach dem Start und vor der Landung Richtungsänderungen für motorgetriebene Luftfahrzeuge nur in Pfeilrichtung, für Segelflugzeuge nur entgegengesetzt erlaubt:** In Start- und Landebahnrichtung ausgelegtes Doppelkreuz mit einem nach rechts oder links abgewinkelten Pfeil von auffallender Farbe (Dieses Signal kann auch am Ende der Start- und Landebahn oder des Schutzstreifens ausgelegt werden).

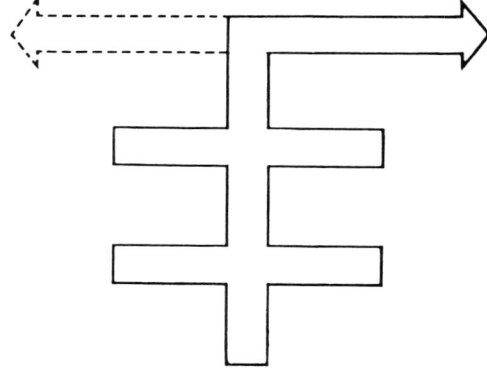

- **Am Flugplatz wird Segelflugbetrieb durchgeführt:** Weißes Doppelkreuz.

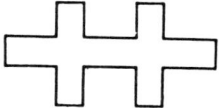

Zur Anzeige der Start- und Landerichtung werden die folgenden Signale verwendet:

- Ein weißes oder orangefarbenes „T" (Lande-T), das bei Nacht entweder beleuchtet oder durch weiße Lichter dargestellt ist. Starts und Landungen sind parallel zum Längsbalken des Lande-T in Richtung auf den Querbalken durchzuführen.

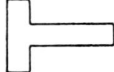

- Ein liegendes Tetraeder, das, von der Grundfläche in Richtung auf die Spitze gesehen, auf der linken Seite orangefarbig oder schwarz, auf der rechten Seite weiß oder aluminiumfarbig ist und das bei Nacht, von der Grundfläche in Richtung auf die Spitze gesehen, durch auf der Mittellinie und der rechten Begrenzung angebrachte grüne Lichter und durch auf der linken Begrenzung angebrachte rote Lichter dargestellt ist. Starts- und Landungen sind in der Richtung auszuführen, in welche die Spitze des Tetraeders zeigt.

- Eine zweistellige Zahl auf einer Tafel, die am Kontrollturm oder in dessen Nähe senkrecht angebracht ist. Die Zahl gibt die Startrichtung an, abgerundet auf die nächstliegenden zehn Grad der mißweisenden Kompaßrose.

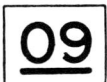

Zur Kennzeichnung der Unbenutzbarkeit des Rollfeldes wird das folgende Signal verwendet:

- Auf dem Rollfeld ausgelegte Kreuze in weißer oder anderer auffallender Farbe. Der durch die Kreuze bezeichnete oder begrenzte Teil des Rollfeldes ist nicht benutzbar.

Die Stelle, bei der die Abgabe von Flugsicherungsmeldungen zu erfolgen hat, ist wie folgt gekennzeichnet:

- Der Buchstabe „C" in schwarz auf einer senkrecht angebrachten gelben Tafel.

Zeichen des Einwinkers

An vielen der großen internationalen Verkehrsflughäfen werden die gelandeten Luftfahrzeuge von einem Follow-Me-Fahrzeug zur Parkposition geführt und dort von einem Einwinker (engl. Signalman) in die Parkposition eingewiesen.

Der Einwinker gibt die Zeichen mittels Signalkellen, Leuchtstablampen, Taschenlampen oder nur mit den Armen und Händen. Gibt der Einwinker Zeichen, so steht er mit Blickrichtung zum Luftfahrzeug: Bei Starrflüglern (Flugzeuge, Motorsegler) vor der linken Tragflächenspitze im Blickfeld des Piloten, bei Hubschraubern so, daß er für den Piloten am besten zu sehen ist.

Es werden folgende Zeichen gegeben:

- **Auf Zeichen des Einwinkers achten!**
Der rechte Arm ist senkrecht nach oben ausgestreckt und wird wiederholt nach links und rechts bewegt.

- **Hier Stillstand!** Beide Arme werden senkrecht nach oben ausgestreckt, die Handflächen zeigen nach innen.

- **Nach links drehen!** Der rechte Arm zeigt abwärts, der linke Arm winkt wiederholt aufwärts-rückwärts; die Schnelligkeit der Bewegung zeigt die erforderliche Drehgeschwindigkeit an.

 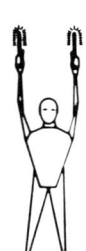

- **Auf Zeichen des nächsten Einwinkers achten!** Der rechte oder linke Arm zeigt abwärts, der andere Arm wird quer vor dem Körper ausgestreckt und zeigt in Richtung auf den nächsten Einwinker.

- **Nach rechts drehen!** Der linke Arm zeigt abwärts, der rechte Arm winkt wiederholt aufwärts-rückwärts; die Schnelligkeit der Bewegung zeigt die erforderliche Drehgeschwindigkeit an.

- **Geradeaus rollen!** Die leicht seitlich ausgestreckten Arme mit nach rückwärts gerichteten Handflächen winken aus Schulterhöhe wiederholt vorwärts-rückwärts.

- **Halt!** Beide Arme werden wiederholt über dem Kopf gekreuzt; die Schnelligkeit der Armbewegung entspricht der Dringlichkeit des Anhaltens.

- **Bremsen anziehen!** Der rechte oder linke Arm wird waagerecht vor dem Körper gehalten; die Finger der Hand sind ausgestreckt und werden zur Faust geschlossen.

- **Bremsen lösen!** Der rechte oder linke Arm wird waagerecht vor dem Körper gehalten; die Hand ist zur Faust geschlossen und wird geöffnet.

- **Bremsklötze sind vorgelegt!** Beide Arme werden aus seitlich ausgestreckter Haltung mit zum Körper gerichteten Handflächen nach unten und innen bewegt.

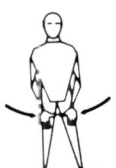 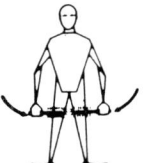

- **Bremsklötze sind entfernt!** Beide Arme hängen herab und werden mit zum Körper gerichteten Handflächen zur Seite bewegt.

 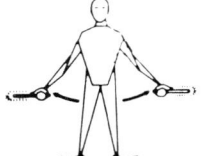

- **Triebwerke anlassen!** Der linke Arm ist nach oben ausgestreckt, die Anzahl der ausgestreckten Finger gibt die entsprechende Nummer des anzulassenden Triebwerkes an; die rechte Hand beschreibt kreisende Bewegungen in Kopfhöhe.

- **Triebwerke abstellen!** Rechter oder linker Arm wird mit der Handfläche nach unten und mit dem Daumen vor der Kehle in Schulterhöhe gehalten; die Hand wird bei angewinkeltem Arm seitlich hin- und herbewegt.

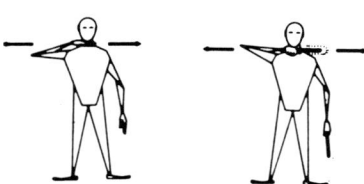

- **Langsamer rollen!** Beide Arme hängen mit nach unten zeigenden Handflächen herab und werden wiederholt auf- und abbewegt.

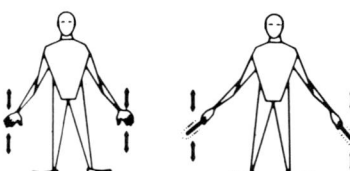

- **Alles klar!** Der rechte Arm wird vom Ellenbogen ab nach oben gehalten; der Daumen zeigt nach oben.

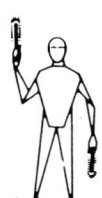

Besondere Zeichen des Einwinkers für Hubschrauber:

- **Im Schwebeflug bleiben!** Beide Arme sind seitwärts waagerecht ausgestreckt.

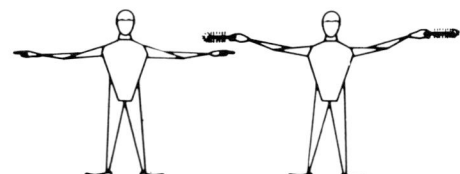

- **Steigen!** Beide Arme winken aus seitwärts waagerecht ausgestreckter Haltung mit nach oben gerichteten Handflächen aufwärts; die Schnelligkeit der Bewegung zeigt die erforderliche Steiggeschwindigkeit an.

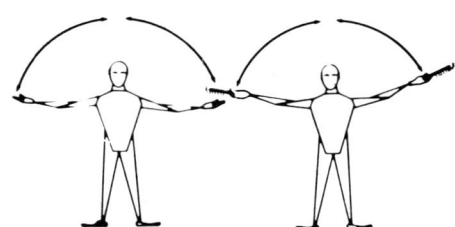

- **Sinken!** Beide Arme winken aus seitwärts waagerechter Haltung mit nach unten gerichteten Handflächen abwärts; die Schnelligkeit der Bewegung zeigt die erforderliche Sinkgeschwindigkeit an.

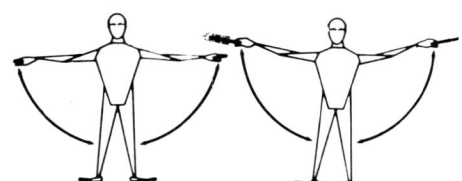

- **Unter Beibehaltung der augenblicklichen Höhe in die angezeigte Richtung fliegen!** Der eine Arm zeigt seitwärts waagerecht ausgestreckt in die Flugrichtung, der andere schwingt vor dem Körper wiederholt in die gleiche Richtung.

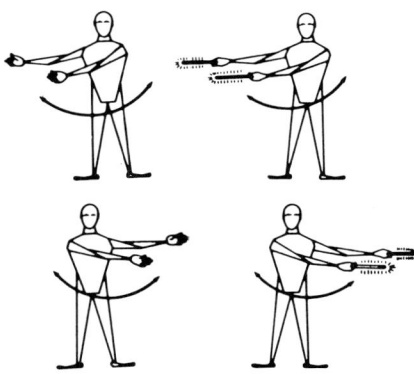

- **Landen!** Beide Arme sind vor dem Körper gekreuzt schräg nach unten ausgestreckt.

Der Pilot im Cockpit gibt dem Einwinker Zeichen mit Armen und Händen. Die Zeichen müssen für den Einwinker klar erkennbar sein; wenn erforderlich, ist bei der Zeichengebung eine Lichtquelle zu Hilfe zu nehmen. Es werden folgende Zeichen gegeben:

- **Bremsen sind angezogen!** Der rechte oder linke Arm wird waagerecht vor dem Gesicht gehalten; die Finger der Hand sind ausgestreckt und werden zur Faust geschlossen.

- **Bremsen sind gelöst!** Der rechte oder linke Arm wird waagerecht vor dem Gesicht gehalten; die Hand ist zur Faust geschlossen und wird geöffnet.
- **Bremsklötze vorlegen!** Die Arme werden seitlich ausgestreckt und mit den Handflächen nach außen vor dem Gesicht gekreuzt.
- **Bremsklötze entfernen!** Die Arme werden vor dem Gesicht gekreuzt und mit den Handflächen nach außen seitlich ausgestreckt.
- **Fertig zum Anlassen der Triebwerke!** Die Anzahl der ausgestreckten Finger einer Hand gibt die entsprechende Nummer des anzulassenden Triebwerks an.

Signale und Zeichen bei der Ansteuerung durch militärische Luftfahrzeuge

Zur Überwachung der nationalen Lufthoheit oder aus Gründen der Landesverteidigung können militärische Luftfahrzeuge im Einzelfall zivile Luftfahrzeuge ansteuern und sie zum Landen auffordern. Hierbei werden spezielle Signale und Zeichen verwendet, die im Luftfahrthandbuch veröffentlicht sind.

Zusammenfassung

- Anweisungen über Sprechfunk haben, bis auf eine Ausnahme, Vorrang vor Signalen und Zeichen.
- Da die meisten Luftfahrzeuge mit Sprechfunkgeräten ausgerüstet sind, verlieren viele Signale und Zeichen ihre praktische Bedeutung.
- Besonders merken sollte man sich
  - Not- und Dringlichkeitssignale
  - Warnsignale
  - Lichtsignale bei Funkausfall
  - Zeichen des Einwinkers (bei Flügen zu Verkehrsflughäfen).

Rechtsgrundlage § 21 LuftVO, Anlage 2 zur LuftVO, Bekanntmachung des BMV

Regeln auf einem Flugplatz und in dessen Umgebung

Für die Durchführung des Flugplatzverkehrs an den einzelnen Flugplätzen sind im allgemeinen besondere Regelungen (z.B. Platzrunde) festgelegt worden. Diese werden bei unkontrollierten Flugplätzen von der für die Genehmigung des Flugplatzes zuständigen Luftfahrtbehörde des Landes, bei Flugplätzen mit Flugverkehrskontrolle von der Flugsicherung getroffen und in den Nachrichten für Luftfahrer Teil I sowie im Luftfahrthandbuch AIP VFR veröffentlicht. Flugplatzverkehr (engl. Aerodrome Traffic) ist der Verkehr von Luftfahrzeugen, die sich in der Platzrunde befinden, in diese einfliegen oder sie verlassen sowie der gesamte Verkehr auf dem Rollfeld. Rollfeld sind die Start- und Landebahnen sowie die weiteren für Start und Landung bestimmten Teile eines Flugplatzes einschließlich der sie umgebenden Schutzstreifen und die Rollbahnen sowie die weiteren zum Rollen bestimmten Teile eines Flugplatzes außerhalb des Vorfeldes; das Vorfeld ist nicht Bestandteil des Rollfeldes.

Platzrunde, Sichtan- und -abflugverfahren

Die Platzrunde (engl. Traffic Circuit) ist ein festgelegtes Verfahren zur Regelung des anfliegenden Verkehrs an einem Flugplatz. Es besteht, wie es die Abb. 36 zeigt, aus dem Gegenanflug (engl. Downwind), dem Queranflug (engl. Base) und dem Endanflug (engl. Final) und wird, wenn keine andere Regelung getroffen wurde, links herum geflogen. Jedes anfliegende Luftfahrzeug hat sich in die Platzrunde einzuordnen und aus dieser heraus den Landeanflug durchzuführen. Anfliegende Luftfahrzeuge werden so in den Verkehrsfluß eingereiht und dabei beinahe automatisch in eine bestimmte Landefolge gebracht.

Einige Regelungen schreiben aus Lärmgründen vor, daß auch der Abflug über die Platzrunde zu erfolgen hat.

Aufgrund der Luftraumstruktur und insbesondere auch aus Fluglärmgründen sind heute an den meisten Flugplätzen die Platzrunden durch definierte Flugwege und Flughöhen genau festgelegt.

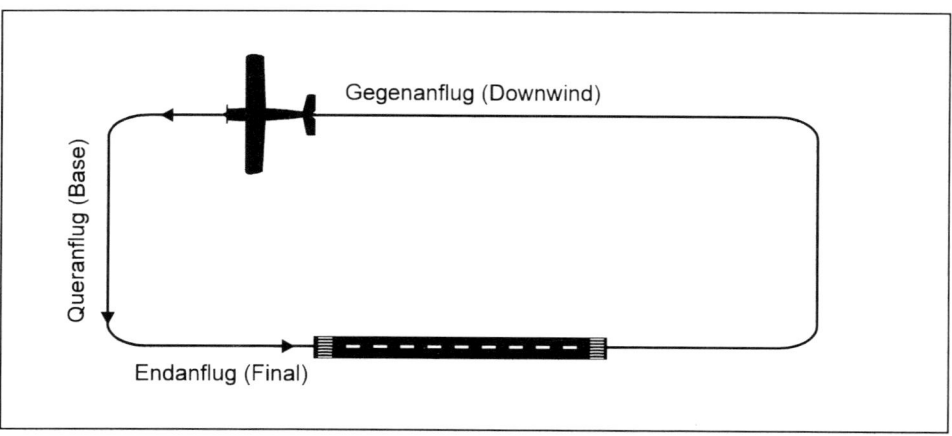

Abb. 36: Platzrunde.

Viele Flugplätze verfügen über zwei getrennte Platzrunden, eine für den Motorflug, eine zweite für den Segelflug. Platzrunden sind Teil der für einen Flugplatz festgelegten Flugplatzverkehrsregelung und auf den Sichtanflugkarten im AIP VFR dargestellt.

An kontrollierten Flugplätzen werden im allgemeinen anstelle der Platzrunde von der Flugsicherung Sichtan- und -abflugverfahren veröffentlicht. Exakt festgelegte Flugwege führen von einem Meldepunkt (engl. Reporting Point) außerhalb der Kontrollzone zum Flugplatz bzw. vom Flugplatz weg zu einem außerhalb der Kontrollzone festgelegten Meldepunkt (s. Abb. 37).

Die Namen der Meldepunkte sind meist dem Buchstabieralphabet entlehnt (z.B. November) oder mit Ortsnamen bezeichnet.

Luftaufsicht

Unter Luftaufsicht versteht man die Abwehr von Gefahren für die Sicherheit des Luftverkehrs sowie die öffentliche Sicherheit oder Ordnung durch die Luftfahrt. Sie ist Aufgabe der Luftfahrtbehörden und der Flugsicherung. Um diese Aufgabe wahrzunehmen, haben die Luftfahrtbehörden der Länder an vielen Flugplätzen Luftaufsichtsstellen eingerichtet.

Die dort tätigen Beauftragten für Luftaufsicht führen u.a. den Flugplatzinformationsdienst (engl. Aerodrome Flight Information Service) durch. Sie unterstützen die Piloten durch Informationen und - soweit erforderlich - durch gezielte Anweisungen bei der Betriebsdurchführung, um die Sicherheit des Luftverkehrs zu erhöhen und die Fluglärmbelästigung zu vermindern. Eine Flugverkehrskontrolle wie durch die Flugsicherung findet nicht statt.

Der Pilot allein trifft die Entscheidungen für Rollen, Start und Landung sowie für die Einhaltung der Luftverkehrsregeln und der örtlich festgelegten Flugbetriebsregeln.

An Flugplätzen ohne Luftaufsichtsstellen werden wesentliche Funktionen der Luftaufsicht durch sogenannte Flugleiter (Personal des Flugplatzhalters) übernommen. Vor dem Start haben sich Piloten bei der Luftaufsichtsstelle bzw. bei der Flugleitung zu melden und folgende Daten mitzuteilen:

- Luftfahrzeugmuster
- Luftfahrzeugkennzeichen
- Anzahl der Besatzungsmitglieder
- Anzahl der Fluggäste
- Art des Fluges
- Zielflugplatz (bei einem Überlandflug)

Nach der Landung sind der Luftaufsichtsstelle bzw. der Flugleitung zu nennen:

- Luftfahrzeugmuster
- Luftfahrzeugkennzeichen
- Startflugplatz (bei einem Überlandflug)

Die Meldungen sind vom Piloten persönlich, durch Fernsprecher oder durch Funk zu erstatten. Sind mehrere aufeinanderfolgende Starts vorgesehen, so genügt eine Meldung vor dem Start.

Luftaufsichtsstellen und Flugleitungen verfügen an Flugplätzen ohne Flugverkehrskontrollstelle über Bodenfunkstellen und sind allgemein mit dem Funkrufzeichen „INFO" zu rufen, z.B. „SAARLOUIS INFO".

Abb. 37 (nächste Seite): Sichtan-/-abflugkarte mit VFR-Verfahren und Meldepunkten für den Verkehrsflughafen Bremen (Quelle DFS).

Sichtan-/abflugkarte
Visual Approach/Departure Chart

Höhe ü. NN
ELEV 13

BREMEN
EDDW

FIS
BREMEN INFORMATION 119.825 En/Ge
BREMEN VOLMET   127.400 En
ATIS   117.45 En
BREMEN RADAR 119.450 En/Ge 277.700 En

TOWER/TURM   118.500 En/Ge   EMERG   121.500 En/Ge
                 118.575 En/Ge   NOTFREQ
GROUND
ROLLKONTROLLE 121.750 En/Ge
QDM O/R

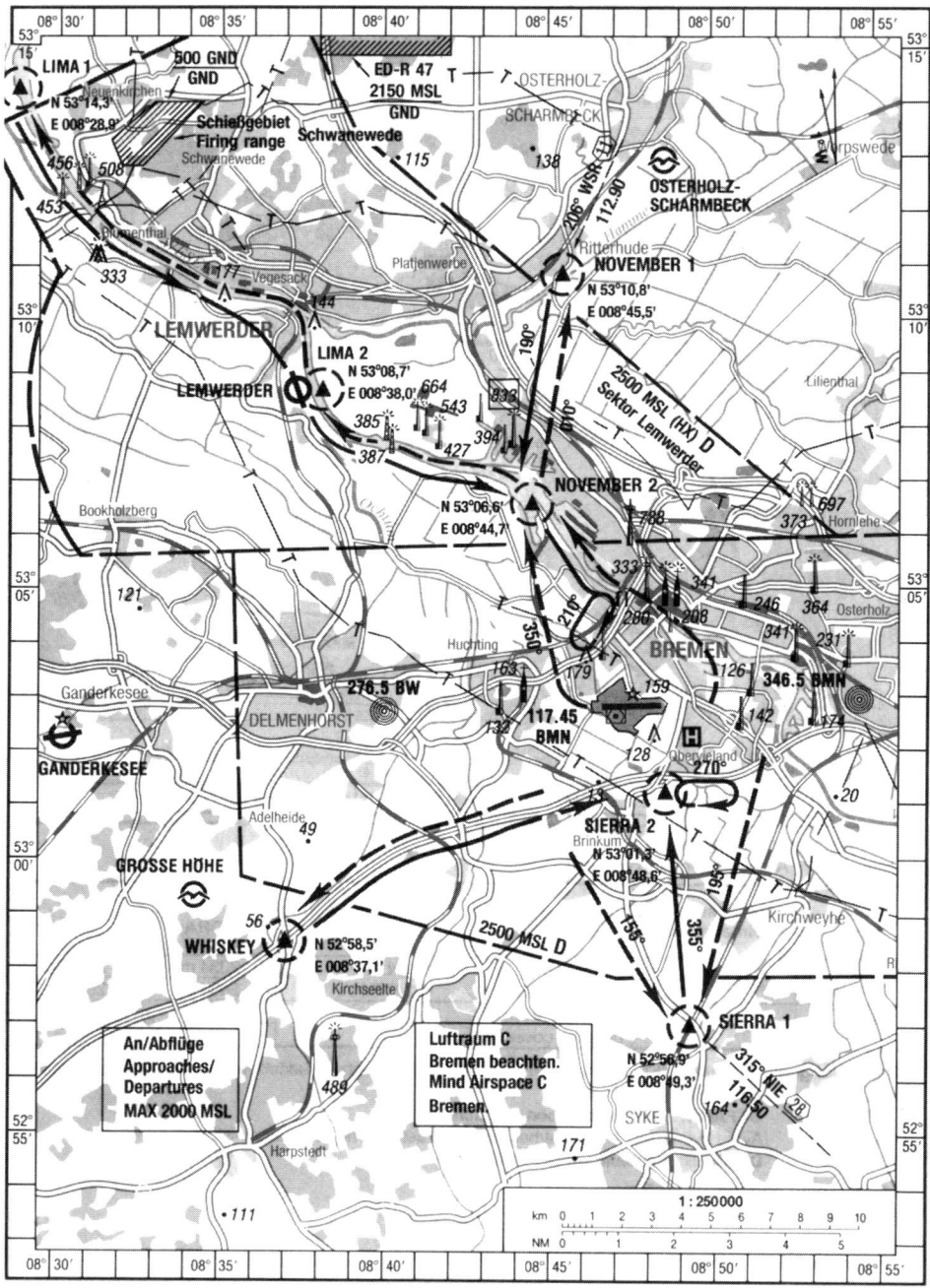

Allgemeine Verhaltensregeln im Flugplatzverkehr

Wer ein Luftfahrzeug auf einem Flugplatz oder in dessen Umgebung führt, ist verpflichtet

- die bekanntgemachten Anordnungen der Luftfahrtbehörden für den Verkehr von Luftfahrzeugen auf dem Flugplatz oder in dessen Umgebung, insbesondere die getroffenen Regelungen für die Durchführung des Flugplatzverkehrs, zu beachten,
- die Verfügungen der Luftaufsicht und die Anweisungen des Flugplatzunternehmers zu beachten,
- den Flugplatzverkehr zu beobachten, um Zusammenstöße zu vermeiden,
- sich in den Verkehrsfluß einzufügen oder sich erkennbar aus ihm herauszuhalten,
- Richtungsänderungen in der Platzrunde, beim Landeanflug und nach dem Start in Linkskurven auszuführen, sofern nicht eine andere Regelung getroffen ist,
- gegen den Wind zu landen und zu starten, sofern nicht Sicherheitsgründe, die Rücksicht auf den Flugbetrieb, die Ausrichtung der Start- und Landebahnen oder andere örtliche Gründe es ausschließen,
- auf Mitteilungen durch Funk, auf Licht- und Bodensignale sowie auf Zeichen zu achten,
- beim Rollen Start- und Landebahnen möglichst rechtwinklig und nur dann zu kreuzen, wenn sich dort kein anderes Luftfahrzeug im Landeanflug oder im Start befindet,
- nach der Landung die Landebahn so schnell wie möglich freizumachen,
- rechts neben dem Landezeichen aufzusetzen (gilt für Flugplätze ohne festgelegte Landebahn), sofern nicht eine andere Regelung getroffen ist,
- nach dem Start wie auch nach dem Durchstarten unter Beachtung der flugtechnischen Sicherheit so schnell wie möglich Höhe zu gewinnen.

Abweichungen von diesen Regelungen kann die Luftaufsichtsstelle, an Flugplätzen ohne Luftaufsichtsstelle die Flugleitung, im Einzelfall zulassen, wenn zwingende Gründe dies notwendig machen und dadurch eine Gefährdung der öffentlichen Sicherheit oder Ordnung, insbesondere der Sicherheit des sonstigen Luftverkehrs, nicht zu erwarten ist.

Auf Flugplätzen sind aus eigener Kraft rollende Luftfahrzeuge gegenüber anderen Fahrzeugen und Fußgängern bevorrechtigt.

Motoren von Luftfahrzeugen dürfen nur in Betrieb gesetzt werden, wenn sich im Führersitz sachkundige Bedienung befindet und Personen nicht gefährdet werden können. Der Motor darf auf Stand nur laufen, wenn außerdem das Fahrwerk genügend gesichert ist. Das Abbremsen der Motoren und das Abrollen von den Hallen ist so vorzunehmen, daß Gebäude, andere Luftfahrzeuge oder andere Fahrzeuge kein stärkerer Luftstrom trifft und Personen nicht verletzt werden können. Bei laufendem Motor darf sich niemand vor dem Luftfahrzeug oder in einem für die Sicherheit nicht ausreichenden Abstand von diesem aufhalten

Flugbetrieb auf einem Flugplatz mit Flugverkehrskontrollstelle

Der Flugplatzverkehr an einem kontrollierten Flugplatz unterliegt der Kontrolle durch die Flugsicherung. Deshalb ist ein Pilot über die o.a. Regelungen hinaus verpflichtet,

- auf der festgelegten Funkfrequenz der Flugverkehrskontrollstelle des Flugplatzes empfangsbereit zu sein, sofern er nicht durch eine andere Flugverkehrskontrollstelle betreut wird (ist eine Funkverbindung nicht möglich, so hat der Pilot auf Anweisungen durch Licht- und Bodensignale sowie Zeichen zu achten);

- durch Funk oder Zeichen die vorherige Genehmigung (Flugverkehrskontrollfreigabe) für alle Bewegungen einzuholen, durch die das Rollen, Starten und Landen eingeleitet werden oder die damit in Zusammenhang stehen;
- für Bewegungen auf dem Vorfeld und den Abstellflächen des Flugplatzes die Signale und Zeichen des Flugplatzunternehmers zu befolgen;
- bei einem VFR-Flug in der Kontrollzone eine Flugverkehrskontrollfreigabe durch die zuständige Flugverkehrskontrollstelle einzuholen.

Auf dem Rollfeld eines kontrollierten Flugplatzes unterliegt auch der Verkehr von Fußgängern und Fahrzeugen der Genehmigung durch die Flugverkehrskontrollstelle. Den von ihr zur Sicherung des Flugplatzverkehrs schriftlich, mündlich, durch Funk, Lichtsignale oder Zeichen erlassenen Verfügungen ist Folge zu leisten.

Abweichungen von den o.a. allgemeinen Verhaltensregeln im Flugplatzverkehr, die auf unkontrollierten Flugplätzen von der Luftaufsichtsstelle bzw. von der Flugleitung zu genehmigen sind, werden an kontrollierten Flugplätzen von der Flugverkehrskontrollstelle genehmigt.

Auch an kontrollierten Flugplätzen haben sich die Piloten vor dem Start und nach der Landung bei der Luftaufsichtsstelle zu melden.

Zusammenfassung

Verhalten im Flugplatzverkehr
- Flugplatzverkehrsregelungen beachten (insbes. Platzrunde, Sichtan-/-abflugverfahren)
- Alle erforderlichen Maßnahmen für einen sicheren Flugbetrieb ergreifen
- Bei der Luftaufsichtsstelle bzw. Flugleitung an- und abmelden

Achtung: Jeder Pilot sollte sich am Flugplatz und in der Umgebung so verhalten, daß jeder unnötige Lärm vermieden wird:
- Nach dem Start schnell Höhe gewinnen und bewohnte Gebiete nach Möglichkeit umfliegen
- Im Anflug lange Höhe halten und bewohnte Gebiete nach Möglichkeit umfliegen
- Platzrunde einhalten
- Keine langen Standläufe

Rechtsgrundlage § 29 LuftVG, §§ 21a, 22, 23 und 27a LuftVO, Bekanntmachung der DFS

Flugplan

Ein Flugplan (engl. Flight Plan) ist ein Formular der Flugsicherung, mit dem der Pilot Angaben über den beabsichtigten Flug macht (wie z.B. Streckenverlauf, Flughöhe, Zeiten). Diese Angaben dienen der Unterrichtung der zuständigen Flugverkehrskontrollstellen und ermöglichen die Überwachung des Fluges im Rahmen der Flugverkehrskontrolle sowie des Fluginformations- und Flugalarmdienstes. Der Flugplan wird normalerweise vor dem Start bei der Flugberatungsstelle (AIS) abgegeben und von dieser dann an die für diesen Flug zuständigen Flugverkehrskontrollstellen weitergeleitet.

Während für Flüge nach den Instrumentenflugregeln generell ein Flugplan aufzugeben ist, gilt die Flugplanpflicht für VFR-Flüge nur in ganz wenigen besonderen Fällen, wie:

- VFR-Flüge bei Nacht im kontrollierten Luftraum
- Kunstflüge im kontrollierten Luftraum und über Flugplätzen mit Flugverkehrskontrollstelle
- Wolkenflüge mit Segelflugzeugen,
- Flüge in Gebieten mit Flugbeschränkung, soweit dies ausdrücklich bei der Festlegung des Gebietes angeordnet worden ist
- VFR-Flüge aus oder in die Bundesrepublik Deutschland (gilt nicht für eine Reihe europäischer Staaten)

Neben den hier angegebenen Fällen kann der Pilot auch für andere - nicht flugplanpflichtige - Flüge einen Flugplan aufgeben, um im Notfall die Durchführung des Such- und Rettungsdienstes zu erleichtern.

Ein Flugplan sollte rechtzeitig, spätestens jedoch 60 Minuten vor dem Start bei einer Flugberatungsstelle persönlich, telefonisch oder mittels Fernkopierer (Telefax) aufgegeben werden. Die Entgegennahme des Flugplans berührt nicht die Verpflichtung zur Einholung einer Flugverkehrskontrollfreigabe sowie einer Flugberatung.

Ein Pilot darf einen Flugplan auch während des Fluges aufgeben, wenn besondere, ihm vor dem Start nicht bekannte Umstände dies erfordern. Hierbei nimmt der Fluginformationsdienst (FIS) die Flugplandaten über Sprechfunk auf und leitet sie an den Flugberatungsdienst weiter. Dies gilt jedoch nicht für Flüge ins Ausland und für weiterführende Flüge nach Zwischenlandungen.

Änderungen oder ggf. die Aufhebung eines Flugplans sind dem Flugberatungsdienst rechtzeitig mitzuteilen. Während des Fluges nimmt die zuständige Flugverkehrskontrollstelle Mitteilungen zu Änderungen bzw. zur Aufhebung entgegen und leitet sie an den Flugberatungsdienst weiter.

Für die Flugplanaufgabe wird das in Abb. 38 dargestellte Formblatt verwendet. Es liegt bei den Flugberatungsstellen sowie bei vielen Luftaufsichtsstellen aus. Die einzelnen Felder im Flugplan sind, soweit es VFR-Flüge betrifft, wie folgt auszufüllen:

Feld 7 (Luftfahrzeugkennung)
Die Luftfahrzeugkennung wird mit höchstens sieben Zeichen angegeben, bestehend aus dem Staatszugehörigkeitszeichen in Verbindung mit
- dem Eintragungszeichen, z.B. DEFXQ,
- der zugeteilten Kennzahl bei Segelflugzeugen, z.B. D1234,
- dem zugeteilten Namen bei bemannten Freiballonen, z.B. DLUDWIG (bei mehr als sieben Zeichen wird die volle Ballonkennung in Feld 18 mit der Kenngruppe „REG/" aufgeführt).

Feld 8 (Flugregeln, Art des Fluges)
Für die Angabe der Flugregeln und der Flugart sind maximal 3 Buchstaben zulässig.
Buchstaben für die Angabe der Flugregel:
„I" für IFR-Flug
„V" für VFR-Flug
„VN" für VFR-Flug bei Nacht
Buchstaben für die Kennzeichnung der Art des Fluges:
„G" für Flüge der Allgemeinen Luftfahrt
„X" für Ausbildungsflüge (ergänzende Angaben im Feld 18 mit der Kenngruppe „RMK/" erforderlich)

Feld 9 (Anzahl, Muster der Luftfahrzeuge, Wirbelschleppenkategorie)
Die Angabe über die Anzahl der Luftfahrzeuge wird nur bei mehreren Luftfahrzeugen gefordert. Das Luftfahrzeugmuster ist mit der festgelegten Abkürzung einzutragen, z.B. PA28.

Abb. 38 (nächste Seite): Flugplan (Quelle DFS).

≪ ≡ FF →   ADDRESSEE(S)
ANSCHRIFT(EN)

≪ ≡

FILING TIME
AUFGABEZEIT   ORIGINATOR
AUFGEBER   →   ≪ ≡

SPECIFIC IDENT OF ADDRESSEE(S) AND/OR ORIGINATOR
BESONDERE ANSCHRIFTEN UND/ODER AUFGEBER

≪ ≡ (**FPL**   7 AIRCRAFT IDENTIFICATION
LFZ.-KENNUNG   8 FLIGHT RULES
FLUGREGELN   TYPE OF FLIGHT
ART DES FLUGES   ≪ ≡

9 NUMBER
ANZAHL   TYPE OF AIRCRAFT
MUSTER D. LFZ   WAKE TURBULENCE CATEGORY
WIRBELSCHLEPPENKATEGORIE   /   10 EQUIPMENT
AUSRÜSTUNG   /   ≪ ≡

13 DEPARTURE AERODROME
STARTFLUGPLATZ   TIME
ZEIT   ≪ ≡

15 SPEED
GESCHWINDIGKEIT   LEVEL
REISEFLUGHÖHE   ROUTE
ROUTE   →

≪ ≡

16 DESTINATION AERODROME
ZIELFLUGPLATZ   TOTAL EET
VORAUSS. GESAMTFLUGDAUER
HR   MIN   ALTERNATE AERODROME
AUSWEICHFLUGPLATZ   →   2ND ALTERNATE AERODROME
2. AUSWEICHFLUGPLATZ   →   ≪ ≡

18 OTHER INFORMATION
ANDERE ANGABEN

) ≪ ≡

SUPPLEMENTARY INFORMATION · ERGÄNZENDE ANGABEN

19 ENDURANCE
HÖCHSTFLUGDAUER
HR   MIN   PERS. ON BOARD
PERS. AN BORD   EMERGENCY RADIO
NOTFUNKFREQUENZ
UHF   VHF   ELBA

— **E** /   → **P** /   → **R** / U   V   E

SURVIVAL EQUIPMENT
RETTUNGSAUSRÜSTUNG
POLAR   DESERT   MARITIME   JUNGLE   JACKETS
SCHWIMMWESTEN   LIGHT   FLUORES   UHF   VHF

→ S / P   D   M   J   → J / L   F   U   V

DINGHIES/SCHLAUCHBOOTE

NUMBER
ANZAHL   CAPACITY
TRAGFÄHIGKEIT   COVER   COLOUR
FARBE

→ D /   →   → C   ≪ ≡

AIRCRAFT COLOUR AND MARKINGS
FARBE UND MARKIERUNG D. LFZ

A /

REMARKS
BEMERKUNGEN

→ N /   ≪ ≡

PILOT IN COMMAND
VERANTWORTLICHER LFZ.-FÜHRER

C /   ) ≪ ≡

REMARKS NOT FOR TRANSMISSION
BEMERKUNGEN NICHT ZU ÜBERMITTELN

SIGNATURE OF PILOT OR REPRESENTATIVE
UNTERSCHRIFT D.LFZ.-FÜHRERS ODER BERECHTIGTEN   SIGNATURE AIS
UNTERSCHRIFT FB

102-0032-6.93

Gibt es für das Luftfahrzeugmuster keine Abkürzung, so ist die Buchstabengruppe „ZZZZ" anzugeben und das Muster in Feld 18 mit der Kenngruppe „TYP/" zu nennen. Luftfahrzeuge werden in die drei Wirbelschleppenkategorien L, M und H eingeteilt. Für Luftfahrzeuge mit einer höchstzulässigen Startmasse bis 7.000 kg ist der Buchstabe „L" (für engl. Light/leicht) einzutragen (Erläuterungen hierzu siehe Band 1 „Gefahrenhandbuch für Piloten" der Privatpiloten Bibliothek).

Feld 10 (Luftfahrzeugausrüstung)
Die Ausrüstung mit Funkgeräten, Funknavigationsgeräten sowie, durch einen Schrägstrich getrennt, mit Transponder wird durch folgende Buchstaben angegeben:
„S", wenn die Ausrüstung den Erfordernissen für die gesamte Flugstrecke entspricht,
„N", wenn keine Ausrüstung vorhanden oder eine vorhandene Ausrüstung nicht betriebsbereit ist oder eine vorhandene Ausrüstung nicht benutzt werden darf,
„A", Transponder für Modus A (4096 Codes),
„C", Transponder für Modi A und C (4096 Codes),
„N", keine Transponderausrüstung bzw. Transponder nicht betriebsbereit.

Feld 13 (Startflugplatz, voraussichtliche Abblockzeit)
Für die Bezeichnung des Startflugplatzes verwendet man die ICAO-Ortskennung (z.B. EDFE). Ist keine Ortskennung festgelegt, dann wird die Buchstabengruppe „ZZZZ" eingetragen und der Startflugplatz in Feld 18 mit der Kenngruppe „DEP/" genannt. Die voraussichtliche Abblockzeit (engl. Estimated Off-Block Time, EOBT) ist mit einer vierstelligen Zahl anzugeben (z.B. 0900). Unter Abblockzeit versteht man den Zeitpunkt, an dem das Luftfahrzeug mit der Bewegung für den Abflug beginnt (z.B. Wegrollen vom Flughafengebäude).

Feld 15 (Geschwindigkeit, beantragte Reiseflughöhe, Flugstrecke)
Die Angabe der wahren Eigengeschwindigkeit (engl. True Airspeed, TAS) erfolgt in Knoten, dargestellt durch den Buchstaben „N" und eine vierstellige Zahl, z.B. N0120 für 120 kt.
Bei VFR-Flügen wird anstelle der beantragten Reiseflughöhe die Abkürzung „VFR" eingetragen, es sei denn, es handelt sich um einen VFR-Flug bei Nacht im kontrollierten Luftraum oder einen der Flugverkehrskontrolle unterliegenden Flug, oder es ist beabsichtigt, den Flug in einer bestimmten Flughöhe durchzuführen. In diesen Fällen ist die Flughöhe in ft MSL (z.B. A050 für Altitude 5.000 ft MSL) oder Flugfläche (z.B. F095 für Flight Level 95) anzugeben. Besondere Angaben zur Flugstrecke werden bei VFR-Flügen (ausgenommen VFR-Flüge bei Nacht im kontrollierten Luftraum) nicht verlangt, da davon ausgegangen wird, daß der Flug zwischen Start- und Zielflugplatz im allgemeinen auf direkter Linie erfolgt. Bei VFR-Flügen in die Bundesrepublik Deutschland ist die Stelle des Überflugs der Staatsgrenze, bezogen auf die nächstgelegene größere Ortschaft oder eine Navigationsanlage, in Feld 18 mit der Kenngruppe „EET" anzugeben.

Feld 16 (Zielflugplatz, voraussichtliche Gesamtflugdauer, Ausweichflugplätze)
Die Bezeichnung des Zielflugplatzes und der Ausweichflugplätze (für VFR-Flüge nicht vorgeschrieben) erfolgt mit den ICAO-Ortskennungen. Soweit Ortskennungen nicht zugeteilt worden sind, ist die Buchstabengruppe „ZZZZ" einzutragen und der Name des Zielflugplatzes mit der Kenngruppe „DEST/" in Feld 18 aufzuführen.
Die voraussichtliche Gesamtflugdauer (engl. Estimated Elapsed Time, EET), d.h., die voraussichtliche Zeit vom Start bis zur Ankunft über dem Zielflugplatz ist mit einer vierstelliger Zahl anzugeben (z.B. 0330).

Feld 18 (Andere Angaben)
Hier können Ergänzungen zu den Feldern
7 bis 16 sowie weitere Angaben eingetragen werden (z.B. DEST/Schweighofen).

Feld 19 (Ergänzende Angaben)
Ergänzende Informationen sind mit folgenden Kennbuchstaben anzugeben:
„E" - Höchstflugdauer mit einer vierstelligen Zahl (Stunden und Minuten),
„P" - Anzahl der Personen an Bord,
„R" - verfügbare Notfrequenzen (wobei
„U" zu streichen ist, wenn die Frequenz
243,0 MHz nicht zur Verfügung steht,
„V" zu streichen ist, wenn die Frequenz
121,5 MHz nicht zur Verfügung steht),
„S" - Art der mitgeführten Rettungsausrüstung,
„J" - Art der mitgeführten Schwimmwesten
(die Kennbuchstaben „U" und „V" sind ggf.
zu streichen, siehe oben),
„D" - die Anzahl, Tragfähigkeit und Farbe
der mitgeführten Schlauchboote,
„A" - die Farbe des Luftfahrzeuges einschließlich bedeutsamer Markierung, falls
vorhanden,
„N" - ggf. ergänzende Angaben zur Rettungsausrüstung,
„C" - Name des verantwortlichen Luftfahrzeugführers.

Der Flugplan wird vom Piloten (oder seinem Beauftragten) und dem Flugberater
unterschrieben.

Zusammenfassung

Flugplan
* ist nur für besondere VFR-Flüge Pflicht,
* ist anhand der im Luftfahrthandbuch angegebenen Vorschriften auszufüllen,
* wird vor dem Start (60 Minuten) beim Flugberatungsdienst aufgegeben.

Rechtsgrundlage § 25, Bekanntmachung der
DFS

Flugverkehrskontrollfreigabe

Wie bereits in Kapitel 8 ausgeführt, ist die
Flugverkehrskontrollfreigabe (engl. Air Traffic
Control Clearance) neben dem Flugplan
ein wichtiges Instrumentarium zur Unterstützung und Durchführung der Flugverkehrskontrolle. Mit der meist über Sprechfunk erteilten Freigabe gibt der Fluglotse
die Genehmigung, den Flug unter den angegebenen Bedingungen durchzuführen
(z.B. durch Festlegung des Flugweges und
der Flughöhe).

Von der zuletzt erteilten und bestätigten
Flugverkehrskontrollfreigabe darf der Pilot
nicht abweichen, bevor ihm nicht eine neue
Flugverkehrskontrollfreigabe erteilt worden
ist. Dies gilt nicht in Notlagen, die eine sofortige eigene Entscheidung erfordern. Soweit möglich hat der Pilot unverzüglich die
zuständige Flugverkehrskontrollstelle über
den Notfall zu informieren und eine neue
Freigabe einzuholen. Beantragt er aus zwingenden Gründen eine bevorzugte Freigabe,
muß er die Gründe hierfür nennen (z.B. sofortige Landung wegen Treibstoffmangel).

Für VFR-Flüge besteht die Pflicht zur Einholung einer Freigabe nur in den wenigen
Fällen, in denen der Flug der Flugverkehrskontrolle unterliegt, wie

* VFR-Flüge in Lufträumen der Klasse C
  und D,
* VFR- und Sonder-VFR-Flüge in Kontrollzonen,
* Flugplatzverkehr an kontrollierten
  Flugplätzen,
* VFR-Flüge bei Nacht im kontrollierten
  Luftraum,
* Wolkenflüge mit Segelflugzeugen
* Nachtfahrten von Luftschiffen und bemannten Freiballonen im kontrollierten
  Luftraum,

- Kunstflüge im kontrollierten Luftraum und über Flugplätzen mit Flugverkehrskontrollstelle,
- Flüge in Gebiete mit Flugbeschränkungen, soweit dies ausdrücklich bei der Festlegung der Gebiete angeordnet ist.

Zusammenfassung

Flugverkehrskontrollfreigabe
- Genehmigung, einen Flug unter den von einer Flugverkehrskontrollstelle angegebenen Bedingungen durchzuführen,
- für VFR-Flüge erforderlich insbesondere in Kontrollzonen, im Luftraum C, bei Nacht im kontrollierten Luftraum.

Rechtsgrundlage § 26 LuftVO, Bekanntmachung der DFS

Funkverkehr

Voraussetzung für die Durchführung der Flugverkehrskontrolle ist der Sprechfunk. Deshalb haben Piloten bei IFR-Flügen die Pflicht, dauernde Hörbereitschaft auf den festgelegten Funkfrequenzen der zuständigen Flugverkehrskontrollstelle aufrechtzuhalten und bei Bedarf Funkverkehr mit ihr herzustellen. Bei Flügen nach den Sichtflugregeln gilt diese Verpflichtung nur für

- VFR-Flüge in Lufträumen der Klassen C und D,
- VFR- und Sonder-VFR-Flüge in Kontrollzonen,
- Flugplatzverkehr an kontrollierten Flugplätzen.

Auch in anderen Fällen, in denen Flüge einer Flugverkehrskontrolle unterliegen, kann die zuständige Flugverkehrskontrollstelle dauernde Hörbereitschaft fordern (z.B. VFR-Nachtflug). Der Funkverkehr wird als Sprechfunkverkehr (engl. Radio Commu-

nication) im Flugfunkdienst durchgeführt. Dabei sind die festgelegten Funkfrequenzen zu beachten und die im Luftfahrthandbuch veröffentlichten Sprechfunkverfahren zu verwenden.

Zusammenfassung

Bei Flügen, die der Flugverkehrskontrolle unterliegen, ist
- Hörbereitschaft auf der entsprechenden Funkfrequenz der Flugverkehrskontrollstelle aufrechtzuerhalten.

Rechtsgrundlage § 26a LuftVO, Bekanntmachung der DFS

Verfahren bei Ausfall der Funkverbindung

Bei Sprechfunkausfall (engl. Radio Communication Failure) während eines VFR-Fluges, für den Funkverbindung mit der Flugsicherung vorgeschrieben ist, soll der Pilot einen vorhandenen Transponder auf Code 7600 schalten, auf dem nächstgelegenen geeigneten Flugplatz landen und der zuständigen Flugverkehrskontrollstelle unverzüglich die Beendigung des Fluges anzeigen. Durch die Aussendung des Code 7600 wird das Luftfahrzeugsymbol auf den Radarschirmen besonders markiert und der Fluglotse so unmittelbar auf den Funkausfall aufmerksam gemacht (siehe hierzu auch Band 3 „Funknavigation" der Privatpiloten Bibliothek).

Da der Einflug in eine Kontrollzone ohne Sprechfunk eine große Gefahr darstellen kann, sollte man bei Funkausfall eine Kontrollzone möglichst meiden. Allerdings ist der Einflug erlaubt, wenn der Pilot vor Eintritt des Funkausfalls bereits eine entsprechende Flugverkehrskontrollfreigabe erhalten hat oder eine Landung auf einem Flugplatz innerhalb der Kontrollzone aus flugbetriebli-chen Gründen (z.B. Treibstoffmangel, Ein-bruch der Dunkelheit) unumgänglich ist.

Fällt bei einem VFR-Flug die Funkverbin-dung vor Einflug in einen Luftraum Klasse C aus, hat der Pilot dieses Gebiet auch dann zu meiden, wenn er bereits eine Ein-flugfreigabe erhalten hat. Bei Funkausfall innerhalb des Luftraums Klasse C in und oberhalb FL 100, hat der Pilot diesen Luft-raum unter Einhaltung der Sichtflugregeln auf dem kürzesten Weg zu verlassen. Tritt der Funkausfall innerhalb des Luftraums Klasse C unterhalb FL 100 auf, muß der VFR-Flug entsprechend der erhaltenen und vom Piloten bestätigten Flugverkehrskon-trollfreigabe fortgesetzt werden. Ist dies nicht möglich (z.B. wegen Wolken), dann ist die-ser Luftraum unter Beachtung der Sicht-flugregeln auf dem kürzesten Weg zu ver-lassen.

Zusammenfassung

Bei Ausfall der vorgeschriebenen Funkverbin-dung mit der Flugsicherung
- Transponder auf Code 7600 schalten,
- Kontrollzone meiden oder gemäß Freigabe weiterfliegen,
- Luftraum Klasse C meiden,
- im Luftraum Klasse C unter FL 100 gemäß Freigabe weiterfliegen oder Luftraum nach VFR verlassen,
- im Luftraum Klasse C in/oberhalb FL 100 Luftraum nach VFR verlassen,
- auf dem nächstgelegenen geeigneten Flug-platz landen,
- die zuständige Flugverkehrskontrollstelle über die Beendigung des Fluges informieren.

Achtung: Wenn keine Funkverbindung mit der Flugsicherung vorgeschrieben ist, darf bei Funkausfall der Transponder nicht auf Code 7600 geschaltet werden!

Rechtsgrundlage § 26a LuftVO, Bekanntma-chung der DFS

190

Standortmeldungen

Der Pilot hat in den o.a. Fällen, in denen ei-ne dauernde Hörbereitschaft vorgeschrie-ben ist, beim Überfliegen von festgelegten Meldepunkten unverzüglich eine Standort-meldung (engl. Position Report) an die zu-ständige Flugverkehrskontrollstelle zu über-mitteln. Diese kann im Einzelfall Stand-ortmeldungen an weiteren Punkten verlan-gen oder auf die Übermittlung von Stand-ortmeldungen verzichten.

Die Meldepunkte sind auf den entspre-chenden Luftfahrtkarten dargestellt: Pflicht-meldepunkte (engl. Compulsory Reporting Point) mit einem ausgefüllten Dreieck, Mel-depunkte auf Anforderung (engl. On Re-quest Reporting Point) mit einem nicht ausgefüllten Dreieck. Für VFR-Flüge sind Meldepunkte vor allem bei den Sichtan- und -abflugverfahren an kontrollierten Flugplät-zen festgelegt worden (siehe Abb. 37).

Standortmeldungen bei VFR-Flügen müs-sen die folgenden Angaben in der nach-stehenden Reihenfolge enthalten:

- Funkrufzeichen des Luftfahrzeuges
- Standort
- Überflugzeit
- Flughöhe

Die Zeitangabe kann entfallen, wenn der gemeldete Standort zum Zeitpunkt der Standortmeldung erreicht wird. Beispiel für eine Standortmeldung: „DEABC, November, Flughöhe 1.500 Fuß".

Bei Übermittlung einer Standortmeldung in der Platzrunde eines Flugplatzes sind le-diglich das Funkrufzeichen des Luftfahrzeu-ges und der Standort anzugeben. Beispiel einer Standortmeldung in der Platzrunde: „DEXXZ, Gegenanflug".

Start- und Landemeldung

Bei Flügen, für die ein Flugplan abgegeben wurde, hat der Pilot der zuständigen Flugverkehrskontrollstelle die tatsächliche Startzeit und nach der Landung eine Landemeldung unverzüglich zu übermitteln. Dies gilt nicht für Flüge von bzw. zu Flugplätzen mit Flugverkehrskontrollstelle (kontrollierte Flugplätze). Die Flugsicherung kann Ausnahmen zulassen.

Erst durch die Übermittlung der tatsächlichen Startzeit wird die Flugsicherung in die Lage versetzt, die zeitgerechte Landung zu überwachen. Vergißt der Pilot, die Landemeldung abzusetzen, so kann dies eine Alarmierung und die Einleitung von Such- und Rettungsmaßnahmen auslösen.

Die tatsächliche Startzeit (engl. Actual Time of Departure, ATD) ist nach dem Start entweder

- durch einen vom Piloten Beauftragten dem zuständigen Flugberatungsdienst (AIS) oder
- mittels Sprechfunk in Form einer Startmeldung der zuständigen Flugverkehrskontrollstelle, oder wenn diese nicht erreichbar ist, dem zuständigen Fluginformationsdienst zur Weiterleitung an den Flugberatungsdienst zu übermitteln.

Die Startmeldung soll folgende Angaben enthalten:

- Funkrufzeichen des Luftfahrzeuges
- Startflugplatz
- Startzeit
- Zielflugplatz

Beispiel für eine Startmeldung:
„DEMIS, von Saarlouis, Startzeit 0905, nach Innsbruck"

Die Landemeldung hat der Pilot an die für den Landeplatz zuständige Flugberatungsstelle oder, wenn diese nicht betriebsbereit ist, an die zuständige Flugverkehrskontrollstelle zu übermitteln.

Der Pilot kann anstelle der Landemeldung die voraussichtliche Landezeit mit Sprechfunk der zuständigen Flugverkehrskontrollstelle oder, wenn diese nicht erreichbar ist, dem zuständigen Fluginformationsdienst zur Weiterleitung an den Flugberatungsdienst übermitteln, sofern das Luftfahrzeug sich bereits in der Platzrunde befindet und die Landung sichergestellt erscheint.

Die Landemeldung muß folgende Angaben enthalten:

- Funkrufzeichen des Luftfahrzeuges
- Landeflugplatz
- Landezeit

Beispiel für eine Landemeldung:
„DESIM, Vilshofen, Landezeit 1410"

Bei Landungen, die nicht auf dem Zielflugplatz durchgeführt werden, sind zusätzlich der Startflugplatz und der im Flugplan angegebene Zielflugplatz anzugeben.

Grenzüberschreitende Flüge

Nach deutschem Luftrecht dürfen deutsche Luftfahrzeuge die Bundesrepublik Deutschland nur mit Erlaubnis des Bundesministeriums für Verkehr verlassen. Der Erlaubnis bedarf es u.a. nicht für Flüge zu nichtgewerblichen Zwecken, wenn der Bestimmungsort in einem Vertragsstaat der ICAO liegt.

Der Einflug nach oder der Ausflug aus dem Hoheitsgebiet der Bundesrepublik Deutschland darf nur nach bzw. von den Flughäfen und Landeplätzen mit zoll- und grenzpolizeilicher Abfertigung erfolgen. Dies gilt nicht für die europäischen Staaten, die sich im Rahmen von Abkommen auf einen Wegfall der Grenzkontrollen verständigt haben.

Kontroll- und Übungsaufgaben

1. Gibt es in der Luftverkehrs-Ordnung eine ähnliche Regelung wie in der Straßenverkehrs-Ordnung, wonach ab einer bestimmten Menge Alkohol im Blut ein Luftfahrzeug nicht mehr geführt werden darf?

2. Grundsätzlich ist ein Luftfahrzeug von nur einem verantwortlichen Luftfahrzeugführer zu führen. Gibt es zu dieser Vorschrift Ausnahmen?

3. Welche Ausweise sind bei einem Flug mitzuführen?

4. Sie führen einen Flug vom Verkehrslandeplatz Friedrichshafen zum nur 17 NM entfernten Sonderlandeplatz Pfullendorf durch. Ist für diesen kurzen Flug eine Flugwetterberatung einzuholen?

5. Ein Pilot hat beim Landen zu spät aufgesetzt und ist deshalb mit dem Flugzeug über die Start- und Landebahn hinausgerollt. Ist dieser Vorfall anzuzeigen?

6. Ein Pilot führt nach einem Motorausfall eine Notlandung auf einer Wiese durch. Das Flugzeug wird schwer beschädigt, die Insassen bleiben unverletzt. Wen hat der Pilot über diese Notlandung zu informieren?

7. Welche Stelle führt in Deutschland die Flugunfalluntersuchung durch?

8. Sie fliegen (VFR) mit einem Hubschrauber entlang des Neckars. Über Heidelberg bittet Sie Ihr Fluggast, tiefer zu fliegen, damit er das Heidelberger Schloß besser fotografieren kann. Auf welche Höhe dürfen Sie höchstens sinken?

9. Wer erteilt Ausnahmen zum Unterschreiten der Sicherheitsmindesthöhe, die DFS Deutsche Flugsicherung GmbH, das Luftfahrt-Bundesamt oder die Luftfahrtbehörde des Landes?

10. Während eines Überlandfluges möchte ein Pilot mit Kunstflugberechtigung und mit einem für Kunstflug zugelassenen Flugzeug spontan Kunstflug durchführen (keine weiteren Insassen an Bord). Kann er das?

11. Ihre Freundin hat ein Computer-Fachgeschäft aufgemacht, und Sie kommen beide auf die Idee, Ihr Flugzeug mit einem Reklameschriftzug für dieses Geschäft zu bekleben. Dürfen Sie das ohne weiteres?

12. In den Luftfahrthandbüchern werden Uhrzeiten meist mit einer zweiten, in Klammern gesetzten Zeit angegeben, z.B. 1600 (1500). Welche Bedeutung hat die Angabe in Klammern?

13. Während des Fluges ist zu Hindernissen/Bauwerken ein Mindestabstand von 150 m einzuhalten. Heißt das, man darf mit einem Flugzeug in 150 m über einen Antennenmast hinwegfliegen?

14. Piper PA 28 und Boeing 737 im Gegenflug auf gleicher Höhe. Wer hat nach rechts auszuweichen?

15. Sich kreuzende Flugzeuge in gleicher Höhe: Cessna 172 von rechts, militärischer Jet im Tiefflug von links. Wer hat das Vorflugrecht?

16. Sich kreuzende Luftfahrzeuge in gleicher Höhe: Cessna 172 von rechts, Motorsegler mit abgestelltem Motor von links. Wer hat das Vorflugrecht?

17. Sie fliegen mit einer Tobago TB 10 einen Flugplatz an, an dem gerade Segelflugbetrieb herrscht. Beim Eindrehen in den Endanflug bemerken Sie, daß über Ihnen ein Segelflugzeug ebenfalls in den Endanflug eindreht. Wer hat das Vorflugrecht?

18. Welcher Grundsatz gilt für die Ausweichregeln von Luftfahrzeugen?

19. Vor Ihnen ist ein Flugzeug gelandet. Sie rollen auf die Startbahn. Das gelandete Flugzeug rollt zum Ende der Bahn, um dort gleich in den Rollweg einzubiegen. Können Sie bereits mit dem Start beginnen oder müssen Sie warten, bis das Flugzeug die Bahn endgültig verlassen hat?

20. Sie werden von einem anderen Flugzeug in gleicher Flughöhe überholt. Wie verhalten Sie sich?

21. Was versteht man im allgemeinen unter einer Außenlandung?

22. Unter welchen Bedingungen ist nach einer Außenlandung ein Wiederstart erlaubt?

23. Positionslichter müssen nur während der Nacht eingeschaltet sein. Stimmt diese Aussage?

24. Worin besteht der Unterschied zwischen einer Notmeldung und einer Dringlichkeitsmeldung?

25. Piloten haben Beobachtungen über Gefahren für die Luftfahrt sofort der Flugsicherung zu melden. Was macht die Flugsicherung mit diesen Meldungen?

26. Woher wissen Sie, wo sich das Signalfeld an einem Flugplatz befindet?

27. Wie wird eine für längere Zeit gesperrte Start- und Landebahn markiert?

28. Sie landen auf einem Verkehrsflughafen und werden dort von einem Einwinker in die Parkposition eingewiesen. Wodurch wird Ihnen angezeigt, daß Sie halten sollen?

29. Durch welches Hinweisschild findet man an einem Flugplatz das Büro der Luftaufsichtsstelle?

30. An welchen Flugplätzen werden im allgemeinen Platzrunden, an welchen Sichtan- und -abflugverfahren festgelegt?

31. Wie führt man an einem unkontrollierten Flugplatz ohne veröffentlichte Platzrunde den Anflug durch?

32. Wann sollte man sich im Anflug zu einem Flugplatz spätestens über Sprechfunk bei der Luftaufsicht („INFO") melden?

33. Was ist ein Flugplan?

34. In welchen Fällen ist für VFR-Flüge ein Flugplan aufzugeben?

35. Man kann auch über die vorgeschriebenen Fälle hinaus einen Flugplan aufgeben. Was ist der Sinn?
36. Warum ist für alle Fälle, für die ein Flugplan aufgegeben wurde, eine Start- und Landemeldung abzugeben?

37. Benötigt man für einen VFR-Flug über einer ausgedehnten Wolkendecke eine Flugverkehrskontrollfreigabe der Flugsicherung?

38. Bei Funkausfall ist der Transponder auf den Code 7600 einzustellen. Diese Vorschrift gilt nur für ganz bestimmte Flüge. Für welche?

39. VFR-Flug zu einem unkontrollierten Verkehrslandeplatz. Kurz vor Erreichen des Flugplatzes fällt das Sprechfunkgerät aus. Wie sollte man sich verhalten?

40. Als Pilot sollten Sie Ihren Beitrag dazu leisten, die Bevölkerung vor unnötigem Fluglärm zu schützen. Was können Sie im Flugbetrieb tun, um den Lärm zu reduzieren?

Kapitel 13
Haftung

Haftung des Luftfahrzeughalters

Der Halter eines Luftfahrzeuges haftet bei einem Unfall für Schäden, die Personen und Sachen außerhalb des Luftfahrzeuges zugefügt werden. Diese Regelung gilt ohne Rücksicht darauf, ob sich der Halter zum Zeitpunkt des Unfalls selbst im Luftfahrzeug befunden hat oder ob das Luftfahrzeug von einem anderen Piloten benutzt wurde.

Um die sich aus einem Unfall ergebenden Schadensersatzforderungen zu sichern, muß der Halter eine Versicherung abschließen (Haftpflichtversicherung).

Der durch den Betrieb eines Luftfahrzeuges geschädigte Dritte erhält so den erlittenen Schaden ersetzt, egal ob nun der Pilot oder der Luftfahrzeughalter den Schaden verursacht hat.

Der Haftpflichtversicherungsvertrag ist mit einem Versicherer mit Sitz in der Europäischen Union oder Niederlassung in der Bundesrepublik Deutschland zu schließen und bei der Verkehrszulassung des Luftfahrzeuges vorzulegen. Der Versicherungsnachweis ist stets an Bord des Luftfahrzeuges mitzuführen.

Benutzt jemand das Luftfahrzeug ohne Wissen und Willen des Halters, so wird er anstelle des Halters zum Ersatz des Schadens herangezogen. Daneben bleibt der Halter zum Ersatz des Schadens verpflichtet, wenn die Benutzung des Luftfahrzeuges durch sein Verschulden ermöglicht wurde. Ist jedoch der Benutzer vom Halter für den Betrieb des Luftfahrzeuges angestellt oder ist ihm das Luftfahrzeug vom Halter überlassen worden, so hat der Halter den Schaden zu ersetzen; die Haftung des Be-

nutzers nach den allgemeinen gesetzlichen Vorschriften bleibt unberührt.

Hat bei der Entstehung des Schadens ein Verschulden des Verletzten mitgewirkt, so gilt § 254 (Mitverschulden) des Bürgerlichen Gesetzbuches (BGB). Der zum Ersatz Verpflichtete haftet für die Schäden aus einem Unfall

- bis zu 5 Millionen DM
  bei Luftfahrzeugen bis 1.200 kg
  Höchstmasse;
- bis zu 7,5 Millionen DM
  bei Luftfahrzeugen mit mehr als 1.200 kg
  bis 2.000 kg Höchstmasse;
- bis zu 15 Millionen DM
  bei Luftfahrzeugen mit mehr als 2.000 kg
  bis 5.700 kg Höchstmasse;
- bis zu 40 Millionen DM
  bei Luftfahrzeugen mit mehr als 5.700 kg
  bis 14.000 kg Höchstmasse;
- bis zu 100 Millionen DM
  bei Luftfahrzeugen mit mehr als 14.000 kg
  Höchstmasse.

Die Höchstbetrag des Schadensersatzes für jede verletzte Person beträgt 500.000 DM. Das gilt auch für den Kapitalwert einer als Entschädigung festgesetzten Rente. Übersteigen die Entschädigungen, die mehreren aufgrund desselben Ereignisses zustehen, die o.a. Höchstbeträge, so verringern sich die einzelnen Entschädigungen im Verhältnis des Gesamtbetrages zum Höchstbetrag.

Der Ersatzberechtigte (der Geschädigte oder eine andere berechtigte Person) verliert die Rechte auf Entschädigung, wenn er nicht spätestens drei Monate, nachdem er von dem Schaden und der Person des Ersatzpflichtigen Kenntnis erhalten hat, diesem den Unfall anzeigt. Der Rechtsverlust tritt nicht ein, wenn die Anzeige infolge eines Umstandes unterblieben ist, den der Ersatzberechtigte nicht zu vertreten hat, oder wenn der Ersatzpflichtige innerhalb der Frist auf andere Weise von dem Unfall Kenntnis erhalten hat.

Die hier genannte Halter-Haftpflichtversicherung gilt nur für die Haftung gegenüber Personen und Sachen, die **nicht** im Luftfahrzeug befördert werden. Für den Ersatz des Schadens für Personen und Sachen **im** Luftfahrzeug oder für einen Unfallschaden am Luftfahrzeug selber ist keine Versicherung vorgeschrieben. Der Abschluß weiterer Versicherungen wie z.B. Kaskoversicherung, Insassenversicherung ist freiwillig.

Die Haftpflichtversicherung für Luftfahrzeughalter garantiert nicht, daß bei einem Unfall alle möglichen Haftungsverpflichtungen gegenüber Dritten abgedeckt sind. Neben den o.a. Entschädigungssummen können sich aufgrund weiterer gesetzlicher Vorschriften im Einzelfall weitere Haftungsansprüche ergeben. So haften der Luftfahrzeughalter oder der Luftfahrzeugführer nach § 823 BGB in unbegrenzter Höhe, wenn ein Verschulden (Fahrlässigkeit, Vorsatz) nachgewiesen werden kann. Es ist daher ratsam, eine Halter-Haftpflichtversicherung mit einer möglichst hohen Deckungssumme abzuschließen.

Wer ins Ausland fliegt, sollte bedenken, daß dort abweichend von der deutschen Haftungsregelung z.T. weit höhere Deckungssummen gefordert werden.

Zusammenfassung

Luftfahrzeughalter
* haftet für Schäden an Personen und Sachen, die nicht im Luftfahrzeug befördert werden,
* muß dafür eine Haftpflichtversicherung abschließen.

Rechtsgrundlage §§ 33 bis 43 LuftVG, §§ 102 bis 104 LuftVZO

Haftung aus dem Beförderungsvertrag

Wird zur Beförderung von Personen oder Sachen im Luftfahrzeug ein Vertrag (Beförderungsvertrag) abgeschlossen, so haftet der Luftfrachtführer für Schäden aufgrund eines Unfalls. Luftfrachtführer ist derjenige, der sich in eigenem Namen verpflichtet, Personen oder Sachen auf dem Luftwege zu befördern. Für die Haftung ist unerheblich, ob der Vertrag schriftlich oder mündlich abgeschlossen wurde und ob die Beförderung gegen Geld oder unentgeltlich erfolgt.

Der Luftfrachtführer ist verpflichtet, für den Schaden aufzukommen, der entsteht, wenn ein Fluggast an Bord eines Luftfahrzeuges oder beim Ein- und Aussteigen getötet, körperlich verletzt oder sonst gesundheitlich geschädigt wird. Das gleiche gilt für den Schaden, der an Sachen entsteht, die der Fluggast an sich trägt oder mit sich führt. Ferner haftet er für den Schaden, der an Frachtgütern und aufgegebenem Reisegepäck während der Luftbeförderung entsteht.

Die Ersatzpflicht des Luftfrachtführers tritt nicht ein, wenn er beweist, daß er und seine Leute alle erforderlichen Maßnahmen zur Verhütung des Schadens getroffen haben oder daß sie diese Maßnahmen nicht treffen konnten. D.h., ein Luftfrachtführer haftet, anders als ein Luftfahrzeughalter, nur dann, wenn ihm ein schuldhaftes Verhalten nachgewiesen werden kann.

Im Falle der Tötung oder Verletzung einer beförderten Person haftet der Luftfrachtführer für jede Person bis zu einem Betrag von 320.000 DM. Dies gilt auch für den Kapitalwert einer als Entschädigung festgesetzten Rente.

Im Falle des Verlustes oder der Beschädigung von beförderten Gütern haftet der Luftfrachtführer bis zu einem Betrag von 67,50 DM je Kilogramm. Die Haftung des Luftfrachtführers für Gegenstände, die der Fluggast an sich trägt oder mit sich führt oder die als Reisegepäck aufgegeben sind, ist auf einen Höchstbetrag von 3.200 DM gegenüber jedem Fluggast beschränkt.

Ist der Schaden vom Luftfrachtführer oder einem seiner Leute in Ausführung ihrer Verrichtungen vorsätzlich oder grobfahrlässig herbeigeführt worden, so bleibt die Haftung nach den allgemeinen gesetzlichen Vorschriften unberührt; die o.a. Haftungsbeschränkungen gelten in diesem Falle nicht.

Auch wenn die Haftungsregelung für Luftfrachtführer primär für Luftfahrtunternehmen bestimmt ist, kann sie durchaus auch für Privatpiloten wichtig sein. Vereinbart z.B. ein Pilot mit seinem Freund, ihn gegen Entgelt zu einem bestimmten Flugplatz zu fliegen, kommt zwischen diesen beiden ein Beförderungsvertrag zustande. Der Pilot fungiert hier als Luftfrachtführer, der Freund ist nun Fluggast. Wird der Freund bei der Beförderung verletzt, haftet der Pilot als Luftfrachtführer mit einer Höchstsumme von 320.000 DM. Wurde zwischen dem Piloten und seinem Freund kein Beförderungsvertrag geschlossen, so kann der geschädigte Freund seine Ersatzansprüche nur aufgrund der §§ 823 ff. BGB geltend machen, dann allerdings ohne Höchstbegrenzung.

Da es in der Privatluftfahrt nicht wie in der gewerblichen Luftfahrt üblich ist, für die Beförderung ein Flugticket (Beförderungsvertrag) auszustellen, empfehlen einige Luftfahrtversicherungen, bei der Mitnahme von Fluggästen generell einen förmlichen Beförderungsvertrag zu schließen und damit den möglichen Haftungsanspruch von vornherein zu begrenzen.

198

Zusammenfassung

Luftfrachtführer
* haftet bei Verschulden gemäß der Haftung aus dem Beförderungsvertrag
* 320.000 DM Höchstbetrag für jeden Fluggast
* 3.200 DM Höchstbetrag für Gegenstände/Reisegepäck je Fluggast

Rechtsgrundlage §§ 44 bis 52 LuftVG

Kontroll- und Übungsaufgaben

1. Ist ein Privatpilot verpflichtet, zum Führen eines Luftfahrzeuges eine Versicherung abzuschließen?

2. Was versteht man unter einem Luftfahrzeughalter?

3. Muß der Luftfahrzeughalter auch dann für einen Schaden außerhalb des Luftfahrzeuges haften, wenn dieser nachweislich aufgrund „höherer Gewalt", also ohne Verschulden, entstanden ist?

4. Sie haben als Privatpilot mit einem gecharterten Flugzeug einen Unfall verursacht. Dabei wurde das Flugzeug erheblich beschädigt und ein Insasse verletzt. Wer muß für den Schaden aufkommen?

5. Wer hat dafür Sorge zu tragen, daß der Nachweis über die Halter-Haftpflichtversicherung an Bord des Luftfahrzeuges mitgeführt wird?

Kapitel 14

Ordnungswidrig-
keiten und Straftaten

Ordnungswidrigkeiten

Luftfahrer und andere am Luftverkehr Beteiligte haben die im Luftverkehrsgesetz (LuftVG) und in den dazu erlassenen Verordnungen festgelegten Regeln und Vorschriften einzuhalten. Verletzt jemand diese Regeln bzw. Vorschriften, so begeht er in den meisten Fällen eine Ordnungswidrigkeit, nur in wenigen Fällen eine Straftat. Eine Ordnungswidrigkeit (OWiG) wird (nur) mit einer Geldbuße geahndet. Sie hat keinen kriminellen Gehalt und wird weder im Strafregister noch im polizeilichen Führungszeugnis vermerkt.

Das Luftverkehrsgesetz sowie die weiteren luftrechtlichen Verordnungen enthalten jeweils am Schluß einen Katalog der Ordnungswidrigkeiten.

Nach dem LuftVG handelt u.a. ordnungswidrig, wer vorsätzlich oder fahrlässig

*   den im Rahmen der Luftaufsicht erlassenen Verfügungen zuwiderhandelt,
*   es unternimmt, ohne Erlaubnis Luftfahrer auszubilden,
*   außerhalb der Betriebszeiten des Flugplatzes landet oder startet,
*   den vom Bundesminister für Verkehr erlassenen Verordnungen zuwiderhandelt.

Eine Ordnungswidrigkeit kann mit einer Geldbuße bis zu 10.000 DM, in einigen Fällen bis zu 20.000 DM geahndet werden. Die für die Verfolgung und Ahndung zuständigen Verwaltungsbehörden sind

*   die Luftfahrtbehörden der Länder im Bereich der ihnen übertragenen Luftfahrtaufgaben,
*   das Luftfahrt-Bundesamt im Bereich der ihm übertragenen Luftfahrtaufgaben,
*   das Bundesministerium für Verkehr.

Zusammenfassung

*   Verletzungen von Luftverkehrsvorschriften werden in den meisten Fällen mit einer Geldbuße (OWiG) geahndet. Höhe der Geldbuße: bis zu 20.000 DM.

Rechtsgrundlage § 58 LuftVG, § 43 LuftVO, § 108 LuftVZO, § 57 LuftBO, § 134 LuftPersV, § 46 LuftGerPO, § 6 FSAV

Straftaten

Unter einer Straftat versteht man eine kriminelle Handlung, die mit Freiheitsstrafe oder Geldstrafe geahndet wird. Straftatbestände in der Luftfahrt sind im Strafgesetzbuch (StGB) und im Luftverkehrsgesetz beschrieben, nicht jedoch in den angeschlossenen Verordnungen.

Mit Freiheitsstrafe bis zu fünf Jahren oder mit Geldstrafe wird bestraft, wer

*   als Pilot oder sonst für die Sicherheit Verantwortlicher durch grob pflichtwidriges Verhalten gegen eine im Rahmen der Luftaufsicht erlassene Verfügung verstößt und dadurch Leib oder Leben eines anderen oder fremde Sachen von bedeutendem Wert gefährdet. Wird die Tat fährlässig begangen, so kann sie mit Freiheitsstrafe bis zu zwei Jahren oder mit Geldstrafe bestraft werden.

Mit Freiheitsstrafe bis zu zwei Jahren oder mit Geldstrafe wird bestraft, wer

*   ein Luftfahrzeug führt, das nicht zum Luftverkehr zugelassen ist, oder als Halter einem Dritten das Führen eines solchen Luftfahrzeuges gestattet,
*   ein Luftfahrzeug ohne die entsprechende Erlaubnis führt oder bedient oder als Halter eines Luftfahrzeuges die Führung

oder das Bedienen Dritten, denen diese Erlaubnis nicht erteilt ist, gestattet,

- praktische Flugausbildung ohne eine Lehrberechtigung erteilt,
- als Pilot ohne Genehmigung außerhalb der genehmigten Flugplätze bzw. außerhalb der festgelegten Start- und Landebahnen startet oder landet,
- gefährliche Güter ohne Erlaubnis im Luftfahrzeug mitführt,
- Funkgeräte ohne Erlaubnis im Luftfahrzeug mitführt,
- als Pilot den Anordnungen über Luftsperrgebiete und Gebiete mit Flugbeschränkungen zuwiderhandelt.

Wer die Tat fahrlässig begeht, wird mit Freiheitsstrafe bis zu sechs Monaten oder mit Geldstrafe bis zu 180 Tagessätzen bestraft.

Zuständig für die Verfolgung einer Straftat ist die Staatsanwaltschaft.

Zusammenfassung

- Besonders grobe Verletzungen von im LuftVG festgelegten Vorschriften werden mit einer Strafe geahndet. Höchststrafe: 5 Jahre Freiheitsentzug

Rechtsgrundlage §§ 59 bis 62 LuftVG

Kontroll- und Übungsaufgaben

1. Ein Pilot landet ohne Genehmigung kurz nach Betriebsschluß eines Flugplatzes. Er hat damit eine Ordnungswidrigkeit begangen. Wer wird diese Ordnungswidrigkeit verfolgen?

2. Ein Pilot hat sich ein neues Flugzeug gekauft und führt es einem Freund vor. Während des Fluges überläßt er dem neben ihm sitzenden Freund, der kein Pilot ist, für einige Zeit die Steuerung des Flugzeuges. Wer von beiden begeht eine Ordnungswidrigkeit bzw. eine Straftat?

3. Beim Außencheck Ihres Flugzeuges stellen Sie fest, daß das rote Zusammenstoßwarnlicht am Leitwerk nicht funktioniert. Das Wetter, insbesondere die Sicht ist sehr gut. Sie fliegen daher ohne funktionstüchtiges Zusammenstoßwarnlicht. Dürfen Sie das?

4. Bei der Festlegung des Strafmaßes wird unterschieden, ob die Tat vorsätzlich oder fahrlässig begangen wurde. Was bedeuten „Vorsatz" und „Fahrlässigkeit"?

5. Gibt es in der Luftfahrt für Vorschriftenverletzungen einen Strafpunktekatalog und ein Strafpunktekonto ähnlich wie im Straßenverkehr (Eintragung ins Verkehrszentralregister in Flensburg)?

Kapitel 15
Anhang

Lösungen zu den Kontroll- und Übungsaufgaben

Kapitel 2

1. Der Luftfahrer hat verschiedene Informationsmöglichkeiten. Die DFS Deutsche Flugsicherung GmbH sowie einige Verlage bieten Sammlungen mit allen relevanten Luftfahrt-Gesetzen und -Verordnungen zum Kauf an. Das Luftfahrthandbuch (AIP, herausgegeben von der DFS), enthält den kompletten Wortlaut der Luftverkehrs-Ordnung (LuftVO) sowie die wesentlichen Bestimmungen für die Durchführung des Luftverkehrs. Natürlich behandelt auch dieses Buch ausführlich alle für den Privatluftfahrzeugführer wichtigen Gesetze, Verordnungen und Vorschriften.

2. Ja, das Grundgesetz enthält folgende Bestimmungen zum Luftverkehr:
- Artikel 73: „Der Bund hat die ausschließliche Gesetzgebung über .... den Luftverkehr ..."
- Artikel 87 d: „Die Luftverkehrsverwaltung wird in bundeseigener Verwaltung geführt. Durch Bundesgesetz, das der Zustimmung des Bundesrates bedarf, können Aufgaben der Luftverkehrsverwaltung den Ländern als Auftragsverwaltung übertragen werden."

3. Diese Aussage ist falsch (siehe Grundgesetz, Artikel 73).

4. Luftverkehrs-Ordnung. Was die Straßenverkehrsordnung für den Autofahrer ist die Luftverkehrs-Ordnung für den Luftfahrer.

5. Die Kosten für Tätigkeiten der Luftfahrtverwaltungen sind bundeseinheitlich in der Kostenverordnung der Luftfahrtverwaltung (LuftKostVO) geregelt. Danach kostet die PPL-Prüfung 300 DM (Stand Aug. 1995).

Kapitel 3

1. Unter Lufthoheit versteht man das Recht eines Staates, die Benutzung des über seinem Staatsgebiet liegenden Luftraums souverän zu regeln. Diese Regelungs- bzw. Gesetzgebungsbefugnis hat in Deutschland ausschließlich der Bund.

2. Unter Luftaufsicht versteht man „die Abwehr von Gefahren für die Sicherheit des Luftverkehrs sowie für die öffentliche Sicherheit oder Ordnung durch die Luftfahrt" (§ 29 LuftVG). Die Luftaufsicht ist Aufgabe der Luftfahrtbehörden und der für die Flugsicherung zuständigen Stellen.

3. Das Luftfahrt-Bundesamt ist hauptsächlich zuständig für die Zulassung und Überwachung von Luftfahrzeugen, Luftfahrtunternehmen und Luftfahrzeugführern, die DFS Deutsche Flugsicherung GmbH für die Durchführung der Flugsicherungsbetriebsdienste, insbesondere durch Flugverkehrskontrolle.

4. Ja.

5. Luftfahrtbehörde des Landes.

6. Ja.

7. Das besondere Verdienst der ICAO ist die weltweite Vereinheitlichung der Regeln im Luftverkehr und damit die Förderung eines internationalen Luftverkehrs.

8. Mitglieder der ICAO sind die einzelnen Staaten, in Deutschland vertreten durch das Bundesministerium für Verkehr mit den untergeordneten Luftfahrtverwaltungen (LBA, DWD, DFS).

9. Ja, im ICAO-Anhang 1 „Personnel Licensing" gibt es einige, allerdings sehr allgemeine, Ausführungen zur Privatpilotenausbildung.

10. Es ist u.a. Aufgabe aller Luftfahrt-Behörden/-Verwaltungen, die Interessen der Luftfahrer, also auch der Privatpiloten, zu berücksichtigen. Ob die Interessen allerdings dort richtig vertreten werden, muß jeder Privatpilot selbst beurteilen. Für die Interessen der Privatpiloten setzen sich in Deutschland verschiedene Organisationen, insbesondere der Deutsche Aero Club e.V. (DAeC) und der Verband der Allgemeinen Luftfahrt e.V. AOPA Germany, ein.

Kapitel 4

1. DFS Deutsche Flugsicherung GmbH (Offenbach/Main).

2. AIP VFR enthält
- Sichtan-/-abflugkarten, Flugplatzkarten und zusätzliche Flugplatzinformationen (Text) für alle Flughäfen, Landeplätze und Militärflugplätze mit ziviler Mitbenutzung in Deutschland;
- Zusätzliche alle für die Durchführung von VFR-Flügen in Deutschland wichtigen Informationen;
- Streckenkarte;
- VFR-Bulletin.

3. Das AIP VFR ist in deutscher und englischer Sprache abgefaßt.

4. Die deutschen Luftfahrthandbücher tragen einen blauen Einband. Andere Staaten verwenden andersfarbige Einbände.

5. Diese Aussage ist falsch. Das AIP wie auch das AIP VFR enthalten einen Teil „MET", in dem alle für die Luftfahrer wesentlichen Bestimmungen zum Flugwetterdienst enthalten sind.

6. Ein AIP Amendment ist ein Nachtrag zum AIP. Durch den vierwöchigen Nachtrags-Service werden die Luftfahrthandbücher auf dem laufenden gehalten.

7. Ein AIP Supplement ist eine Ergänzung zum AIP. Sie enthält Informationen von vorübergehender Dauer.

8. Änderungen der Luftraumstruktur werden als Bekanntmachung des Bundesministeriums für Verkehr zuerst im Bundesanzeiger und in den Nachrichten für Luftfahrer veröffentlicht. Anschließend werden die Änderungen als Nachtrag (AIP AMD) ins Luftfahrthandbuch übernommen und die entsprechenden Luftfahrtkarten ggf. berichtigt. Zusätzlich weisen entsprechende NOTAM im VFR-Bulletin auf die Luftraumänderungen hin. Umfangreiche Luftraumänderungen werden u.U. zusätzlich mit einem AIC rechtzeitig vorher angekündigt.

9. Über NOTAM.

10. Bezieht man regelmäßig (14-tägig) das VFR-Bulletin, so kann man sich über die für die VFR-Luftfahrt relevanten NOTAM informieren. Um ganz aktuel zu sein, sollte man zusätzlich über den Flugberatungsdienst (AIS) der Flugsicherung Nachträge zum VFR-Bulletin anfordern (telefonisch, TELEFAX, persönlich).

11. Die Nachrichten für Luftfahrer (NfL I, NfL II) enthalten Anordnungen, wichtige Informationen und Hinweise für die Luftfahrt, soweit sie für die Durchführung des Flugbetriebs von Bedeutung sind.

12. Die Angabe „ICAO" sagt aus, daß diese Karte nach den Vorgaben der ICAO (Anhänge 4 und 15 zum ICAO-Abkommen) hergestellt worden ist.

13. Haben Sie die aktuelle Luftfahrtkarte ICAO 1:500.000, das AIP VFR, das VFR-Bulletin und die Nachträge zum VFR-Bulletin (bzw. entsprechende aktuelle Luftfahrtveröffentlichungen anderer Luftfahrtkartenhersteller), so können Sie sicher sein, über alle erforderlichen Informationen für einen VFR-Flug in Deutschland zu verfügen.

14. Luftfahrtveröffentlichungen werden über den einschlägigen Luftfahrtbedarfshandel vertrieben (Adressen siehe Luftfahrtzeitschriften). Luftfahrtveröffentlichungen der DFS werden über AIC und NfL bekanntgemacht.

15. Luftfahrtveröffentlichungen aus dem Ausland können Sie über den Luftfahrtbedarfshandel oder über den internationalen Luftfahrtkartenhersteller Jeppesen beziehen. Die Flugberatungsstellen der Flugsicherung halten Luftfahrtveröffentlichungen vieler Staaten bereit. Diese Unterlagen können im Rahmen der Beratung dort eingesehen (aber nicht gekauft) werden.

Kapitel 5

1. Flugplätze mit dem Attribut „Verkehr" dienen dem allgemeinen Luftverkehr, sind öffentlich und im Rahmen der Benutzungsordnung für je-

dermann nutzbar (im Gegensatz zu Sonder-flugplätzen).

2. Im Luftfahrthandbuch AIP VFR finden Sie sowohl die Art des Flugplatzes als auch die Adresse bzw. Telefonnummer, wo Sie sich erkundigen können, ob Sie dort landen dürfen.

3. Die Regelung des Flugplatzverkehrs ist gemäß Vorgabe nach § 21a LuftVO in den Nachrichten für Luftfahrer (NfL I) bekanntgemacht worden. Im Luftfahrthandbuch AIP VFR ist diese Regelung z.T. als Text, insbesondere aber in Form der Sichtanflugkarte (mit Platzrunde) dargestellt.

4. Nein, nicht alle Flugplätze haben eine von der ICAO zugeteilte Ortskennung. Voraussetzung für die Zuteilung einer ICAO-Kennung ist u.a. die Anzahl der Flugbewegungen.

5. An der Schwelle (Beginn der Markierung für die Schwelle).

6. Ja. Die versetzte Schwelle hat nur für die Landung Bedeutung.

7. Der näher an der Start- und Landebahn gelegene Rollhalteort ist durch einen durchgezogenen und einen unterbrochenen gelben Doppelstrich markiert. Herrschen Sichtflugwetterbedingungen, darf man bis zu diesem Rollhalteort rollen. Der etwas weiter weg liegende mit durchgezogenem Doppelstrich und Querbalken markierte Rollhalteort dient für den Flugbetrieb nach Instrumentenflugregeln bei extrem schlechten Sichtverhältnissen.

8. An Flugplätzen, die nur für den Sichtflugbetrieb zugelassen sind, dient das PAPI lediglich als Hilfe im Anflug. Es ist ohne weiteres erlaubt, einen größeren oder kleineren als den optisch angezeigten Anflugwinkel zu wählen. Oft allerdings ist ein PAPI-System gerade dort installiert, wo schwierige Anflugverhältnisse gegeben sind (z.B. ansteigendes oder abfallendes Gelände, Hindernisse). Deshalb ist man gut beraten, dem angezeigten optischen Anflugwinkel zu folgen.

9. Grundsätzlich sollte das Flugplatzleuchtfeuer zwischen Sonnenuntergang und Sonnenaufgang sowie zu jeder Zeit auf Anforderung des Piloten oder wenn es dem Flugverkehrslotsen bzw. der Luftaufsicht erforderlich erscheint, eingeschaltet werden.

10. Der Sicherheitsstreifen ist eine hindernisfreie Zone um die Start- und Landebahn. Er soll die Gefahr vermindern, daß ein Luftfahrzeug beim Abkommen von der Start- und Landebahn oder beim Überrollen der Bahn unmittelbar mit Hindernissen (z.B. abgestellten Flugzeugen) kollidiert.

Kapitel 6

1. Für Flugzeuge gelten z.T. andere luftrechtliche Vorschriften und Regeln als für andere Luftfahrzeugarten, angefangen bei der Zulassung über die Ausbildung bis hin zu den Sichtflugregeln.

2. Lufttüchtigkeitszeugnis.

3. Ja. Die jährliche Nachprüfung entspricht dem TÜV.

4. Ja. Die Luftfahrzeugrolle ist öffentlich. Nachträge bzw. Ergänzungen zur Luftfahrzeugrolle werden regelmäßig in den Nachrichten für Luftfahrer, Teil II veröffentlicht.

5. Ja, das ist möglich und es kommt in der Tat öfters vor. Das eine Flugzeug hat offenbar eine Höchstmasse von unter 2.000 kg (D-G...). Das andere hat, vielleicht aufgrund zusätzlich eingebauter Ausrüstung, eine Höchstmasse von über 2.000 kg (D-I...).

6. Nein. Die Mängel muß er dem Vercharterer, d.h. dem Luftfahrzeughalter, melden.

7. Nachprüfungen sind erforderlich
- alle 12 Monate (Jahresnachprüfung)
- nach Instandhaltungsarbeiten
- nach größeren Änderungen am Luftfahrzeug
- auf Anordnung des Luftfahrt-Bundesamtes.

8. Der Nachprüfschein ist neben dem Lufttüchtigkeitszeugnis ein wichtiges Dokument zum Nachweis, daß das Luftfahrzeug lufttüchtig ist.

9. Nein. Instandhaltungsarbeiten, auch einfache Arbeiten, dürfen nur vom Luftfahrzeugeigentümer oder -halter bzw. von einem luftfahrttechnichen Betrieb durchgeführt werden.

10. Ja. Da der Verein Halter bzw. Eigentümer der Flugzeuge ist, kann jedes Mitglied mit gültiger Pilotenlizenz einfache Wartungsarbeiten gemäß § 9 LuftBO durchführen, vorausgesetzt, das Mitglied besitzt dazu die Fähigkeiten (liegt im Ermessen des Vereins) und der Verein hat ihn dafür bestimmt.

11. Ja. Nach einer Bekanntmachung des Luftfahrt-Bundesamtes sind bei einer 100-Stunden-Kontrolle Zeitüberschreitungen bis zu 10 % möglich.

12. Flughandbuch. Es gehört zum Luftfahrzeug und enthält detaillierte Anweisungen und Informationen zur Bedienung des Luftfahrzeuges (entspricht dem Betriebshandbuch bei einem Auto).
Bordbuch. „Tagebuch" des Luftfahrzeuges (gehört zum Luftfahrzeug). In ihm werden die durchgeführten Flüge (Ort, Zeiten, Pilot, Fluggäste usw.), technischen Störungen, Instandhaltungsarbeiten und Nachprüfungen eingetragen.
Flugbuch. „Tagebuch" des Piloten (gehört zum Piloten). In ihm trägt der Pilot alle seine Flüge ein (Luftfahrzeug, Zeiten, Art des Fluges usw.). Es ist eine wichtige Unterlage für den Nachweis von Flugstunden.

13. Nein. Alle Piloten haben die Kontrollen anhand einer Checklist durchzuführen.

14. Ja. Es muß mindestens soviel Treibstoff mitgeführt werden, daß unter Berücksichtigung der Wetterbedingungen und der zu erwartenden Verzögerungen die sichere Durchführung des Fluges gewährleistet ist.

15. Ja, denn der Waffentransport verstößt nicht nur gegen geltendes Luftrecht, sondern stellt unter Umständen eine erhebliche Gefahr dar.

Das Luftaufsichtspersonal darf zur „Abwehr von Gefahren für die Sicherheit des Luftverkehrs sowie für die öffentliche Sicherheit oder Ordnung" Verfügungen erlassen (§ 29 LuftVG).

Kapitel 7

1. Der Begriff „Privatluftfahrzeugführer" ist der Oberbegriff für Führer (Piloten) von Flugzeugen, Motorseglern, Segelflugzeugen, Freiballonen und Hubschraubern für „private", d.h. im allgemeinen nichtberufsmäßige Zwecke. Privatflugzeugführer sind dementsprechend Piloten von (Privat-) Flugzeugen.

2. Eine Erlaubnis (engl. Licence) im Sinne der LuftPersV ist eine Genehmigung für das Führen und Bedienen von Luftfahrzeugen (Flugzeuge, Motorsegler, Segelflugzeug usw.). Eine Berechtigung (engl. Rating) ist im allgemeinen eine Erweiterung der Erlaubnis für die Verwendung eines Luftfahrzeuges zur Durchführung bestimmter Flüge (z.B. Kunst-, Nacht-, Instrumentenflug) bzw. eine Genehmigung für das Fliegen bestimmter Luftfahrzeugmuster (Musterberechtigung).

3. Bei Beginn der PPL-Ausbildung:
- Geburtsurkunde (bzw. Auszug aus dem Familienbuch)
- Fliegertauglichkeitszeugnis
- Erklärung über schwebende Strafverfahren
- Führungszeugnis bzw. Antrag für ein Führungszeugnis muß gestellt sein
- ggf. Zustimmungserklärung des gesetzlichen Vertreters

Spätestens vor dem ersten Alleinflug:
- Sprechfunkzeugnis

Vor Ablegung der PPL-Prüfung:
- Führungszeugnis
- Nachweis über die erfolgreiche Teilnahme an einer Unterweisung in Sofortmaßnahmen am Unfallort
- Ausbildungsnachweis der theoretischen und praktischen Ausbildung
- zwei Paßbilder

4. Ja.

5. Ja, eine Befreiung von bestimmten Fächern bzw. Sachgebieten der theoretischen Prüfung ist möglich. Der Antrag hierzu ist an die für die Prüfung zuständige Luftfahrtbehörde des Landes zu richten.

6. Diese Aussage ist nur bedingt richtig. Der PPL A berechtigt zum Führen von Flugzeugen bei Nacht nur in der Umgebung eines Flugplatzes. Voraussetzung: Der Pilot besitzt eine Gesamtflugerfahrung von 75 Stunden und hat je 10 Nachtstarts und Nachtlandungen auf Flugzeugen mit Fluglehrer durchgeführt. Für Nachtüberlandflüge ist eine Nachtflugberechtigung erforderlich.

7. Der PPL A gilt entsprechend der eingetragenen Musterberechtigung für „einmotorige kolbengetriebene Landflugzeuge bis 2.000 kg Höchstmasse".

8. Der PPL A berechtigt zu einer berufsmäßigen Tätigkeit als verantwortlicher Flugzeugführer auf Flugzeugen der im Luftfahrerschein eingetragenen Muster, beschränkt auf das Schleppen von Gegenständen hinter Flugzeugen (Schleppberechtigung erforderlich) und die Ausbildung von Privatflugzeugführern (Lehrberechtigung erforderlich).

9. Ja, das ist möglich. Gemäß LuftPersV können in der Flugausbildung für den PPL A maximal 20 Flugstunden durch Flugzeit auf selbststartenden Motorseglern ersetzt werden. Bestimmte Ausbildungsabschnitte müssen allerdings auf Motorflugzeugen durchgeführt werden.

10. Gemäß LuftPersV ist für den Erwerb der Erlaubnis für Segelflugzeugführer die vorgeschriebene Ausbildung und Prüfung durchzuführen. Allerdings kann für Bewerber mit der Erlaubnis für Privatflugzeugführer die Flugausbildung auf 10 Flugstunden reduziert werden, wobei bestimmte Ausbildungsabschnitte auf Segelflugzeugen durchgeführt werden müssen. Eine Reduzierung der theoretischen Ausbildungsstunden oder gar Befreiung von der theoretischen Prüfung ist nicht vorgesehen (ggf. hierzu Antrag bei der Luftfahrtbehörde stellen).

11. Das hängt davon ab, ob er bis dahin bereits seinen Luftfahrerschein erhalten hat, denn: Die Erlaubnis, ein Luftfahrzeug zu fliegen, wird mit der Aushändigung des Luftfahrerscheins erteilt. Und: Der Luftfahrerschein ist beim Fliegen mitzuführen.

12. Ja, für Berechtigungen sind auch Gültigkeitzeiträume festgelegt. Bei den meisten Berechtigungen heißt es „ die Gültigkeitsdauer bestimmt sich nach der zugrunde liegenden Erlaubnis". Ist z.B. im Beiblatt A zum PPL A eine Nachtflugberechtigung eingetragen, so hat diese die gleiche Gültigkeitsdauer wie der PPL A. Mit Ablauf der Gültigkeit für den PPL A verliert dann auch die Nachtflugberechtigung ihre Gültigkeit. Es gibt allerdings auch Berechtigungen mit einer kürzeren Gültigkeitsdauer als die für Privatpilotenlizenzen üblichen 24 Monate. So hat z.B. die Instrumentenflugberechtigung nur eine Gültigkeit von einem Jahr.

13. Nein, für den Erwerb der Nachtflugberechtigung ist keine Prüfung erforderlich.

14. Ja.

15. Für den Erwerb einer Musterberechtigung ist eine Einweisung des Piloten auf das Muster erforderlich.
Bei einer eingetragenen Musterberechtigung mit einem Sammeleintrag („einmotorige kolbengetriebene Landflugzeuge bis 2.000 kg Höchstmasse) ist „nur" ein Vertrautmachen mit einem Muster aus dem Sammeleintrag notwendig. Einweisung und Vertrautmachen sind von der praktischen Durchführung her gleich. Beide können von einem Fluglehrer oder einem Einweisungsberechtigten durchgeführt werden.

16. Im allgemeinen ist das nicht möglich, da für den Erwerb einer Musterberechtigung für ein zweimotoriges Flugzeug eine Gesamtflugzeit von 100 Stunden nachzuweisen ist.

17. Ist die Gültigkeit der Erlaubnis erst kurz abgelaufen, so kann der Pilot bei der zuständigen Luftfahrtbehörde des Landes einen Antrag auf Erneuerung der Erlaubnis stellen. Voraussetzung für die Erneuerung der Erlaubnis ist, daß

der Pilot die für eine Erlaubnisverlängerung vorgeschriebenen Flugstunden und Landungen nachweisen kann (24 bzw. 18 Flugstunden, 25 Starts und Landungen innerhalb 24 Monate) und zusätzlich einen Navigationsdreiecksflug mit Fluglehrer absolviert hat.
Die Luftfahrtbehörde kann die Erneuerung der Erlaubnis von einer Überprüfung durch einen von ihr bestimmten Sachverständigen abhängig machen.

18. Ist eine Erlaubnis länger als drei Jahre abgelaufen, so hat der Bewerber zusätzlich zu den unter Antwort 17. genannten Bedingungen die theoretische Prüfung zu wiederholen.

19. Unterlagen für die Verlängerung einer Erlaubnis für Privatluftfahrzeugführer:
- Nachweis der für die Verlängerung vorgeschriebenen Flugzeiten (Fahrten), Starts und Landungen
- Neues Fliegertauglichkeitszeugnis
- Erklärung darüber, daß keine Tatsachen vorliegen, die den Piloten als unzuverlässig erscheinen lassen, die Tätigkeit als Pilot auszuüben

20. Die LuftPersV läßt zu, daß die Hälfte der nachzuweisenden Flugstunden durch einen Überprüfungsflug mit einem von der Luftfahrtbehörde anerkannten Sachverständigen ersetzt werden können. Der Pilot muß sich also in diesem Fall schnellstens (vor Ablauf der Gültigkeit) darum bemühen, einen solchen Überprüfungsflug durchzuführen.

21. Die Kunstflugberechtigung wird „automatisch" mit der Verlängerung der Privatluftfahrzeugführererlaubnis verlängert.

22. Für Segelflugzeuge sind keine verschiedenen Muster festgelegt worden.

23. Das Bundesministerium für Verkehr veröffentlicht in regelmäßigen Abständen eine Liste der als gleichwertig anerkannten Luftfahrzeuge in den Nachrichten für Luftfahrer, Teil II (NfL II).

24. Nein! Gemäß LuftPersV hat sich der Pilot durch einen Fluglehrer oder Einweisungsbe-rechtigten mit der Cessna 172 theoretisch (Flughandbuch) und praktisch (Flug) vertraut zu machen.

25. Am besten läßt man sich das Vertrautmachen mit einem Flugzeug unmittelbar hinter dem Flugeintrag in seinem Flugbuch vom Fluglehrer bzw. Einweisungsberechtigten bestätigen (Name, Nummer des Luftfahrerscheins, Datum).

26. Ja.

27. 1 April 1997. Maßgeblich ist in diesem Fall das Datum der Fliegertauglichkeitsuntersuchung.

28. 1. Dezember 1997, da die Nachuntersuchung beim Fliegerarzt innerhalb der letzten 45 Tage vor Ablauf der Gültigkeit der Erlaubnis durchgeführt wurde.

29. Die im Flugbuch eingetragenen Flugzeiten müssen durch einen Beauftragten für Luftaufsicht, einen Flugleiter, einen Ausbildungs- oder Flugbetriebsleiter, ein Prüfungsratmitglied, einen Fluglehrer oder Einweisungsberechtigten bescheinigt werden.

30. Ja. Genehmigungsfrei sind nur Selbstkostenflüge mit Personen in Luftfahrzeugen, die für höchstens 4 Personen zugelassen sind. Diese Ausnahme gilt nicht bei Beförderung von Sachen.

Kapitel 8

1. Überwiegend IFR-Flüge. Alle IFR-Flüge im kontrollierten Luftraum unterliegen der Flugverkehrskontrolle. VFR-Flüge werden nur in den folgenden Fällen kontrolliert:
- VFR-Flüge in Lufträumen Klasse C und D
- VFR- und Sonder-VFR-Flüge in Kontrollzonen (Luftraum Klasse D)
- Flugplatzverkehr an kontrollierten Flugplätzen
- VFR-Flüge bei Nacht im kontrollierten Luftraum
- Wolkenflüge mit Segelflugzeugen
- Nachtfahrten von Luftschiffen und bemannten Freiballonen im kontrollierten Luftraum
- Kunstflüge im kontrollierten Luftraum und über Flugplätzen mit Flugverkehrskontrolle

• Flüge in Gebiete mit Flugbeschränkungen, soweit dies ausdrücklich bei der Festlegung der Gebiete angeordnet ist.

Im Jahr 1994 wurden von der DFS 1,985 Millionen Flüge kontrolliert.

2. Ein kontrollierter Flugplatz ist ein Flugplatz, an dem eine Flugplatzkontrollstelle eingerichtet ist und Flugplatzkontrolle durch die Flugsicherung durchgeführt wird. Der Flugplatzverkehr wird kontrolliert und gelenkt, und für jede Flugbewegung muß eine Genehmigung, d.h. Flugverkehrskontrollfreigabe eingeholt werden. Von den rund 800 deutschen Flugplätzen sind ca. 100 kontrollierte Flugplätze (zivil und militärisch). An den unkontrollierten Flugplätzen findet der Flugverkehr nach den von den Luftfahrtbehörden der Länder festgelegten Flugplatzverkehrsregelungen statt. Der Pilot erhält für die einzelnen Flugbewegungen keine Freigabe, sondern er rollt, startet und landet nach eigenem Ermessen (im Rahmen der Flugplatzverkehrsregelung). Die Luftaufsichtsstelle am Flugplatz übt keine Flugverkehrskontrolle aus, sondern erteilt lediglich Informationen (Funkrufzeichen „INFO").

3. Zur Zeit befinden sich an den internationalen Verkehrsflughäfen die folgenden DFS-Kontrollstellen (TWR/Flugplatzkontrolle, APP/Anflugkontrolle, ACC/Bezirkskontrolle):
• Berlin-Schönefeld, TWR
• Berlin-Tegel, TWR
• Berlin-Tempelhof, TWR, APP, ACC
• Bremen, TWR, APP, ACC
• Dresden, TWR
• Düsseldorf, TWR, APP, ACC
• Erfurt, TWR
• Frankfurt, TWR, APP, ACC
• Hamburg, TWR, APP
• Hannover, TWR, APP
• Köln-Bonn, TWR
• Leipzig/Halle, TWR
• München, TWR, APP, ACC
• Münster-Osnabrück, TWR
• Nürnberg, TWR, APP
• Saarbrücken, TWR
• Stuttgart, TWR

Zusätzlich betreibt die DFS eine Kontrollzentrale in Karlsruhe für die Kontrolle von Flügen im oberen Luftraum ab Flugfläche 245. Eine weitere Kontrollzentrale befindet sich z.Z. in Langen bei Frankfurt im Aufbau.

4. Der Fluginformationsdienst (FIS) erteilt Informationen an Piloten während des Fluges, der Flugberatungsdienst (AIS) an Piloten vor dem Flug.

5. FIS-Frequenzen findet man auf allen Luftfahrtkarten (ICAO-Karte 1:500.000, Streckenkarte, Sichtan- und -abflugkarten) und im Luftfahrthandbuch AIP, AIP VFR.

6. Die für ihn zuständige Flugberatungsstelle (AIS) befindet sich am Verkehrsflughafen Bremen (siehe Angaben im AIP VFR und im VFR-Bulletin).

7. Ja, der Flugberatungsdienst kann helfen. Er hält Unterlagen (insbesondere Luftfahrthandbücher, Luftfahrtkarten) von vielen Staaten vor. Im deutschen Luftfahrthandbuch befindet sich eine Liste, aus der hervorgeht, welche ausländischen Unterlagen bei den einzelnen AIS-Stellen vorliegen.

8. Alle Kontrollstellen.

9. Wenn der FIS-Lotse Zeit hat, wird er wohl bereit sein, diese Erläuterung zu geben. Aber dafür ist FIS nicht da. Der Fluginformationsdienst ist kein Ersatz für die vorgeschriebene Flugvorbereitung.

10. Die ATIS-Frequenz finden Sie auf der Sichtan-/-abflugkarte von Dresden, am Rand der Luftfahrtkarte und im Luftfahrthandbuch.

Kapitel 9

1. Das Bundesministerium für Verkehr (BMV), in geringem Umfang auch die DFS (Gefahrengebiete, Segelflugbeschränkungsgebiete, Gebiete mit besonderen Aktivitäten).

2. VFR-Flüge haben in einem Fluginformationsgebiet Anspruch auf Fluginformationsdienst und Flugalarmdienst.

3. Kontrollierter Luftraum ist der Luftraum, in welchem die Flugsicherung Flugverkehrskontrolle für bestimmte Flüge (vorwiegend IFR-Flüge) durchführt.

4. Die unterschiedlichen Untergrenzen des kontrollierten Luftraums im Bereich der kontrollierten Flugplätze haben den Zweck, IFR-An- und -Abflüge zu schützen (durch erhöhte Sichtwetterbedingungen) und möglichst viel Freiraum für unkontrollierten Luftraum zu lassen, um damit die Durchführung der VFR-Flüge zu erleichtern (geringere Sichtwetterbedingungen).

5. Luftraum Klasse E,
Untergrenze 1.000 ft GND: Rotes Band
Luftraum Klasse E,
Untergrenze 1.700 ft GND: Blaues Band
Luftraum Klasse E,
Untergrenze 2.500 ft GND: Nicht dargestellt

6. Ja.

7. In den Lufträumen der Klassen E, F und G.

8. Die z.Z. einzige Ausnahme ist die Kontrollzone für den Flugplatz Egelsbach; dort findet nur VFR-Verkehr statt. Da dieser Flugplatz sehr nahe am Verkehrsflughafen Frankfurt liegt, hat man sich aus Sicherheitsgründen zu diesem Schritt entschlossen.

9. Im Luftraum Klasse G, dort sind - abweichend von den ICAO-Regeln - nur VFR-Flüge erlaubt.

10. Da der Einflug in den Luftraum Klasse C oberhalb FL 100 mit einer Reihe von Auflagen und Beschränkungen verbunden ist, hat man zur Erleichterung des Überfliegens der Alpen die Untergrenze für den Luftraum Klasse C im Alpenbereich auf FL 130 festgelegt.

11. Flugbeschränkungsgebiete liegen ausschließlich über deutschem Hoheitsgebiet (Festland, Küstengebiet), Gefahrengebiete sind ausschließlich außerhalb des deutschen Hoheitsgebietes (Nord- und Ostsee) festgelegt. Flugbeschränkungsgebiete dürfen nur im Rahmen der festgelegten Beschränkungen, Gefahrengebiete können auf eigenes Risiko durchflogen werden.

12. Ja (siehe hierzu Veröffentlichungen im Luftfahrthandbuch AIP, AIP VFR).

13. Der Durchflug muß von der DFS genehmigt werden. Im Einzelfall kann die zuständige Flugverkehrskontrollstelle den Durchflug auch kurzfristig genehmigen (abhängig von der Art der Beschränkung und der erforderlichen Koordination mit den entsprechenden Stellen).

14. Diese Behauptung stimmt nicht. Militärischer Tiefflug am Tage findet flächendeckend über dem gesamten Bundesgebiet statt. Da aber im Tiefflug u.a. Kontrollzonen umflogen werden müssen und eine Reihe von Erholungsgebieten und Atomkraftwerke nicht überflogen werden dürfen, ergibt sich zwangsläufig in einigen Bereichen eine gewisse Kanalisierung des Tiefflugs. Dies wird irrtümlich manchmal als „Tiefflugstreckenführung" interpretiert.

15. 1.000 ft GND - 1.500 ft GND.

16. Militärischer Tiefflug wird mit militärischen Strahlflugzeugen („Düsenjäger") durchgeführt. Ein tieffliegendes militärisches Propellerflugzeug zählt danach nicht zur Kategorie „Tiefflug".

17. Die Abkürzung „HX" heißt nach ICAO offiziell: Keine festgelegte Betriebszeit. Diese Erklärung ist irreführend. In der Praxis wird die Abkürzung „HX" dafür verwendet, Lufträume (und Flugplätze) zu kennzeichnen, die nicht durchgehend „in Betrieb", d.h. nicht permanent aktiviert sind.

18. Mit „HX" gekennzeichnete Lufträume können aktiv oder nicht-aktiv sein; die zu beachtenden Luftraum-Regeln sind je nachdem unterschiedlich. Damit man nichts falsch macht und aus Versehen in einen aktiven Luftraum einfliegt, den man für deaktiviert hält, sollte man sich vor Einflug über den aktuellen Status dieses HX-Luftraums informieren. Verzichtet man auf diese Information, so gilt der Luftraum als aktiv.

19. Die Luftfahrtkarte ICAO 1:500.000 dient der Durchführung von VFR-Streckenflügen am Tage. Da der größte Teil der VFR-Flüge (über

98%) unter FL 100 stattfindet, zeigt die Luftfahrtkarte auch nur die Lufträume bis FL 100. Hinzu kommt, daß VFR-Flüge oberhalb FL 100 nach den für IFR-Flüge festgelegten Flugverkehrsstrecken zu planen und durchzuführen sind. Diese Flugverkehrsstrecken sind nicht auf der Luftfahrtkarte ICAO 1:500.000, sondern auf der Streckenkarte 1:1.000.000 dargestellt.

20. Das Luftfahrthandbuch, Teil RAC, enthält eine Liste aller in Deutschland festgelegten Lufträume.

Kapitel 10

1. Man kann in diesem Fall bis zur Untergrenze des Luftraums Klasse E, also bis 2.500 ft GND, fliegen, da im Luftraum G „frei von Wolken" gilt. In den Luftraum Klasse E kann nicht eingeflogen werden, da der geforderte vertikale Wolkenabstand von 1.000 ft aufgrund der niedrigen Wolkendecke nicht eingehalten werden kann.

2. Bis 1.800 ft GND (vertikaler Wolkenabstand 1.000 ft).

3. Ja, man kann zwischen diesen beiden Wolkenschichten nach VFR durchfliegen, solange der geforderte Abstand von Wolken und die anderen Voraussetzungen für VFR-Flüge über Wolkenschichten erfüllt sind.

4. Im unkontrollierten Luftraum sind „normalerweise" VFR-Flüge unter sich. Dies gilt jedoch nicht für den Luftraum Klasse F. In diesem Luftraum sind auch (unkontrollierte) IFR-Flüge erlaubt. Insbesondere zum Schutz dieser IFR-Flüge sind die Wetterminima für VFR-Flüge dort so hoch wie im Luftraum Klasse C und D (rechtzeitiges Erkennen).

5. Die für Sonder-VFR-Flüge festgelegten Mindestwetterbedingungen entsprechen in etwa den Mindestwetterbedingungen für den unkontrollierten Luftraum Klasse G. Dadurch wird es möglich, bei Mindestwetterbedingungen entsprechend Luftraum Klasse G von einem kontrollierten Flugplatz zu einem unkontrollierten Flugplatz und umgekehrt zu fliegen.

6. 5.000 ft GND (Wolkenbedeckung mehr als die Hälfte).

7. Nein.

8. Ja.

9. a) Zivile Flugplätze sind auf den Luftfahrtkarten mit einem anderen Symbol dargestellt als militärische Flugplätze. Kontrollierte Flugplätze sind in Deutschland grundsätzlich von einer Kontrollzone umgeben. Diese sind auf den Luftfahrtkarten mit roten Rasterflächen besonders auffällig dargestellt.
b) Man muß in der Tat nicht immer den Turm rufen, um das aktuelle QNH zu erhalten. So kann man z.B. an den internationalen Verkehrsflughäfen das QNH über ATIS abhören. Außerdem informiert der Fluginformationsdienst (engl. Flight Information Service, FIS) auf Anfrage über das aktuelle QNH.

10. QNH-Wert des nächstgelegenen zivilen, kontrollierten Flugplatzes (Flughöhe unter 2.000 ft GND).

11. FL 65, FL 85, FL 105 usw. (Achtung: im Luftraum C sind die von der Flugverkehrskontrolle zugwiesenen Flughöhen einzuhalten).

12. MH 185°, WCA +10°: ergibt MT 175°; deshalb FL 55, FL 75, FL 95 usw.

13. Durch die Festlegung bzw. Einhaltung von Halbkreisflughöhen werden die auf Flugflächen fliegenden Luftfahrzeuge „automatisch" gestaffelt. Sich auf Flugflächen entgegenkommende Luftfahrzeuge haben so immer einen vertikalen Sicherheitsabstand von mindestens 500 ft.

14. Ja, die Aussage ist richtig. Die Einhaltung von Halbkreisflughöhen wird nur bei der Standard-Höhenmessereinstellung (engl. Standard Altimeter Setting) von 1.013 hPa, also im Luftraum oberhalb von 5.000 ft MSL bzw. 2.000 ft GND, gefordert.

15. 1.000 ft.

16. Bei 996 hPa zeigt der Höhenmesser 5.500 ft an. Wählen Sie nun 1.013 hPa ein, verändern also den Referenz-Druckwert um 17 hPa nach oben, so wird auch die Höhenmesseranzeige nach „oben" gehen, und zwar um etwa 17 x 30 ft = 510 ft. Der Höhenmesser zeigt nun rund 6.000 ft an, das Flugzeug befindet sich in Flugfläche 60, in einer für den IFR-Flug vorbehaltenen Halbkreisflugfläche.

17. Es gibt zwei Ausnahmen:
- Steig- und Sinkflug
- Mindestwetterbedingungen für VFR-Flüge können in der entsprechenden Flugfläche nicht eingehalten werden.
Zusätzlich gilt, daß im Luftraum der Klasse C die von der zuständigen Flugverkehrskontrollstelle zugewiesenen Flughöhen einzuhalten sind.

18. Nein, Sie benötigen zusätzlich eine CVFR- oder IFR-Berechtigung (Ausnahmen hierzu nur im Einzelfall).

19. Ja, diese Aussage stimmt. VFR-Flüge im Luftraum Klasse C unterliegen ausnahmslos den für diesen Luftraum festgelegten Sichtflugregeln.

20. Für die Durchführung von VFR-Flügen im Luftraum Klasse C um die Verkehrsflughäfen hat die Flugsicherung spezielle Arbeitsplätze in den Kontrollstellen eingerichtet. Von diesen Arbeitsplätzen aus werden nur VFR-Flüge betreut. Anders bei VFR-Flügen im Luftraum Klasse C oberhalb FL 100. Diese Flüge werden von Kontrollarbeitsplätzen aus überwacht, die für die Kontrolle von IFR-Flügen eingerichtet worden sind. Auf den entsprechenden Kontrollfrequenzen darf nur Englisch gesprochen werden. Dies gilt für IFR- und VFR-Flüge gleichermaßen.

Kapitel 11

1. Lufträume Klasse E, F und G.

2. Das Prinzip „Sehen und gesehen werden" kann für die Durchführung von IFR-Flügen kaum gelten, da IFR-Flüge ja bei beinahe jedem Wetter, bei guter und schlechter Sicht, innerhalb und außerhalb von Wolken stattfinden. Ist die Sicht allerdings gut, so haben auch Piloten von nach IFR fliegenden Luftfahrzeugen die Augen offen zu halten und den Luftraum vor sich nach anderen Luftfahrzeugen abzusuchen.

3. Nein.

4. Für das Überfliegen einer Kontrollzone ist kein besonderer Abstand festgelegt. Trotzdem sollte man Kontrollzonen in „gebührendem" Abstand überfliegen und dabei den Luftraum nach an- und abfliegendem Luftverkehr besonders intensiv beobachten.

5. Grundsätzlich muß bei sich auf Gegenkurs begegnenden Luftfahrzeugen jedes Luftfahrzeug nach rechts ausweichen (siehe Kapitel 12), d.h., in diesem Beispiel muß auch das Kampfflugzeug ausweichen. Man sollte aber bedenken, daß sich das Kampfflugzeug sehr wahrscheinlich auf einer festgelegten Abflugstrecke befindet und aufgrund des u.U. hohen Anstellwinkels die Sicht nach vorn stark eingeschränkt ist, d.h., ein Ausweichen ist u.U. kaum möglich.

6. Der Alpenbereich ist im Luftfahrthandbuch AIP RAC beschrieben sowie auf der Luftfahrtkarte ICAO 1:500.000 und auf der Streckenkarte 1:1.000.000 dargestellt.

7. Nein. Flugverkehrskontrolle bedeutet bei VFR-Flügen nicht automatisch Staffelung. Im Luftraum Klasse C werden VFR-Flüge nur zu IFR-Flügen aber nicht zu anderen VFR-Flügen gestaffelt. In Kontrollzonen (D) findet Staffelung von VFR-Flügen nur bei Sonder-VFR-Flügen statt.

8. Im Luftraum Klasse C werden VFR-Flüge mitten durch IFR-Verkehr geführt und u.U. mit nur 3 NM und 1.000 ft zu diesem gestaffelt. Unabdingbare Voraussetzung für die Aufrechterhaltung der Staffelung ist genaue Höhenhaltung, präzise Kursführung und sichere Anwendung der Funknavigation. Diese Bedingungen sind nur mit hierfür ausgebildeten Piloten (mindestens CVFR-Berechtigung) und funknavigatorisch ausgerüsteten Luftfahrzeugen zu erfüllen.

9. Ja. Es gibt hierzu kein Verbot. Allerdings sollte man bei der Durchführung von VFR-Flügen auf Flugverkehrsstrecken sehr genau die Sichtwetterbedingungen und die Halbkreisflughöhen einhalten und insbesondere an den Knotenpunkten von Flugverkehrsstrecken und in der Nähe von Verkehrsflughäfen auf IFR-Verkehr achten.

10. Die Luftraumklassifizierung (einschl. der Abweichungen) wird im Luftfahrthandbuch AIP, Teil RAC jedes Staates veröffentlicht.

Kapitel 12

1. Nein, eine vergleichbare Regelung wie im Straßenverkehr gibt es nicht. Es heißt in der Luftverkehrs-Ordnung lediglich: Wer infolge des Genusses alkoholischer Getränke in der Wahrnehmung der Aufgaben als Führer eines Luftfahrzeuges behindert ist, darf kein Luftfahrzeug führen.

2. Nein.

3. Lufttüchtigkeitszeugnis (§ 10 LuftVZO)
Nachprüfschein (§ 39 LuftGerPO)
Eintragungsschein (§ 14 LuftVZO)
Genehmigungsurkunde zur Einrichtung und zum Betrieb einer Luftfunkstelle (§§ 1 und 2 des Fernmeldeanlagengesetzes)
Bescheinigung über Haftpflichtversicherung (§ 103 LuftVZO)
Flughandbuch (§ 24 LuftBO)
Bordbuch (§ 30 LuftBO)
Flugbuch (§ 120 LuftPersV)
Luftfahrerschein (§ 26 LuftVZO)
Flugfunkzeugnis, wenn nicht im Luftfahrerschein eingetragen
ggf. Lärmzeugnis (§ 10 LuftZO)

4. Ja, da der Flug über die Umgebung des Verkehrslandeplatzes Friedrichshafen hinausführt.

5. Ja, dem LBA.

6. Der Pilot hat die Polizei unmittelbar über die Notlandung zu informieren. Diese gibt die Information weiter an die zuständige Luftfahrtbehörde des Landes, das LBA und die nächste Flugsicherungsdienststelle. Unabhängig davon ist der Luftfahrzeughalter verpflichtet, diese Notlandung innerhalb von drei Tagen dem LBA schriftlich anzuzeigen.

7. Flugunfalluntersuchungsstelle (FUS) des Luftfahrt-Bundesamtes.

8. Sie können höchstens auf die festgelegte Mindesthöhe für Überlandflüge, also auf 2.000 ft GND, sinken.

9. Luftfahrtbehörde des Landes.

10. Ja, wenn Sichtwetterbedingungen herrschen, der Kunstflug im unkontrollierten Luftraum oberhalb von 1.500 ft außerhalb von Städten, anderen dichtbesiedelten Gebieten, Menschenansammlungen und Flughäfen und anderen Flugplätzen ausgeführt wird.

11. Ja.

12. Die Angaben in Klammern beziehen sich auf die Zeit (UTC) für die Periode der Sommerzeit.

13. Der Mindestabstand zu Hindernissen von 150 m = 500 ft ist horizontal als auch vertikal einzuhalten. Dabei ist allerdings auch die Sicherheitsmindesthöhe (§ 6 LuftVO) zu beachten, die über Städten, anderen dichtbesiedelten Gebieten und Menschenansammlungen mindestens 1.000 ft über dem höchsten Hindernis in einem Umkreis von 600 m betragen muß.

14. Beide Flugzeuge haben nach rechts auszuweichen.

15. Die Cessna 172 hat Vorflugrecht (Achtung: Kein Vorflugrecht erzwingen!).

16. Der Motorsegler ist in diesem Fall einem Segelflugzeug gleichgestellt und hat daher Vorflugrecht.

17. Das Segelflugzeug hat das Vorflugrecht. Es ist für das Segelflugzeug, da ohne Motor und in geringer Höhe, kaum möglich, Ihnen den Weg frei zu machen und zu warten, bis Sie gelandet sind.

18. Das manövrierfähigere Luftfahrzeug hat dem weniger manövrierfähigen Luftfahrzeug auszuweichen.

19. Ja, Sie können bereits mit dem Startlauf beginnen. Es gibt keine Vorschrift (abgesehen von Vorschriften für die Durchführung von Kontrolle an kontrollierten Flugplätzen), die einen Start nur bei freier Startbahn erlaubt. Es heißt in der Luftverkehrs-Ordnung: Ein Luftfahrzeug darf erst dann starten, wenn keine Gefahr eines Zusammenstoßes besteht. Trotzdem: Man sollte sich soviel Zeit nehmen und warten, bis die Bahn total frei ist, denn wer weiß, ob das vorher gelandete Flugzeug wirklich so schnell abrollt wie gedacht.

20. Sie behalten Kurs und Fluggeschwindigkeit bei, bis das andere Flugzeug überholt hat und eine Zusammenstoßgefahr ausgeschlossen ist.

21. Unter einer Außenlandung versteht man eine Landung außerhalb eines für das Luftfahrzeug genehmigten Flugplatzes.

22. Nach einer Sicherheitslandung und Landung zur Hilfeleistung ist der Wiederstart ohne behördliche Erlaubnis, nach einer Notlandung ist der Wiederstart nur mit Erlaubnis der Luftfahrtbehörde des Landes und des Grundstückseigentümers möglich. In allen Fällen hat der Pilot bzw. ein Besatzungsmitglied dem Grundstückseigentümer (bzw. seinem Vetreter) die Anschriften des Luftfahrzeughalters, des Piloten und der Versicherung zu nennen.

23. Nein. Positionslichter müssen von SS bis SR eingeschaltet sein (Nacht: SS - 30 bis SS + 30).

24. Notmeldung: Bezieht sich auf eine Notlage, bei der schwere und unmittelbare Gefahr droht und sofortige Hilfe erforderlich ist. Dringlichkeitsmeldung: Bezieht sich auf eine schwierige Lage, die jedoch keine sofortige Hilfeleistung erfordert.

25. Die Flugsicherung leitet diese Meldungen ggf. dem Flugberatungsdienst, der zuständigen Flugwetterwarte oder unmittelbar über Sprechfunk anderen Piloten weiter.

26. Das Signalfeld ist auf der Flugplatzkarte mit einem speziellen Symbol eingezeichnet.

27. Auf der Start- und Landebahn werden Kreuze in weißer oder anderer auffallender Farbe ausgelegt.

28. Der Einwinker kreuzt beide Arme über dem Kopf.

29. Gelbe Tafel mit dem schwarzen Buchstaben „C".

30. Platzrunden: An unkontrollierten Flugplätzen. Sichtan- und -abflugverfahren: An kontrollierten Flugplätzen.

31. Wenn für einen Flugplatz keine Platzrunde mit Flugweg und Flughöhe veröffentlicht worden ist, so ist der Anflug generell über die linke Platzrunde durchzuführen, also linker Gegenanflug, linker Queranflug, Endanflug. Da keine Festlegung getroffen wurde, ist der Abstand des Gegen- und Queranfluges zur Landebahn sowie die Flughöhe „frei" wählbar.

32. In Deutschland gilt für die meisten Flugplätze die 5-Minuten-Regel, d.h., man sollte sich etwa 5 Minuten vor Erreichen des Flugplatzes bei „INFO" melden.

33. Ein Flugplan ist ein Formular der Flugsicherung, mit dem der Pilot Angaben über den beabsichtigten Flug macht.

34. Flugplanpflicht:
• VFR-Flüge bei Nacht im kontrollierten Luftraum
• Kunstflüge im kontrollierten Luftraum und über Flugplätzen mit Flugverkehrskontrollstelle
• Wolkenflüge mit Segelflugzeugen
• Flüge in Gebieten mit Flugbeschränkung, soweit dies ausdrücklich bei der Festlegung des Gebietes angeordnet worden ist
• VFR-Flüge aus oder in die Bundesrepublik Deutschland (gilt nicht für eine Reihe europäischer Staaten)

35. Durch die Flugplanabgabe wird der Flug der Flugsicherung bekannt. Sie kann im Notfall Alarm auslösen und den Such- und Rettungsdienst informieren.

36. Der Flugplan ist lediglich eine Absichtserklärung für einen Flug. Erst durch die Startmeldung wird der Flugsicherung mitgeteilt, daß der Flug auch tatsächlich stattfindet. Die Landemeldung dient dazu, den Flugplan zu schließen und sicherzustellen, daß für diesen Flug kein Flugalarmdienst mehr vorgehalten werden muß. Bei Start bzw. Landung an einem kontrollierten Flugplatz ist eine Start- bzw. Landemeldung nicht erforderlich, da hier die Flugsicherung den Flug überwacht und die Meldungen automatisch an den Flugberatungsdienst weiterleitet.

37. Nein.

38. Diese Vorschrift gilt nur für die Flüge, für die eine Sprechfunkverbindung mit der Flugsicherung vorgeschrieben ist.

39. Die meisten unkontrollierten Verkehrslandeplätze verfügen über keine Einrichtung, um die für Funkausfall vorgesehenen Lichtsignale zu geben. Man sollte daher den Verkehrslandeplatz erst einmal überfliegen (etwa 500 ft oberhalb der Platzrunde, um den Flugplatzverkehr nicht zu stören) und die im Signalfeld ausgelegten Signale beachten. Anschließend fliegt man (unter besonders intensiver Beobachtung des Flugplatzverkehrs) in die Platzrunde ein und landet.

40. Maßnahmen:
- Nach dem Start möglichst schnell Höhe gewinnen.
- Im Abflug nach Möglichkeit Ortschaften umfliegen.
- Möglichst hoch fliegen, auf jeden Fall Sicherheitsmindesthöhe (beinhaltet auch Lärmvermeidung) und Mindesthöhe für motorgetriebene Luftfahrzeuge beachten (§ 6 LuftVO).
- Bei Flug in geringer Höhe nach Möglichkeit Ortschaften umfliegen.
- Im Anflug möglichst lange Höhe beibehalten.
- Festgelegte Platzrunde und Platzrundenhöhe beachten.

- Auf dem Flugplatz Triebwerk nicht unnötig lang laufen lassen, insbesondere Standläufe nicht länger als notwendig ausführen.

Kapitel 13

1. Nein.

2. Luftfahrzeughalter ist diejenige Person, welche das Luftfahrzeug für eigene Rechnung in Gebrauch hat und die Verfügungsgewalt darüber besitzt. In Gebrauch heißt: Die Nutzung daraus ziehen und die Kosten dafür bestreiten. Verfügungsgewalt bedeutet die tatsächliche Einwirkungsmöglichkeit auf das Luftfahrzeug. Es können auch mehrere Personen gleichzeitig Halter sein, wenn jeder von ihnen die beiden Merkmale, nämlich Betriebsinteresse und Betriebsgewalt erfüllt. Der Halter eines Luftfahrzeuges wird in den meisten Fällen auch der Eigentümer sein, jedoch begründet das Eigentum nicht unbedingt die Haltereigenschaft, vielmehr können auch andere Personen Luftfahrzeughalter sein, z.B. Mieter (Quelle: LBA).

3. Ja.

4. Das hängt ganz von dem mit dem Vercharterer abgeschlossenen Vertrag und den vom Vercharterer für das Flugzeug zusätzlich abgeschlossenen Versicherungen (Insassenversicherung, Kaskoversicherung) ab. Haben Sie mit dem Flugzeuginsassen keinen Beförderungsvertrag vereinbart und bestehen keine anderweitigen Versicherungen, so müssen Sie für den Schaden am Insassen und für den Schaden am Flugzeug aufkommen. Achten Sie deshalb darauf, daß Sie nur Flugzeuge chartern, für die entsprechende Versicherungen abgeschlossen worden sind. Haben Sie den Unfall schuldhaft verursacht, müssen Sie damit rechnen, daß der Vercharterer bzw. das Versicherungsunternehmen die Begleichung des Schadens (u.U. anteilig) von Ihnen fordert.

5. Der verantwortliche Luftfahrzeugführer.

Kapitel 14

1. Die zuständige Luftfahrtbehörde des Landes.

2. Beide machen sich nach § 60 LuftVG strafbar (Freiheitsstrafe bis zu zwei Jahren).

3. Nein. Nach § 17 LuftVO ist von in Betrieb befindlichen Luftfahrzeugen ein Zusammenstoß-warnlicht zu führen. Wer dieser Vorschrift zuwiderhandelt, begeht eine Ordnungswidrigkeit (§ 43 LuftVO).

4. Vorsatz ist cann gegeben, wenn der Täter die Tatbestandsmerkmale, die das Gesetz enthält, kennt und die Tatbestandsverwirklichung will. Fährlässigkeit liegt vor, wenn der Täter die Sorgfalt, zu der er nach den Umständen und seinen persönichen Fähigkeiten verpflichtet und im Stande ist, außer acht läßt und deshalb die Tatbestandsverwirklichung nicht erkennt oder voraussieht (nach Giemulla/Schmid „Kommentar zum Luftverkehrsgesetz").

5. Nein, noch nicht.

Abkürzungen und Akronyme

ABN > Aerodrome Beacon (Flugplatzleucht-
feuer)
ACC > Area Control Center (Bezirkskontroll-
stelle)
ADF > Automatic Direction Finder
(automatisches Funkpeilgerät)
AFTN > Aeronautical Fixed Telecommunication
Network (Festes Flugfernmeldenetz)
AGA > Abk. für den AIP-Teil „Flugplätze"
(Aerodromes)
AIC > Aeronautical Information Circular
(Luftfahrtinformationsrundschreiben)
AIP > Aeronautical Information Publication
(Luftfahrthandbuch)
AIP AMD > AIP Amendment (Nachtrag zum AIP)
AIP SUP > AIP Supplement (Ergänzg. zum AIP)
AIP VFR > Luftfahrthandbuch speziell für die
Durchführung von VFR-Flügen
AIS > Aeronautical Information Service
(Flugberatungsdienst)
ALT > Altitude (Höhe über Meeresspiegel)
AOPA > Aircraft Owners and Pilots Association
APP > Approach Control Office (Anflugkontroll-
stelle)
ATC > Air Traffic Control (Flugverkehrskon-
trolle)
ATD > Actual Time of Departure (Tatsächliche
Startzeit)
ATHPL > Airline Transport Helicopter Pilot Li-
cence (Verkehrshubschrauberführer-Lizenz)
ATIS > Automatic Terminal Information Service
(Automatische Ausstrahlung von Start- und
Landeinformationen)
ATPL > Airline Transport Pilot Licence
(Verkehrsflugzeugführer-Lizenz)
ATS > Air Traffic Services (Flugverkehrs-
dienste)
ATZ > Aerodrome Traffic Zone (Flugplatzver-
kehrszone)
AZF > Allgemeines Sprechfunkzeugnis für den
Flugfunkdienst

BAPT > Bundesamt für Post und Telekommuni-
kation
BFS > Bundesanstalt für Flugsicherung
BGB > Bürgerliches Gesetzbuch
BMV > Bundesminister(ium) für Verkehr

BMVg > Bundesminister(ium) für Verteidigung
BZF > Beschränkt gültiges Sprechfunkzeugnis
für den Flugfunkdienst

C > Central
C > Celsius (Temperatureinheit)
CAVOK > Ceiling And Visibility Okay
(Hauptwolkenuntergrenze und Sicht Okay)
CEST > Central European Summer Time
(Mitteleuropäische Sommerzeit, MESZ)
CET > Central European Time
(Mitteleuropäische Zeit, MEZ)
COM > Abk. für den AIP-Teil „Aeronautical Te-
lecommunication Service (Flugfernmelde-
dienst)
CHPL > Commercial Helicopter Pilot Licence
(Berufshubschrauberführer-Lizenz)
CPL > Commercial Pilot Licence
(Berufsflugzeugführer-Lizenz)
CTA > Control Area (Kontrollbezirk)
CTR > Control Zone (Kontrollzone)
CVFR > Controlled VFR-Flight (kontrollierter
Sichtflug)

DAeC > Deutscher Aero Club e.V.
DFS > Deutsche Flugsicherung GmbH
DOC > Document (Dokument)
DVO > Durchführungsverordnung
DWD > Deutscher Wetterdienst

ED-D > Kennung für ein deutsches Gefahren-
gebiet
ED-R > Kennung für ein deutsches Flugbe-
schränkungsgebiet
EET > Estimated Elapsed Time
(Voraussichtliche Gesamtflugdauer)
EOBT > Estimated Off-Block Time
(Voraussichtliche Abblockzeit)

FAA > Federal Aviation Administration
(Luftfahrtbehörde der USA)
FAL > Abk. für den AIP-Teil „Facilitation"
(Erleichterungen)
FAR > Federal Aviation Regulation und Federal
Airworthiness Requirement
FIR > Flight Information Region (Fluginformati-
onsgebiet)
FIS > Flight Information Service (Fluginformati-
onsdienst)
FL > Flight Level (Flugfläche)

FlugfunkV > Verordnung über Flugfunkzeugnisse
FSAV > Verordnung über die Flugsicherungs-
  ausrüstung der Luftfahrzeuge
FS > Flugsicherung
FSBetrV > Verordnung über die Betriebsdienste
  der Flugsicherung
ft > Feet (Fuß / plural) 1 ft = 0,30 m
FUS > Flugunfalluntersuchungsstelle
FVK > Flugverkehrskontrolle

GA > General Aviation (Allgemeine Luftfahrt)
GEN > Abkürzung für den AIP-Teil „General"
  (Allgemeines)
GmbH > Gesellschaft mit beschränkter Haftung
GND > Ground (Grund)

h > Hour (Stunde)
hPa > Hectopascal
HX > Nicht ständig wirksam (Nach ICAO: Keine
  festgelegte Betriebszeit)
H24 > Ununterbrochener Tag- und Nachtbetrieb

IAS > Indicated Airspeed (Angezeigte Ge-
  schwindigkeit)
ICAO > International Civil Aviation Organization
  (Internationale Zivilluftfahrtorganisation)
IFR > Instrument Flight Rules (Instrumenten-
  flugregeln)
IMC > Instrument Meteorological Conditions
  (Instrumentenwetterbedingungen)
ISA > International Standard Atmosphere
  (Internationale Standardatmosphäre)

JAA > Joint Aviation Authorities (Zusammenschluß europäischer Luftfahrtbehörden)
JAR > Joint Aviation Requirements
  (europäische Luftfahrtanforderungen)

kg > Kilogramm
km > Kilometer
kt > Knots (Knoten)

L > Left (Links)
L > Luvwinkel
LBA > Luftfahrt-Bundesamt
LDA > Landing Distance Available ((verfügbare
  Landestrecke)
LR > Abk. für Abt. Luft- und Raumfahrt im BMV
LTA > Lufttüchtigkeitsanweisung
LuftBauO > Bauordnung für Luftfahrtgerät

LuftBO > Betriebsordnung für Luftfahrtgerät
LuftGerPO > Prüfordnung für Luftfahrtgerät
LuftKostV > Kostenverordnung der Luftfahrt-
  verwaltung
LuftPersV > Verordnung über Luftfahrtpersonal
LuftVG > Luftverkehrsgesetz
LuftVO > Luftverkehrs-Ordnung
LuftVZO > Luftverkehrs-Zulassungs-Ordnung

MAP > Abk. für den AIP-Teil „Aeronautical
  Charts" (Luftfahrtkarten)
MET > Abk. für den AIP-Teil „Aeronautical Me-
  teorologica Service" (Flugwetterdienst)
MESZ > Mitteleuropäische Sommerzeit
MEZ > Mitteleuropäische Zeit
MH > Magnetic Heading (mißweisender Steuer-
  kurs, mwSK)
min > Minute
MSL > Mean Sea Level (Mittlerer Meeresspie-
  gel)
MT > Magnetic Track (mißweisender Kurs über
  Grund, mwK)
mwSK > mißweisender Steuerkurs
mwK > mißweisender Kurs (über Grund)

NDB > Non Directional Beacon (Ungerichtetes
  Funkfeuer)
NfL > Nachrichten für Luftfahrer
NM > Nautical Mile (Seemeile, 1 NM = 1,852 km)
NN > Normal Null
NOTAM > Notice To Airmen

OWiG > Ordnungswidrigkeit

Pa > Pascal (Druckeinheit)
PAPI > Precision Approach Path Indicator
  (optische Gleitweganzeige)
PIC > Pilot-In-Command (verantwortlicher Luft-
  fahrzeugführer)
PPL > Privat Pilot Licence (Privatpilotenlizenz)
PPL A > Erlaubnis für Privatflugzeugführer
PPL B > Erlaubnis für Motorseglerführer
PPL C > Erlaubnis für Segelflugzeugführer
PPL D > Erlaubnis für Freiballonführer
PPL E > Erlaubnis für Privathubschrauberführer

QNH > auf MSL reduzierter Luftdruckwert eines
  Ortes (nach ISA)

R > Right (Rechts)

RAC > Abk. für den AIP-Teil „AIR Traffic Regulations and Air Navigation Services Procedures" (Luftverkehrsvorschriften und Flugsicherungsverfahren)

RCC > Rescue Coordination Centre (SAR-Leitstelle)

RWY > Runway (Start- und Landebahn)

SAR > Search and Rescue (Such- und Rettungsdienst)

SIGMET > Significant Meteorological Phenomena (Signifikante Wettererscheinungen)

SR > Sunrise (Sonnenaufgang)

SS > Sunset (Sonnenuntergang)

TAS > True Airspeed (wahre Eigengeschwindigkeit)

TBO > Time Between Overhaul (zulässige Betriebszeit zwischen den Überholungen)

THR > Threshold (Landebahn-Schwelle)

TMA > Terminal Area (Nahverkehrsbereich)

TORA > Take-off Run Available (verfügbare Startlaufstrecke)

TRA > Temporary Reserved Airspace (Zeitweilig reservierter Luftraum)

TWR > Aerodrome Control Tower (Flugplatzkontrollstelle)

TWY > Taxiway (Rollweg)

UIR > Upper Flight Information Region (Oberes Fluginformationsgebiet)

UKW > Ultra-Kurzwelle

UNL > Unlimited (unbegrenzt)

UTC > Universal Time Coordinated (Koordinierte Weltzeit)

VASIS > Visual Approach Slope Indicator System (optische Gleitweganzeige)

VFR > Visual Flight Rules (Sichtflugregeln)

VMC > Visual Meteorological Conditions (Sichtwetterbedingungen)

VOR > Very High Frequency Omnidirectional Radio Range (UKW-Drehfunkfeuer)

WCA > Wind Correction Angle (Luvwinkel, L)

Literaturverzeichnis

DFS Deutsche Flugsicherung GmbH
„Luftfahrthandbuch der Bundesrepublik
Deutschland"
„Luftrechtssammlung"
„Nachrichten für Luftfahrer"
„Richtlinien des Bundesministeriums für Ver-
kehr für die Ausbildung und Prüfung des Luft-
fahrtpersonals", Heft 2
Wörterbuch der ICAO-Terminologie"
„Betriebsanweisung für den Flugdatenbearbei-
tungsdienst"
„Betriebsanweisung für die Flugverkehrskontrolle"
„PPL-Fragenkatalog"
1994 und 1995 Offenbach/Main

Giemulla/Schmid, „Kommentar zum Luftverkehrsgesetz", Kommentator Verlag,
Kriftel 1995

Luftfahrt-Bundesamt
„Das LBA informiert: Heft 1: Luftfahrzeuge"
„Das LBA informiert: Heft 7: Behördliche Rege-
lungen in der deutschen Luftfahrt"
„LBA-Infos"
1990 bis 1995, Braunschweig

Mies, Jürgen, „Flugplätze", Fachhochschule des
Bundes für öffentliche Verwaltung, Fachbereich
Flugsicherung, München 1987

Mies, Jürgen, „LuftVO, Rules of the Air", Fachhochschule des Bundes für öffentliche Verwaltung, Fachbereich Flugsicherung, Langen 1992

Reuss, T., „Jahrbuch der Luft- und Raumfahrt
1995" München 1995

Riedel, Hans Werner, „Flugverkehrskontrolldienst", Fachhochschule des Bundes für öffentliche Verwaltung, Fachbereich Flugsicherung,
München 1988

Der Autor

Der Autor, Jahrgang 1948, Studium der Flugtechnik an der Technischen Universität Berlin, von 1975 bis 1985 Referent für Luftraumplanung und Instrumentenflugverfahren bei der Bundesanstalt für Flugsicherung in Frankfurt, von 1986 bis 1993 Professor an der Fachhochschule des Bundes, Abteilung Flugsicherung, in Langen. Seit 1993 Leiter des „Büro der Nachrichten für Luftfahrer" bei der DFS Deutsche Flugsicherung GmbH. Viele Jahre Theorielehrer bei einer Flugschule und im Fliegerclub. Besitz der Privatpilotenlizenz mit Instrumentenflugberechtigung.

Faszination Fliegen

Wer sich für Luft- und Raumfahrt interessiert und dazu noch aktuell und lückenlos informiert sein will, findet in der FLUG REVUE die richtige Zeitschrift für ein faszinierendes Thema.

Die FLUG REVUE berichtet über alles Wissenswerte aus den Bereichen Zivil-und Militärluftfahrt, Geschäfts- und Privatfliegerei, Raumfahrt, Forschung, Technik, Entwicklung und Historie.

Die FLUG REVUE – Deutschlands größte Zeitschrift für Luft- und Raumfahrt. Jeden Monat neu.

FLUG REVUE flugwelt International

Überall im Zeitschriftenhandel erhältlich